지적장애인의 성에 대한 이해와 성교육 지도

부모, 교사, 장애인 관련 기관 종사자를 위한
성교육 및 성폭력 예방사례 지침서

Erik Bosch 지음
김영숙 옮김

박학사

Sexyalität und Beziehungen
bei Menschen mit einer geistigen Behinderung

Erik Bosch

역자 서문

우리는 개인뿐만 아니라 사회전반에 거쳐 유교적인 영향을 많이 받으며 살아왔다. 유교적인 배경은 개인생활, 가정생활, 사회생활, 인간관계, 우정관계, 부부관계, 부모-자녀관계 그리고 이성관계 등에 따른 우리가 살아가는 생활의 세부적인 영역에까지 작용하였고, 이것은 인간으로서 살아가면서 지켜야 하는 도리와 예의 그리고 참고 인내하는 데 강조를 둔 국민교육의 뿌리였다고 할 수 있다. 그러므로 사람과 사람 간의 내면적인 감정이나 표현 등을 나타내는 것은 가능한 한 절제하는 것을 미덕으로 여겼다. 특히 인간의 성(性)이나 성교육은 외부로 돌출되어서는 안 되는 수치스럽고 부끄럽고 감추어야 하는 영역으로서 그저 마음속으로 담고 살아가야 하는 잠재의식이 우리의 생활 속에 내재되어 있다.

특히 지적장애인의 '성과 이성관계' 그리고 '성교육'에 대한 주제를 논의와 토론주제로 이끈다는 것은 쉬운 일이 아니다. 그러나 우리의 주위환경과 각종 매체 등에서는 점점 이들을 자극하는 성적 요소들이 넘쳐나고 있다. 이에 우리는 이를 바르게 잡아 주고 안내해 주는 삶의 채널을 보유하고 있는가에 대해 자문을 가져 볼 필요가 있다. 지적장애인은 생활 주변의 넘쳐나는 자극으로부터 스스로를 지키고, 통제하며 그리고 무엇인가 스스로 배울 수 있는 인지능력에 지니고 있다.

그러므로 이들은 쉽게 인권적 유린, 성학대, 성폭력의 무력한 피해자가 될 수도 있으며, 실제 교육현장에서는 이들의 신체적인 행동과 표현으로 인해 종종 오해를 일으키기도 하고, 성영역에 따른 편견과 선입관적인 태도로 인해 어려움이 발생하기도 한다.

때로는 지적장애인을 대상으로 한 '인권유린', '성폭력' 그리고 '성학대' 등의 사회적인 문제로까지 확대되기도 한다. 그러므로 이에 따른 사회적인 대책과 토론이 필요하다고 여기지만, 현 우리의 상황에서는 '지적장애인의 성에 대한 이해'나 '성교육에 대한 실행'이 그리 긍정적이지만은 않으며, 현장에서 실행하기에는 더욱 어려움이 따른다.

이것은 무엇보다도 지적장애인의 부모 그리고 특수교육 교사, 장애인 관련 기관이 '지적장애인의 성에 대한 이해와 이들을 위한 성교육'에 대해 필요성은 인식하지만 누가, 언제, 무엇을, 어떻게 해야 하는지에 대한 문제가 갈등으로 일어나기 때문이고, 지적장애인의 성영역과 관련된 문제해결책에 대한 답을 찾을 수 없기 때문이다.

또한 지적장애인과 관련하고 있는 사람들이 '성과 성교육' 주제에 대해 자연스러운 개인적 성장 경험이나 접근경험의 부족, 부정적인 태도, 편견 그리고 도저히 안 된다는 불가능성을 우선순위에 두는 것도 배경적 이유이다.

이러한 측면에서 이 책은 우리의 고충과 어려움을 덜어주고, 지적장애인을 이해하고 그들을 위한 성영역에서의 교육적 중재를 시작할 수 있는 동기부여가 될 것이다.

따라서 이 책은 지적장애인의 부모, 현장교사, 관련 기관이 '지적장애인의 성에 대한 이해와 성교육'을 실행하기 위한 마음과 태도를 어떻게 가져야 하며, 실제로 어떻게 접근해야 하는지에 대한 근본적인 원리들을 다루었고 그리고 관련 주제 성폭력 예방에 따른 지도와 지침내용이 안내되어 있다.

또한 실제 지적장애인의 성과 성영역에 따른 다양한 사례들을 통해 이들의 행동과 성에 대해 그리고 실제적인 성영역에서의 생활을 이해하는 기회를 제공하고, 생활교사들의 태도와 대처방안 그리고 교사와 부모 간의 갈등해결을 위한 노력이 어떻게 이루어져야 하는지에 대한 위로와 공감대를 형성할 수 있는 내용들로 구성되어 있다.

제시된 사례들 중에는 너무 직설적인 표현들로 인해 우리나라와는 다른 사회적 인식과 정서로 인해 오해가 생길 수도 있을 것이다. 그러나 이것 또한 우리의 다양성을 표현한 것이라고 본다. 잠시나마 우리 자신에게 귀 기울여 진실해 본다면 어쩌면 우리는 지적장애인을 외면해 왔으며, 지금도 피해 가고 싶은, 반면에 자신(비장애인)은 모든 것을 누리는 것이 당연한 것으로 여기는 우리의 이중적인 모습을 돌아볼 수 있는 긍정적인 기회가 되리라고 본다.

이 주제에 대한 접근은 동양과 서양을 막론하고 쉽게 논의될 수 있는 주제는 아니라고 본다. 특히 지적장애인에게 이 주제를 적용시키고 이해하고 교육하는 것은 더욱 어려운 일이다. 그러나 중요한 것은, 인간은 누구나 욕구를 가지고 있는 존재이며, 한 사회 속에서 함께 살아갈 권리가 있다는 것이다. 그것이 어떤 형태로든 평등하고 동등한 인격체로서의 인정받고 살아갈 수 있어야 한다는 의미이다.

자신을 아끼고 사랑하고 귀하게 여기는 마음은, 다른 사람과 우리가 살아가고 있는 세상에 대한 긍정적인 시각과 아름다운 마음을 품게 하는 에너지이다. 이것은 언제부터, 누구에 의해, 무엇에 의해서가 아니라, 바로 우리가 생명으로서 잉태되는 순간부터이다. 이러한 측면에서 이 책을 통해 모든 사람들이 자기의 존재 가지에 대해 행복해 하고 자기생명의 축복을 느끼며 살아갈 수 있는 기회가 되고, 또한 지적장애인의 성을 이해하고 이들을 축복하는 공감의 장이 되기를 진심으로 바란다.

이 책은 실제 지적장애인을 대상으로 하고 있지만, 가정이나 현장에서 성교육 실행과 성폭력 예방을 위한 다양한 영역에서 고민하고 노력하고 있는 부모, 교사, 특수학교, 장애인 관련 기관 그리고 교육 종사자 등의 많은 사람들을 위한 지침 도서로써 그리고 토론과 논의의 중재 역할로서 가치가 있다고 확신한다. 이 책을 통해서 자신과 우리를 성찰하고 지적장애인과 함께 긍정적인 삶을 살아가는 데 책임의식과 개방된 마음이 함께 하기를 진심으로 바란다.

역자 김영숙

저자 서문

나의 저서 중에 『우리는 당신의 최고를 원합니다!(Wir wollen nur euer Bestes)』(2000)에서는 지적장애인의 본질적인 측면을 좀 더 실제적으로 묘사하려고 시도하였다. 여기에서 본질적이라는 것은 우리의 감추어진 부분을 항상 다른 사람과의 만남에서 발견하게 되고, 무엇보다도 인간의 아주 근원적인 것이 인간적인 만남에서 이루어진다는 것이다. 그러므로 우리가 가지고 있는 '성(性)과 이성관계'라는 주제에 대한 인식도 다른 사람과의 만남에 영향을 미치게 되며, 이러한 만남에 대한 근본적인 인식과 태도에 대해서는 지적장애인들도 예외가 아니다.

그러나 실제로 특수교육현장에서 '성과 이성관계'라는 주제를 다루는 일은 종종 어려움이 따르게 되고, 그 어려움 중의 하나가 '성의 위험'과 같은 유형의 문제가 발생할 때이다. 이러한 '성의 위험'에 따르는 해결되지 않은 수많은 질문들과 이에 대해 쉽게 확답을 줄 수 없는 것이 가장 큰 어려움이다. 다른 어려움은 부모와 교사 사이에서 종종 일어나게 되는 상호간의 '불안감'이다. 이 두 가지 문제가 지적장애인의 '성과 이성관계'라는 주제를 외면하거나 또는 의식적이든 무의식적으로든 무관심으로 이끌게 되는 요인이라고 할 수 있다. 그렇다면 우리가 이렇게 가만히 있기만 하면 되는 것인가? 성(性)에 대한 수많은 의문과 질문에 놓여 있는 지적장애인을 단순히 '내리는 비를 그냥 맞게 내버려 두는' 것이 올바른 일인가?

그러나 실제 지적장애인과 우리 사이에는 '차이점'보다는 '공통점'이 더 많으며, 대부분의 지적장애인들은 비장애인과 똑같은 잠재능력과 욕구를 지니고 있다. 우리는 왜 우리가 즐기는 것을 그리고 아름답고 풍요롭게 느끼는 것을 그들에게 나누어 주지 못하는 것일까? '나눈다는 것'은 누구에게나 포기할 수 없는 삶의 요소인데 말이다.

이제 우리 자신에게 몇 가지 질문을 던져보고 답변을 생각해 보자! 지적장애인은 '성(性)과 이성관계'라는 주제에서 우리가 걱정하고 있는 결과들을 더욱 나쁜 방향으로 발전시킬 가능성을 내재하고 있는가? 그리고 우리는 이 주제를 과연 지적장애인에게 어떤 방식으로 안내할 수 있을까?

저자는 이 질문들에 대한 답변을 위해 이 책을 통해서 우리의 시각과 관점을 중재해 보려고 한다. 우리가 지적장애인보다 행운아라고 생각하는 것은 그들이 우리와는 다른 상태에 놓여 있기 때문이다. 이것은 특히 '성과 이성관계'라는 주제에서 더욱 분명해지고, 또한 이것은 우리가 그 실체를 정확하게 알아야 할 주제이기도 하다. 한 개인이 지닌 고유성과 존재가치는 우리의 삶에 대한 확신만큼이나 중요하다. 우리가 다른 사람과의 만남이 점점 내 자신의 한 부분으로 이어진다는 것을 알게 될 때, 특히 이러한 관점의 본질은 더욱 분명해진다.

지적장애인은 '성과 이성관계'에 대한 권리를 가지고 있다. 그들은 이러한 권리를 적절하게 발전시킬 수 있는 기회를 가져야 하고, 우리도 이들에 대해 적절한 태도와 행동을 취하는 것이 우리가 해야 할 일이다. 물론 이러한 일을 성취해 나가는 과정에서 우리는 어떤 방식으로든 어려움에 처할 수 있다. 그러나 그것은 아무런 문제가 되지 않으며, 오히려 지적장애인에게도 우리에게도 긍정적인 방향으로 작용할 수 있다. 왜냐하면 우리의 공동체적 관계는 분명히 서로에게 도움이 되기 때문이다.

그러므로 사회단체와 장애인 관련 기관들은 구체적이고 실질적인 성교육 관련 체제를 마련해야 하고, 동시에 '지적장애인의 성과 이성관계'라는 주제와 관련하여 구체적인 관점, 입장, 목표를 설정하여야 한다. 성교육 관련체제는 가능한 한 공개적일수록 좋으며, 이러한 성교육의 공개적인 체제는 지적장애인, 보호자, 교사 그리고 부모와의 관계를 진지하게 형성시키는데 중요한 역할을 한다.

이러한 측면에서 이 책이 이들 상호간에 개방적인 관계형성에 기여할 수 있기를 진심으로 희망한다. 또한 '지적장애인의 성과 이성관계'에 대한 논의와 토론의 새로운 발단으로 이어지기를 바란다.

이미 앞에서 언급했던 것처럼 지적장애인도 '성과 이성관계'에 대한 권리를 지니는 것은 당연한 것이며, 우리가 스스로를 어떤 일로부터 제외시키지 않는다면, 우리 자신과 다른 사람과의 관계는 서로에게 도움이 되고 지원의 근원적인 힘이 된다. 그리고 우리의 삶은 항상 만남을 위해 존재하게 된다.

Erik Bosch

차 례

제 4 장

규범과 가치 69

제 5 장

제 6 장

제 8 장

제 1 장
서 론

이 책은 '지적장애인의 성(性)과 이성관계'라는 주제에 대해 다루고 있다. 우리는 종종 이 주제에 대해 커다란 의구심을 가지게 되며, 특히 지적장애인의 성과 이성관계는 일반적으로 마치 어떤 큰 문제인 것처럼 다루어진다는 인상을 자주 받게 된다. 이것은 장애인작업장, 특수학교, 장애인공동체, 장애인 시설 그리고 부모와 함께 살고 있는 많은 지적장애인의 경우에서도 같은 인상을 주고 있다. 그러므로 앞에서 언급한 '성과 이성관계'라는 주제가 지적장애인에게는 어떻게 보이는지 그리고 사람들은 그 주제에 대해 어떻게 생각하고 있는지에 대해 관심을 가지는 것은 의미 있는 일이라고 할 수 있다.

최근에는 지적장애인의 인권보장과 관련하여 정상화이론, 통합교육, 자기권리 찾기 그리고 자립성과 같은 개념들이 이전보다 훨씬 자주 언급되고 있다. 이것은 현재가 지적장애인의 자기결정권을 요구하는 시점이라는 것을 시사해 준다. 그러므로 지적장애인이 자주 부딪히게 되는 정상화, 통합교육, 자기권리 찾기 그리고 자립성의 네 가지 영역의 개념이 그들의 '성과 이성관계' 영역에 어떻게 영향을 미치는지에 대해 자문해 볼 필요가 있다. 지적장애인은 이 영역과 관련하여 정말로 적절하게 정상적인 삶을 이끌 수 있을까? '성'에 대한 표현에서도 그들은 자기권리를 주장할 수 있을까? 그리고 그들은 '성'에 대해 자기결정을 할 수 있을까? 이러한 질문들을 우리 비장애인들이 하는 말로 바꾸어 본다면, "나도 다른 사람과 함께 하기를 원하는가?"라고 표현해 볼 수 있다.

이 책에서는 일상 속에서 다루어질 수 있는 '성'에 대한 토론주제와 이 주제상황에 대한 사례들을 통해서 앞에서 제시한 질문들에 답을 찾기 위해 접근해 보려고 한다.

제2장에서는 실제적인 문제상황에 대한 지원방법이 제시되며, 여기에서는 많은 질문들에 대한 답변이 얼마나 중요하고 필요한지 더욱 명료해질 것이다. 또한 '지적장애인의 성과 이성관계'라는 주제에 따른 불안함과 불안전감에 대해 열쇠가 되는 책임성에 따른 요소들이 제시된다. 이러한 불안전감의 원인은 무엇보다도 지적장애인의 성과 이성관계와 관련하여 함께 책임감을 느껴야 하는 우리 사회와 일반 사람들의 결핍된 인식에서 비롯된 것이라고 할 수 있다. 지적장애인도 단체나 다양한 환경에서 생활하고 있는 모든 비장애인처럼 같은 환경에서 생활할 권리가 있다.

제3장에서는 지적장애인이 다른 사람과의 관계를 어떻게 형성할 수 있는지에 대한 방법적인 측면들이 제시된다. 지적장애인 관련 기관이나 단체에 종사하고 있는 사람들은 자신들이 직접 부딪히고 있는 상황과 관련하여 생각해 볼 수 있을 것이다. 또한 지적장애인의 '성과 이성관계'라는 주제와 관련하여 한 번쯤은 의견을 모아서 정리할 필요가 있을 것이다. 따라서 이 장의 마지막에 지적장애인의 '성과 이성의 관계 형성'에 대한 제안과 조언을 제시하고 있다.

제4장에서는 제3장 주제의 연장선상에서 실제적인 사례가 제시된다. 그리고 무력감과 불안전감에 대한 사회적 기준과 가치기준과 관련하

여 다루고 있다. 개인의 규범기준과 가치기준을 통해 상호관계를 형성시키는 능력과 지적장애인에게 내재되어 있는 잠재능력을 중심으로 다루게 된다. 이로부터 지적장애인의 인식기준과 가치는 정말로 어느 정도 선에서 숙고되어야 하는지, 그들에게는 어느 정도의 만족을 줄 수 있는지에 대한 질문이 제시된다.

제5장에서는 지적장애인의 '행동방식과 의미'라는 용어가 함축하고 있는 의미에 대해 언급된다. 전문가들의 전문적인 활동은 지적장애인의 행동에 대한 구체적인 해석 그리고 '성과 이성관계'를 의미하는 상징적인 신호를 포함하여 실행하게 된다. 그러나 이것은 때에 따라서 상당히 곤란할 때가 있다. "예를 들어서 신체적 행동을 통해서 무엇이 표현되는가?", "다른 사람들은 나에게 무엇을 원하는가?" 이러한 일반적인 질문을 넘어서서 이 장에서는 '성체험'의 핵심적인 의미를 제시하고 있다. 성에 대한 체험은 개인마다 매우 다양하게 나타날 수 있으므로, 마지막 부분에서는 지적장애인의 성이 내포하고 있는 의미를 발견할 수 있는 지침과 안내를 제시하려고 한다.

제6장에서는 지적장애인을 위한 성교육의 의미와 중요성에 대해 언급하고자 한다. '성에 대한 설명(성교육)'은 일반적으로 어렵게 요약된 개념처럼 보일수도 있지만, 성교육은 인간의 상호관계와 전체(全體)교육의 일부분으로 이해되어야 한다. 그러므로 이 장에서는 내면적인 근본태도로서의 성교육, 그리고 구체적이고 시각적인 신체에 대한 표상으로서의 성교육, 사춘기 변화, 인식기준과 가치, 자기발전, 자기능력, 경계선 인식하기, 나아가서는 네덜란드의 '파트너중개협회'의 배경, 지적장애인의 자위행위, 이성관계, 피임과 에이즈예방 등에 대한 주제를 다루게 된다. 덧붙이자면 지적장애아 부모들의 성에 대한 개방적인 태도여부의 정도는 성교육의 성공여부에도 중요한 영향을 미치게 된다.

제7장에서는 성과 성교육에 연계적인 관계가 있는 '성폭력'의 개념,

성폭력의 발견과 피해자 보호, 성폭력 예방과 부모의 지원 등을 중심으로 다루게 될 것이다. 또한 일반적인 성폭력 발생의혹에 따른 성학대에 대해서도 언급된다.

지적장애인의 부모들은 종종 장애 자녀의 보호에 대한 책임감을 크게 느끼고 있으며, 또한 그것에 대한 권리도 가지고 있는 것이 사실이다. 지적장애인의 부모와 보호자 또는 교사는 종종 큰 갈등이 있어도 서로가 함께 해야 한다. 지적장애인의 부모와 교사들이 종종 그들이 하나라는 것을 의식하고 있는 경우가 많은 것은 다행스러운 일이다.

제8장에서는 지적장애아 부모들과 시설의 생활교사들과의 상호관계에 대해 언급될 것이며, 사람들이 그들의 관계를 어떤 희망의 메시지로 보는지에 대해서도 서술될 것이다. 예를 들면, 부모와 생활교사가 지적장애인의 성에 대한 보호와 관련해서 서로 다른 의견일 경우, 우리는 실제로 지적장애인 당사자들과 어떻게 관계를 형성해야 하는지에 대한 질문이 제시된다.

그리고 마지막에 이 책에 대한 저자 후기로 마무리된다.

저자는 이 책을 통해 "지적장애인은 아기를 가지고 싶어 하는가?"와 같은 너무 직접적인 질문으로는 전개하지 않을 것이다. 이것은 저자가 이 주제에 대해 토론하고 싶지 않아서가 아니라, 이것은 너무도 많은 윤리적·도덕적 질문이 던져지고 그리고 이 책의 많은 부분이 이에 대한 주제로만 다루어질 수 있기 때문이다. 이 주제를 다루기 위해서는 아주 깊은 숙고가 필요하다. 그러므로 지적장애인의 성과 이를 보호하고 지원해 주는 것과 관련된 직접적인 윤리적인 질문에 대해서는 향후 특별한 연구가 필요하리라고 여겨진다.

이 책은 지적장애인의 성과 이성관계에 대한 각자의 생각과 의견을 원하는 모든 사람들을 대상으로 하고 있다. 이 모든 사람은 바로 지적장애인과 어떤 방식으로든 관련하여 함께 하는 사람들이다. 그들은 지적장애인에게 직업교육을 하고 있는 작업장이나 특수학교 종사자들일 수도 있고, 사회생활영역에서 지적장애인을 위해 다양한 영역에서 각 역할을 담당하고 있는 사람들일 수도 있다. 물론 지적장애인의 부모나 형제자매들도 그 대상이 된다. 그것은 바로 이들에게 이 주제에 대한 많은 질문들이 던져지기 때문이다.

지적장애인과 관련하여 활동하고 있는 기관이나 단체들은 그들이 가지고 있는 '지적장애인의 성에 대한 인식' 그리고 '지적장애인의 성과 이성관계'와 관련하여 발전시킬 수 있는 행동과 태도를 반영하고 검토하는 방법들을 이 책을 통해서 시도해 보기를 바란다. 이러한 의미에서 이 책은 '지적장애인의 성과 이성관계'를 이해하고 지원할 수 있는 중요한 토론의 기초를 마련해 주는 지침서가 될 수 있을 것이다.

참고로 각 장의 마지막에 제시하고 있는 토론주제와 역할놀이 그리고 실제사례들은 이론과 실제의 상호관계를 이해하고 발전시키는데 주요자료로 활용될 수 있기를 바란다.

제 2 장
문제제기

2.1 '지적장애인의 성과 이성관계'는 타부?

우리가 살고 있는 현대 사회에서는 이제 더 이상 어떤 타부가 되는 것도 존재하지 않는다고 주장하는 사람도 있다. 우리는 모든 것에 대해 자유롭게 이야기할 수 있고, 어떤 사람들은 지극히 개인적인 일에 대해서도 카메라 앞에서 거리낌 없이 말하고, 수많은 대중들은 스크린 앞에 앉아서 그것을 시청하기도 한다. 이것은 때로는 공개적으로 우리를 두렵게 만들기도 하고, 때로는 논쟁의 주제가 되기도 한다. 전문가들은 자기 의견을 공개적으로 표현하고 시청자는 직접 전화를 걸어 자기주장을 표출할 수 있는 시대이다.

이 모든 것은 이제 전혀 사적인 일도 아니고 누구에게나 공개하는데 아무런 문제가 되지 않는 것으로 보여지기도 한다. '죽음'이라는 주제에 대해 언급하는 것도 더 이상 타부가 아니다. '성(性)'에 대한 주제는 가장 깊은 내용까지 언급되고, 정신적인 개인의 문제들은 공개적으로 모두 벌거벗겨지고 그리고 개인의 생각과 의견은 질문으로 던져진다.

이런 일이 정말 사실이라는 것인가라는 의구심마저도 가지게 된다.

우리는 실제로 얼마나 서로를 신뢰하면서 살아가고 있는가? 우리는 실제 그럴 수밖에 없는 순간에서도 사적인 일을 어느 정도 선에서 직업적인 일과 연관시켜야 하는가?

특히 지적장애인의 '성과 이성관계'와 같은 다루기 쉽지 않은 주제에 대해서는 우리사회가 얼마나 마음을 열어주는가에 달려 있다. 결국 우리는 스스로 그들의 대리역할자로 생각하고, 이를 당연한 것으로 인정하는 사고와 인식이 자리 잡혀 있다. 이러한 태도와 인식은 우리를 의지하고 있는 사람들에게는 큰 영향을 미치게 된다.

예를 들어 당신은 장애인이고 그룹공동체에 살고 있으며, 그곳에서 당신이 성적 욕구를 느낄 때마다 성적 만족을 위해 어떻게 자위행위를 하는지에 대해 다른 사람이 당신에게 설명해 준다고 가정해 보자. 당신이 필요한 지원을 요청할 때마다 주위에서는 당신의 지원요구를 진지하게 받아들이고, 그에 적절하게 반응해 준다. 그러나 다른 어떤 공동체에서는 어느 누구도 당신의 요구사항이나 희망사항에 대해 전혀 반응하지 않는 경우에 당신은 정말로 두 개의 공동체 중 어느 곳에서 살기를 원하는지를 확실하게 알게 될 것이다. 분명한 것은 우리 모두는 우리가 살고 있는 주위의 생활환경에 영향을 받으며 상호 의존하여 살아가고 있다는 것이다.

이러한 문제를 인식하는 것은 정말로 각각의 상황에 따라 많은 시간과 실천이 필요하고 또한 다양한 요인들에 의해 영향을 받게 된다.

2.2 사례

사례 1

특수학교에 다니고 있는 요한은 틈만 나면 시모네의 가슴을 만지고 다닌다. 때때로 그는 그녀와 같이 화장실에 가기도 한다. 그들 상호간의 언어적·비언어적인 반응으로는 시모네가 이것을 좋아하는 것으로 보여진다. 학교를 등교할 때마다 시모네와 요한은 자주 만나서 손을 잡고 옆에 앉아 있다.

이 상황에 대해 학교기숙사 생활교사들은 각각 완전히 다른 의견을 제시하고 있다. 몇몇 교사는 아직 그렇게 심각한 일이 일어나지 않았으며, 요한과 시모네에게 너무 지나치게 주목을 할 필요가 없다는 의견도 있다. 그들은 시각에 따라 이 상황에 대한 다양한 이유를 제시하고 있다. 또한 몇몇 교사는 지적장애가 있는 요한과 시모네가 대책 없이 성적인 관계에 노출되어 있다고 주장하기도 한다. 다른 몇몇 생활교사들은 이 일을 아주 단순하게 걱정하는 정도로만 보이고, 그저 당황스럽고 좋지 않은 정도로만 여기고 있다. 때로는 실제로 일어나고 있는 사실을 보지 않는 것이 더 나을 것이라고 하기도 한다. 그들은 요한과 시모네가 서로를 애틋하게 느끼고 그리고 이성적인 관계를 원하는 것으로 보여진다고 한다. 그러나 두 사람은 그들이 자신의 감정을 어떻게 해야 하는지에 대해서 전혀 인식하지 못하고 있는 것으로 보여진다.

기숙사 생활교사는 무엇보다도 이 일에 대한 해결책을 찾지 못하고 있다. 왜냐하면 시모네의 부모는 딸이 요한과 친밀한 관계를 가지는 것에 대해 매우 반대하고 있기 때문이다. 이제 생활교사가 더 이상 할 수 있는 일은 없다. 시모네와 요한은 생활교사가 알고 있는 것처럼 그들이 어떤 상황에 놓여 있는지를 전혀 인식하지 못하고 있다. 둘 사이의 관계에 대한 주제는 설명되지 않은 채 무방비 상태에 놓여 있다.

사례 2

아니는 장애인공동체 생활에서 규칙적으로 남자 생활교사를 상대로 매우 도발적이고 반항적인 태도를 취하는 것이 눈에 띈다. 남자 선생님들은 아니의 도발적인 행동에 대해 어떻게 반응해야 할지 당황스러워 한다. 아니가 목욕 후에 수건으로 몸을 말리는 것을 남자생활교사가 도와주려고 할 때 그녀는 종종 자위행위를 시도하였고, 그녀가 방에서 그러한 행위를 하는 것이 우연히 목격되었다고 한다. 생활교사들은 그녀가 자위행동 시도에 실패하거나, 올바른 쾌감을 얻지 못한다는 인상을 받았다고 한다. 그렇다면 생활교사는 이 상황을 어떻게 받아들여야 하는가?

사례 3

저녁시간 무렵에 여가활동 동아리를 찾는 한 여성장애인은 얼마 전부터 이 동아리에서 일하고 있는 남자에게 완전히 빠져버렸다는 것을 드러내 놓고 표현해 왔다. 그녀는 그에게 완전히 꽂혀 있었고, 그를 포옹하고 그에게 선물세례를 한다. 그 남성은 그녀의 이러한 태도를 어떻게 받아들여야 할지 모른다고 한다. 한편으로는 그는 그녀가 계속 그렇게 해 주기를 바라고("이런 사람들은 어차피 떠날 사람이야."라고 그는 말한다), 다른 한편으로 그는 그녀의 감정에 반응하기가 쉽지 않다고 한다.

사례 4

같은 동아리에 참여하고 있는 한 남성 장애인은 손으로 여성 참여자들의 가슴을 쓰다듬고 손바닥으로 그녀들의 엉덩이를 만지는 습관이 있다. 그녀들은 이러한 원하지 않는 개인적인 신체적 침범에 어떻게 반응해야 하는가?

사례 5

장애인 그룹 홈에서 생활하고 있는 카알은 동료들이나 방문자가 있을 때 공개적인 장소에서 자위행위를 시작한다. 몇 달 전부터 지적장애인의 생활교사로 일하고 있는 소냐는 이 상황과 부딪히게 되었고, 그녀가 이러한 상황을 어떻게 받아들이고 다루어야 하는지에 대해 매우 당황하고 있다.

사례 6

경도 지적장애를 지닌 클라우스는 얼마 전부터 다른 두 명의 남성 장애인과 그룹 홈에 살고 있다. 어느 날 저녁에 클라우스는 생활교사에게 한 번은 자신이 매춘을 하는 곳에 가려고 한 달 동안 돈을 모았지만, 이제 그는 갑자기 그것을 행하는 것에 대한 두려움을 가지고 있다고 고백했다.

사례 7

마틴은 여자 친구를 자주 바꾼다. 그의 생활교사는 콘돔을 사용하는 것이 얼마나 중요한지를 그에게 설명하기 위해 그와의 대화를 시도하지만, 마틴은 그것에 대해 전혀 의식하지 못하고 있으며 콘돔을 성가신 일로만 여기고 있다. 이 밖에도 마틴은 그의 여자 친구가 그가 다른 여자들과 잠자리를 한 것을 알게 될까봐 두려워하고 있다. 그리고 여자 친구가 그 사실을 알면 자신을 절대 용납하지 않을 것이라는 두려움을 항상 가지고 있다고 한다.

사례 8

사스키아는 14살이고, 다른 형제들과 함께 부모님 집에서 살고 있다. 어느 날 저녁에 그녀는 텔레비전에서 남녀가 격렬히 사랑하는 장면을 보고 난 후에 아버지에게 아기는 어디서 나오는지를 질문했다. 그녀는 이미 아기는 남녀가 서로 사랑하게 되면 생긴다는 것을 이해하고 있었지만, 사랑하는 과정이 어떻게 진행되는지에 대해서는 완전히 이해하지 못했다. 사스키아는 이웃에 살고 있는 한 남자아이를 좋아하고 있었다. 그녀는 아버지에게 "내가 그와 키스하면 아기가 다리 사이로 나오게 되나요?" 하고 질문하였다.

사례 9

아기에 대한 주제: 경도 지적장애를 가지고 있는 안나마리는 생활교사와의 대화에서 그녀와 남자 친구는 아기를 갖기로 결정했다고 이야기했다. 그래서 그녀는 피임약복용을 중단했다고 한다. "선생님은 벌써 2명의 아이가 있잖아요!", "왜 나는 아이를 가지면 안 되나요?" 하고 그녀는 생활교사에게 질문했다.

사례 10

아나벨레는 생활교사인 빌헬미네에게 페터가 항상 그의 성기를 그녀의 다리 사이에 밀착시킨다고 이야기했다. 그리고 대부분이 일은 샤워를 하고 난 후 또는 저녁시간에 쉬고 있을 때에 그런다고 하였다. 이것은 '성추행'이라는 토론주제로 이끌었고, 아나벨레가 있는 그룹의 교사는 이 일에 대해 흥분하였다. 그것은 그녀가 누구와도 하지 않았던 모든 개인적인 일에 대해 함께 대화를 나누었던 페터가 그 대상이라고는 감히 생각하지 못했기 때문이다. 교사그룹 모두는 분노, 화, 불신감, 당황, 괴로움과 죄책감을 가지게 되었다. 지난 2년 동안에 이런 일이 아나벨레에게 일어났다는 것을 어느 누구도 전혀 눈치 채지 못했다는 사실에 대해 이해할 수 없었다. 생활교사는 아나벨레, 그녀의 부모, 페터 그리고 교사그룹에서는 이제 이 일을 어떻게 받아들이고 이해해야 하는가?

사례 11

생활교사는 욥에게 함께 거실에서 커피를 마실 의향이 있는지를 물어보려고 방문을 두드렸다. 그가 다시 조심스럽게 문을 두드렸을 때에도 역시 아무 대답이 없었다. 그래서 문을 열었을 때 생활교사는 욥과 베른트(모두 남성)가 벌거벗은 몸으로 함께 침대에 누워 있는 것을 보았다.

긴 시간의 토론 후에 생활교사팀은 그들이 다음날 저녁에 무조건 기숙사생들에게 에이즈에 대해 설명하고 콘돔을 사용하는 것이 얼마나 중요한지에 대해 이야기를 해 주어야 한다는 결정을 내렸다. 에이즈에 걸리게 되는 과정에 대해 정확하게 설명되어져야 하고, 설명은 가능한 한 구체적이고 사실적이어야 한다. 또한 교사들은 이것에 대한 정보를 가족과 부모교육시간에 부모들에게도 중재해야 하는지에 대해 매우 진지하게 토론하였다.

공동체 생활그룹에서는 필요할 경우에 '성'에 대한 설명이 각 생활교사에 의해 이루어져야 하는지, 그리고 성에 대한 설명이 개별적으로 또는 그룹으로 실행되어야 하는지에 대한 토론이 이루어졌다. 몇몇 생활교사는 그들이 이 주제를 어떻게 다루어야 하는지를 잘 알지 못하고 있다.

사례 12

복지기관에 다니고 있는 피에트는 자주 흥분하고 발기를 한다고 이야기했다. 그는 또한 간질 때문에 때로는 자위행위를 할 수 없다고 실토한다. 그는 어떻게 해야 하는가?

장애인 관련 현장에서는 단순하게 해결할 수 없는 많은 사례들이 자주 일어난다. 지적장애인과 관련된 일에 종사하고 있는 생활교사들, 직원들 그리고 지적장애인의 부모들은 위에서 제시한 사례들보다 더 많은 어려운 상황들에 부딪히게 된다. 이러한 예기치 못한 상황들은 실제로 우리를 불안감과 무력감으로 이끌게 된다.

2.3 성에 대한 무기력과 방심은 어디에서 시작되는가?

2.3.1 개요

실제로 우리 모두가 '지적장애인의 성과 이성관계'라는 주제에 대해 무기력함을 느끼게 되는 것은 어쩌면 지극히 정상적인 일인지도 모른다. 그러므로 우리는 그들을 위해 무엇인가를 시도하는 것과 그러한 시도가 어디로 이끄는지에 대해 인식하는 것이 필요하다. 그것은 지적장애인에게도 긍정적인 측면에서 도움이 될 것이다. 우리가 이 주제를 편안한 마음으로 받아들이게 되면 그들이 발전할 수 있는 기회와 가능성이 더 나아질 것이라고 본다.

2.3.2 '성'은 영원한 타부?

매스컴에서 인간의 '성'에 대해 거론되는 것을 현대 사회에서 외면할 수 없는 일이다. 그럼에도 불구하고 이 주제는 종종 터부시되고 있다. 바로 지적장애인의 '성'이 대표적인 경우이다. 이것은 장애로 인한 그들의 모습이 그들에게는 성관계가 항상 일어나는 것처럼 보여지는 것, 우리의 감정, 개인적인 이해 그리고 '성과 이성관계'와 관련하여 우리의 기대와 부딪치게 된다. 이것을 통해 우리는 자신에게 자문하기도 한다. "나에게 성은 무엇인가? 나에게는 무엇이 중요하고 나는 무엇이 아름답다고 생각하는가?"

우리는 자기의 소원, 자신에 대한 이해심과 감정들을 실제로 어느 정도 인식하고 있는지에 대해서 질문해 볼 필요가 있다. 우리는 이 질문에 대해 스스로 얼마나 잘 인식하고 있는가? 그리고 현대 교육은 우리가 지적장애인의 성을 인식하는데 영향을 줄 수 있다고 생각하는가?

이와 관련하여 우리는 실제로 나의 동료들이 이 주제에 대해 어떻게 느끼고 생각하는지, 그리고 이 주제에 대해 인식하고 있는지에 대해 숙고해 볼 필요가 있다. 우리는 동료들과 성에 대한 대화를 하는가? 우리는 다른 사람들을 이해하고, 스스로에 대해 충분히 알 수 있는 시간과 기회를 가지는가? 사람들이 자기 자신에 대해서, 상대방에 대해 얼마나 알고 있는지 그리고 '성과 이성관계'에 대한 주제와도 연관시켜서 생각해 보는지는 개인에 따라 매우 다양할 수 있다. 현장에서 지적장애인과 함께 생활하고 있는 많은 생활교사들에게 이 주제는 아주 낯설거나 또는 전혀 관심 밖의 내용이기도 하다. 그리고 이러한 무관심은 정확하게 표현하자면 바로 무기력함과 방심으로 이끌게 되는 요인이 된다.

2.3.3 규범과 가치

우리 모두는 가정에서의 다양한 성장 배경과 종교적 배경을 가지고 있으며, '성과 이성관계'에 대한 각자의 규범기준이나 가치척도도 매우 다양하다. 그것은 현대의 복합적인 사회에서는 지극히 일반적인 일이다. 그러나 우리는 다른 사람을 이해하기 위해서는 최소한 그들이 살아 온 삶의 배경을 알아야 할 필요가 있고, 이것을 통해 우리는 다른 사람들의 행동과 태도를 이해할 수 있게 된다. 또한 그러한 이해는 상호간에 의사소통을 쉽게 도와주며, 지적장애인도 이에 대한 동등한 권리를 지니고 있다. 불안감과 혼란감은 우리가 다른 사람들의 삶의 기준과 가치에 대해 잘 모르고 있을 때 일어나게 된다.

2.3.4 지적장애와 성적 행동

일반적으로 누군가를 이해하는 것은 그리 어려운 일이 아니다. 그러나 때에 따라서 다른 사람들의 마음을 움직이고 평가한다는 것은 어려운 일이다. 우리는 누군가의 행동을 보고 그가 왜 그렇게 행동하고 그리고 그의 행동이 무엇을 의미하는지를 자문하게 된다. 다른 사람의 행동 배경에는 우리에게 이야기하려고 하는 무엇인가가 감추어져 있다. 지적장애인의 행동 뒤에 가려져 있는 이야기의 의미를 이해하는 것은 전문가인 생활교사의 중요한 역할이다. 그들은 지적장애인의 행동이 함축하고 있는 의미의 의문들과 요구사항들에 대해 알아채고 반응할 수 있어야 한다. 우리가 외적으로 드러나는 행동의 의미를 수용하고 인식하게 되면 우리도 다른 사람들이 우리에게 바라고 있는 실제적인 요구사항들을 이해하게 된다. 그것이 바로 도움을 요청하는 일이다. 그러나 종종 우리는 지적장애인의 행동을 정말로 이해하지 못하거나 그들에게 접근할 용기를 잃어버리게 되는 상황에 놓이기도 한다.

지적장애인은 때로는 일반사람들이 거의 이해하지 못할 행동을 나타내기도 한다. 이러한 그들의 외적인 행동을 우리가 이해하기란 쉽지 않은 일이다. 그것은 우리가 그들의 입장에서 이해하려는 노력을 하지 않기 때문이다. 이것은 생활교사들을 긴장감으로 이끌기도 하고, 이러한 긴장감이 생활교사들을 저항과 외면으로 대처하게 하여, 때로는 방심으로 이어지기도 한다.

또한 지적장애인은 예측할 수 없는 성적 행동을 나타내기도 한다. 그리고 대부분의 사람들은 그러한 행동을 터부시 하기도 하는데, 이것은 사람들이 그들의 행동이 암시하는 것을 부담스럽게 여기기 때문이다. 지적장애인은 종종 비장애인보다 신체적인 표현을 더 강하게 나타내기도 한다. 반면에 쓰다듬는 행동과 같은 모든 신체적인 접촉형태의 행동을 거부하고, 이러한 행동에 대해 큰 두려움을 나타내는 지적장애인도 있다. 이러한 상황들은 각 개인에 따라 다르게 나타나고, 매번 개인이 그 상황의 중심에 놓이게 된다. 일반적으로 지적장애인은 다른 사람을 만지고, 입을 맞추고, 포옹하고 그리고 그들과 지각없이 행동하는 것에 대해 통제하는 능력이 비장애인에 비해 부족하다. 그들은 사회적으로 어느 정도 선에서 경계를 두어야 하는지에 대해 인지하는 능력이 부족하며, 이러한 사회적 경계선의 통제적 어려움은 인간관계를 형성하는 데 방해요소가 된다.

지적장애인은 우리가 일반적으로 부딪치게 되는 두 가지 자연본성에 대한 어려움을 비장애인보다는 다소 부담을 적게 가지고 행동하기도 한다. 두 가지 자연본성이라는 것은 '규범'을 지키는 것과 우리가 외적인 예의로 지칭하는 '문명'적인 행동이다. 그러나 그 결과로 지적장애인은 그들 상호간의 관계에 문제를 가지게 되고, 비장애인과의 관계에서도 어려움을 가지게 된다. 지적장애인은 의사소통을 할 때 비장애인에게는 종종 어려울 수 있는 비언어적인 표현들을 더 자주(때로는 너무 독점적으로 사용) 사용한다. 우리는 조금은 불편하게 느껴지는 그들의 비언어적 인 표현들이 무엇을 의미하는지를 자문해 보기도 한다. 그들의 상대방을 쓰다듬는 행동 하나만으로도 충분히 문제가 될 수 있다. 나에게 아주 가까이 다가와서 쓰다듬는 행동을 할 때, 이것을 다른 아이들처럼 나와 놀고 싶어 하는 것으로 받아들여야 하는가, 아니면 그의 행동을 진지하게 여겨야 하는가? 그들이 그러한 행동을 통제하는 능력이 부족하다는 것을 받아들인다면, 그것을 언제 놀이로, 언제 진지한 것으로 그리고 언제 그 경계를 두어야 하는가?

생활교사들은 종종 지적장애인의 행동을 아주 가볍게 또는 단지 짐스러운 것으로 암시하는 문제와 부딪치게 된다. 지적장애인은 이성간에도 강하게 표현하고, 생활교사들은 그것에 대해 – 각자의 삶의 경험에 따라서 – 신체를 이용한 더 강한 방식으로, 아니면 종종 해석하기 어려운 반응형태로 그리고 때로는 저항적인 방식으로 반응하게 된다. 이때 가장 먼저 문제가 일어날 수 있는 환경영역은 '성'을 타부주제로 인식하고 있는 지적장애인의 가족구성원과 부모들과의 관계 영역이다. 그러므로 지적장애인과 관련된 일을 하는 사람은 자신이 하고 있는 일에 대해 굳은 확신과 신념을 지니고 있어야 한다. 이 모든 것을 받아들이고 수용하는 확신과 믿음은 바로 지적장애인의 미래의 안정적인 환경을 조성하는 기초마련에 긍정적으로 작용한다.

2.3.5 선입관과 편견

우리가 지적장애인은 성적인 생활과 무관하고, '성'에 대한 어떤 욕구도 가지고 있지 않을 것이라고 생각하는 것은 선입관에서 시작된다는 것을 잘 알고 있다. 우리는 실제로 현장에서 지적장애인의 성과 관련된 영역에 대해 지원 요청과 그들의 성적 행동에 부딪치게 된다. 우리는 스스로의 모습을 선입관으로부터 벗어나게 해야 하는데, 이것은 그들에 대한 우리의 행동방식 반응이 바로 선입관과 편견에서 비롯되기 때문이다. 그러나 우리는 그들을 배려하지 않는 경우가 더 많다. 이것은 지적장애인의 '성'에 대해 진지하게 받아들여야 하는 그들의 권리에 대한 정당성의 의미와 관련된다. 최악의 경우에는 그들이 도움을 요청할 경우에도 우리는 반응해 주지 않고, 그들을 쏟아지는 빗속에 그대로 방치해 버리기도 한다.

지적장애인의 성적 체험에 대해 우리가 가지고 있는 편견은 그들을 무기력하게 만든다. 물론 우리는 지적장애인의 성에 대한 모든 것을 눈을 감고 외면할 수도 있겠지만, 그것은 어떠한 경우에도 모두가 만족할 만한 해결책은 아닐 것이다.

2.3.6 지적장애인의 성과 이성관계에 대한 잘못된 인식

지적장애인의 성과 이성관계에 대한 우리의 근본적인 잘못된 인식은 그들의 삶과 생활을 제한시킨다는 의미를 내포하고 있다. 우리의 잘못된 인식은 우리의 행동을 고착시키고, 우리의 행동은 바로 지적장애인의 삶에도 영향을 미치게 된다. 다시 말하면 우리의 내면적인 올바른 인식은 지적장애인의 성과 이성관계를 이해하고 받아들이는데 핵심적인 역할을 한다. 그것이 어떤 주제이든지, 그것이 성에 대한 것인지 아니면 죽음이나 공격성과 관련된 것인지는 아무런 상관이 없다. 모든 것은 우리의 잘못된 인식으로부터 시작되고, 그것이 결정적인 영향력을 발휘한다는 것이다. 우리는 의식적이든 무의식적이든 항상 같은 관점을 가지고 사람들을 만나게 된다.

저자의 저서 중에 『우리는 당신의 최고를 원합니다!(Wir wollen nur euer Bestes)』(2000)에서는 지적장애인에 대한 우리의 잘못된 인식에 대해 상세히 기술하고 있다. 우리가 지니고 있는 근본적인 인식은 우리의 행동을 지배하는 틀(Rahmen)이지만, 이것을 어떠한 경우에도 우리의 고착된 인식으로 이끌어서는 안 된다. 분명한 것은 우리 각자가 지닌 근본인식에 대해 다시 확인해야 하고, 이 주제에 대해 지적장애인 관련 기관과 단체에서는 토론의 주제로 다루어져야 한다는 것이다.

우리가 공동체적인 인식을 가지게 되면, 무력함이나 다양한 의견들 또는 갈등이 일어날 때마다 우리는 무엇을 통해 상호관계를 가질 수 있는지를 인식하게 해 준다. 그것은 우리를 편안하게 해 주고 안정감 있는 느낌을 중재해 준다. 우리는 자신이 혼란 속으로 빠지게 될 때 이를 막아주는 자기만의 원칙을 가지고 살아간다.

이 원칙을 통해 우리는 지적장애인의 성과 이성관계에 대해서도 공동체적 공감대와 같은 많은 즐거움과 기쁨을 얻을 수 있다. 이 내용에 대한 구체적인 것은 제3장에서 언급될 것이다. 우리가 지닌 근본적인 인식을 다룰 수 있는 수단과 방식은 그리 많지 않으며, 생활교사들은 많은 혼동 속에서 생활하기 때문에 확신을 가지기가 어렵다. 어떠한 대책도 없다면 무엇을 어떻게 관계를 가지고 생활해야 하고, 우리는 무엇에 의지해야 하는가? 기관이나 단체가 어떤 방침이나 원칙을 세우고 있지 않다는 것은 자유의지대로 문과 성문을 열어 놓은 것을 의미한다. 이를 통해서 지적장애인은 쉽게 주위환경의 장난감 공으로 전락하기도 하고, 다른 사람들의 다양한 해석과 독단적인 판단의 피해자로 되는 위험에 빠지게 된다. 그래서 비장애인과 똑같은 이성관계에 대해서도 다른 환경에서는 전혀 똑같이 다루어지지 않음에도 불구하고, 어떤 환경에서는 (성적)관계가 매우 보호하고 비밀로 해야 되는 일이 발생하는 것이다. 그러므로 지적장애인뿐만 아니라 그들과 관련을 맺고 있는 사람들을 위해서라도 공동체적인 장과 공감대적 인식이 마련되어야 한다.

무엇보다도 '지적장애인의 성과 이성관계'에 대해 기관의 모든 영역에서 토론하는 것을 배제시키고, 공동체적 책임 인식을 함께 하지 않는 것은 바로 무력감과 포기상태로 이끌게 된다. 다음에 이어지는 제3장에서는 지적장애인의 성과 이성관계의 인식에 대해 구체적으로 언급될 것이다.

2.4 토론주제

1. 팀에서 당신은 실제로 어느 정도 개방적인지를 이야기해 본다. 당신이나 또는 당신이 일하고 있는 기관이 타부로 여기는 주제가 있는지 토론해 본다.
2. 당신이 생활교사팀의 구성원이라고 가정해 본다. 장애인 그룹홈에 살고 있는 아니는 남자생활교사에 대해 도발적이고 대항하는 행동을 나타낸다. 당신은 성적 만족을 위해 시도하지만 번번이 실패하는 아니의 입장에서 생각해 보고, 아니를 어떻게 도와주어야 하는지를 팀에서 토론해 본다.
3. 클라우스의 문제를 토론주제로 다루어 본다. 그는 매춘하는 곳을 가고 싶어 한다. 당신은 교사팀에서 그가 원하는 사항을 받아줄 수 있게 노력할 것인가? 또는 당신은 그것에 대해 전혀 이야기하지 않을 것인가? 당신은 그의 도움요청을 당신 선에서 해결할 것인가?
4. 당신은 그룹 홈에 함께 살고 있는 욥과 베른트가 함께 침대에 있는 것을 보게 된다. 당신은 그들의 관계를 인정하는 태도를 취할 것인가? 당신이 만약 '예'라는 답변을 한다면, 그것은 어떤 형태의 태도로 반응되어야 하는가?

5. 어린이집에서 페트라는 아기가 실제로 어디에서 나오는지를 선생님에게 물어본다. 당신은 페트라의 질문에 대해 어떻게 답을 주어야 하는지, 아니면 대답하지 말아야 하는지에 대해 교사팀에서 함께 숙고해 본다. 페트라의 부모는 당신이 줄 해결책에 대해서도 매우 관심을 가지고 있다. 페트라의 엄마는 당신이 지원자로서 도움을 줄 수 있기를 기대하고, 그녀의 아버지는 '페트라의 지적 수준의 관점에서'라고 말하는 것처럼 쓸데없는 것이라고 여기고 있다.
6. 당신의 주위에는 '지적장애인의 성과 이성관계'에 대해 선입관이나 편견을 가진 사람이 있는가?
7. 지적장애인의 성과 이성관계라는 주제에 대해 당신이 가지고 있는 관점을 기술해 본다. 당신이 소속되어 있는 교사팀에서는 다양한 의견들이 제시되고 있는가? 그렇다면 그 의견들의 배경은 무엇인가?

제 3 장

지적장애인의 성(性)과 이성관계에 대한 인식

3.1 개요

이 장에서는 우리 각자가 가지고 있는 근본인식에 대해 언급하려고 한다. 이것은 우리가 사람들과 어떻게 만남을 가지는가는 바로 우리의 사고나 행동 그리고 태도의 근원이 되는 인간상에 달려 있다고 보기 때문이다. 이와 관련된 주제는 바로 지적장애인이 받게 되는 상처에 대해 생각해 볼 수 있다. 상처를 준다는 것은 우리 각자가 어떤 인식을 가지고 행하는지가 얼마나 중요한지를 증명하는 것이다. 그러므로 우리는 각자가 실제적인 행동을 지원할 수 있는 도움과 방법들을 제시하여야 한다. 저자는 결론적으로 '근본인식'에 대한 개념에 대해 접근해 보려고 한다. 우리는 지적장애인과 적절한 만남을 가지게 될 때, 자신이 지닌 특별한 근본태도에 대한 인식을 나타내게 된다. 저자는 이러한 숙고를 기초로 하여 지적장애인의 성(性)과 이성관계에 대한 적절한 근본인식을 기술해 보려고 한다. 그리고 이 장의 마지막에서 토론주제에 따른 숙고의 질문들이 제시된다.

3.2 공동체적 책임감

우리는 스스로 자신이 가지고 있는 인식을 변화시키고, 우리가 일상생활에서 만나게 되는 사람들을 변화시키기도 한다. 우리는 자기인식을 가지고, 그리고 생각지도 못하게 다른 사람들을 만나게 된다. 또한 우리는 다른 사람들이 반응하는 것에 대해 지속적으로 신호를 보낸다. 그리고 그것은 일반적으로 적절하게 맞아떨어진다. 무응답도 바로 응답이 되는 것이다.

우리의 인식은 우리의 행동을 결정한다. 당신이 어떤 한 그룹에 속해 있다고 가정해 보자. 당신이 그 그룹에서 주의 깊게 관찰하고 경청하게 되면, 당신이 주위환경으로부터 오는 신호에 대해 주위환경이 당신에게 무엇을 기대하고 생각하는지를 알아내려고 시도하게 된다. 당신은 언어적 또는 비언어적으로 다른 사람들에게 취했던 태도와 모습을 알아내게 되고, 그것은 바로 당신의 태도를 결정한다. 그러므로 우리는 다른 사람에 대해 가지고 있는 태도가 자신에게 정말로 어느 정도 의식되어 있는지를 분석해 보는 것은 매우 중요하다. 이때 우리는 개인의 문제가 다른 사람의 행동과 태도에 얼마나 영향을 미치는지도 생각해 보아야 한다.

그러므로 우리는 인간관계와 인간적(성적인 것도 포함하여)인 관계를 성취하기 위해 숙고하는 것이 우리의 직업적인 과제라면, 자기인식은 결정적으로 중요한 요소이다. 지적장애인과의 관계 형성을 위해서는 많은 상황의 전개과정에서 전문적인 통로가 필요하다. 그러므로 우리는 스스로 자기인식을 배제하거나 외면해서는 안 된다.

지적장애인이 '상처받는 것'은 비교적 전문가적인 관계에 있는 사람의 인식에 따라 달라질 수 있다. 그러므로 지적장애인과 관련하고 있는 사람들은 그들의 행동에 대한 원칙을 세우고, 이것이 현장에서 반영될 수 있도록 자기인식을 하는 것이 필요하다. 나아가서 우리는 함께 성취하고자 하는 것에 대한 공동체적 책임감을 가지고 지적장애인도 공유하여 경험할 수 있도록 중재하여야 한다.

3.3 지적장애인에 대한 장애요소: 자립심과 상처

3.3.1 개요

어린이는 양육과정이 정상적으로 잘 진행되면 발달단계에 따라 가르치는 사람에 의해 성장하게 된다. 어린이는 어느 특정한 시점에서 부모로부터 떨어져서 자신의 삶을 준비하는 상황에 놓이게 된다. 그러나 지적장애인에게는 이러한 과정이 그리 당연한 것은 아니다. 그들은 장애로 인해 크든 작든 성장하고 발전하는데 상당한 장애요소를 가지고 있는 그룹이고, 이로 인하여 일상생활에서도 비장애인보다는 특수교육교사나 그들과 관련하고 있는 사람들에게 더욱 의존하게 된다. 지적장애인은 일상생활영역의 많은 부분에서 지원이 필요하며, 다양한 지원을 통해 그들이 살고 있는 사회에서 자기주장과 권리를 펼칠 수 있으며 자립심을 배울 수 있다. 그러므로 그들이 우리에게 가지고 있는 의존성의 의미는 우리 개인인식이 얼마나 중요하고 의미를 가지고 있는지를 명확하게 알게 해 준다.

3.3.2 의존성과 자립심

의존하려는 욕구와 자립하려는 욕구 사이에는 늘 갈등상태가 존재한다. 우리 대부분은 가능한 한 독립적이기를 바라고, “나 스스로도 충분히 할 수 있어!”라고 말하고 싶어 한다. 우리는 스스로 결정하고 그 결정에 대한 책임을 지게 될 때 자부심과 자랑스러움을 느낀다. 또한 우리는 다른 사람들 속에 한 구성원으로 포함되기를 바라고 그들과 좋은 관계를 원하지 않는가? 공유한다는 것은 서로가 함께 느낄 수 있는 것이고, 서로에 대한 관심은 서로에게 의지하고 의존하는 형태로 나타나게 된다. 이 의존성은 상호간에 만족감을 줄 수 있지만 동시에 이미 시작된 상호간의 관계를 제한시키는 쇠사슬과 같은 두려움으로 이끌 수도 있다. Van Haaren (1986)은 이러한 의존성을 '외로움의 두려움과 공유의 두려움'으로 표현했다.

이 표현은 현대 사회의 일상 속에서 일어날 수 있는 이성관계에 대한 현대소설의 주류적인 소재를 제공할 수 있다. "나는 당신이 필요하지만 자유에 대한 갈망을 잃고 싶지 않아!" 바로 자유와 소속감은 상호적인 관계 속에서 느끼게 되고 체험하게 된다.

자녀를 양육하는 과정은 완전한 의존성으로부터 시작된다. 자녀가 부모의 손에 맡겨져 양육되는 것으로부터 시작되기 때문이다. 자녀가 자립적으로 성장하도록 하는 책임은 부모에게 있다. 신생아와 유아는 상당히 긴 시간 동안 양육자에게 의존하게 된다. 무엇보다도 유아기 때 부모에게서 배우는 것은 아이의 현재와 미래의 행복에 결정적인 영향을 미친다.

부모가 자녀에게 신뢰감을 가지고, 바르고 언행일치적인 관계를 맺고 그리고 부드러움과 애정으로 자녀들과 소통하게 되면, 이것은 자녀에게 긍정적으로 작용하게 된다. 자녀들은 부모의 삶의 평화로운 모습에서 안전함과 보호감을 느끼게 된다. 이것은 자녀가 성장하면서 삶의 경험과 연계되어 세상에 대한 지식을 얻게 되고 자기인식으로 성장할 수 있으며, 어려움을 겪을 때마다 부모에 대한 안전감과 보호감을 빨리 찾아갈 수 있다. 자녀는 "나는 항상 아버지와 어머니에게 달려갈 수 있어!" 하는 마음을 늘 느끼게 된다. 이처럼 다른 사람들과의 관계에 대한 신뢰감은 결국 자기신뢰감을 형성시켜 준다.

부모는 자녀가 성장하는 발달단계에서 많은 요구사항을 설정하기 시작한다. 이러한 부모의 요구사항들은 자녀가 할 수 있는 범위의 성취수준에 적절해야 한다. 부모는 머릿속으로는 이상적인 목적을 가지고 기준을 정하고, 사회화과정에 따른 규범과 놀이공간의 허용범위를 가르치는데 신중한 태도를 취해야 한다. 부모의 교육방법과 양육태도가 자녀의 발달과정에 잘 적용되어 진행되면, 어린이는 자기가 느낄 수 있는 범위 안에서는 자유롭게 활동한다. "나는 새로운 일을 실험해 볼 수 있지만, 다행스럽게도 나는 무엇을 먼저 생각해야 하는지를 알고 있어!"

이러한 어린이의 장기적인 양육과정은 자립적인 인격체로 키워준다. 결정적으로 교사의 태도를 통해 어린이가 자기신뢰감을 확실하게 형성하게 되면, 성장해 가는 삶의 세계에서도 자신에게로 나아갈 수 있게 된다. 그 과정 속에서 우리는 자신이 열망하는 기대치를 해결할 수 있게 되고 충동적인 욕구도 견디어낼 수 있다. 또한 교사의 세심한 관심과 태도는 어린이를 자신에게로 되돌아가게 한다. 교사의 신뢰성과 노련한 태도를 통해 어린이는 자기신뢰감을 빛낼 수 있는 한 인간으로 태어난다.

의존성은 우리가 어떤 시각으로 보는가에 따라 부정적인 요소만은 아니다. 의존성은 우리의 교육목표인 자립심을 습득하는데 없어서는 안될 전제조건이다. 우리가 기대했던 자립심을 성취하게 되면, 우리 자신의 삶을 스스로 이끌어나가기를 원하는 것처럼 주위에 있는 사람들을 배려하는 것을 스스로 결정할 수 있게 된다. 우리는 책임감을 가지게 되고, 다른 사람들을 다치지 않게 하는 현명함과 지혜로움을 스스로 결정할 수 있게 된다. 자기결정은 우리 자신에게 긍정적인 감성을 중재해 준다. 나는 스스로 결정할 수 있고, 긍정적인 영향력을 경험하고 그리고 자신과 다른 것에 대한 용기를 얻게 되는 것이다.

3.3.3 지적장애인에게 상처란?

일반적으로 지적장애인은 비장애인보다 자립심이 부족하다. 그것은 비장애인에 비해서 그들의 지적발달이 지체되어 있기 때문이다. 종종 지적장애인의 언어적 능력과 행동능력 사이의 불일치는 그들의 불균형적인 지적 능력의 결과로 나타나게 된다. 이것은 지적장애인과의 관계 형성에서 그들에게 상처를 줄 수 있는 오해의 요인으로 작용할 수 있다.

우리는 때로는 누군가에 의해 재치 있거나 모든 능력들을 가지고 있는 것처럼 비추어질 수 있다. 그렇지만 우리는 대화를 통해서 실제로 상대방은 아무것도 이해하지 못한다는 것을 계속 확인하기도 한다. 우리는 자기의 대화상대자가 기대이상의 것을 요구한다는 것에 대해 어쩌면 눈치 채지 못할 때도 있다. 이러한 기대이상의 요구는 너무 길게 지속되어서는 안 된다. 그렇지 않으면 큰 문제가 발생할 수도 있기 때문이다.

인간의 성격구조는 일반적으로 정신적, 사회적 그리고 정서적 영역의 세 가지 요소로 이루어진다. 이 세 가지 구성요소는 상호간에 균형을 이루게 될 경우 조화로운 성격을 형성하게 된다. 그러나 지적장애인의 경우에는 전혀 그렇지 못하는 경우도 종종 나타나게 된다.

사례

지적장애가 있는 마틴은 단순한 대화 정도를 할 수 있다. 그는 짧은 문장들을 이야기하고, 상대방은 대화를 이끌기도 하며, 그에 대한 반응을 하기도 한다. 그는 사회적인 측면에 매우 걸맞은 교육을 받았고, 그와 함께 살고 있는 동료의 건강에도 책임감을 느끼고 있다. 그는 다른 사람들도 그렇게 하는 것이 당연히 옳다고 여기고 있다. 이러한 의미에서 마틴은 좋은 인상을 주고 있다. 그는 정서적 영역에서는 쉽게 힘겨워하지만, 다른 사람들에 비해 일상을 그리 부담스러워하지 않는다. 그는 주위에서 듣게 되는 모든 것을 받아들이고, 그것은 그에게는 하나의 문젯거리로 된다. 그에게 가장 힘든 일은 예를 들어, 텔레비전의 영화, 잡지나 광고지를 통해서 볼 수 있는 성적 자극들이다. 그는 이러한 정보들을 습득해서 자신과 주위환경에 있는 사람들과 관련시킨다. 그는 이것에 집착하여 생각하고, 상상하며 그리고 그의 생각은 혼란 속으로 빠지게 된다. 마틴에게는 자주 이 문제에 대한 지원과 보호가 필요하다고 보여진다.

지적장애인의 사회적 능력은 비장애인에 비해서 그렇게 능숙하지 못하다. 사회적 능력은 주위환경이 자신에게 요구하는 사항들에 대해 적절하게 반응하고 적응하는 능력을 의미한다. 그러므로 사람이 살고 있는 환경의 중요성은 강조되어 왔고, 이에 대한 연구들도 실행되어 왔다. 우리가 글을 읽지 못하고 쓸 수 없다면 도움이 필요하고, 이것은 일상생활 속에서 지원이 이루어져야 하지만 우리가 살고 있는 생활환경은 그렇게 늘 좋은 환경만은 아니라고 생각한다.

많은 지적장애인은 그들의 방어체계를 효과적으로 사용할 줄 모른다. 우리가 성폭력이 얼마나 자주 일어나는가를 알아 보면 여기에는 비장애인이 관련되어 있다는 것을 쉽게 확인할 수 있다. 일반적으로 비장애인은 스스로 자신을 잘 지킬 수 있는 지적 능력을 지니고 있다. 그러나 대부분의 지적장애인은 '주위 환경에 대한 사회적 인식'이 필요하고, 그들의 행동을 조정하고 지켜줄 수 있는 다른 사람들의 지원이 필요하다. 이러한 지원과 그들과 관련되어 있는 사람들의 지속적인 관심은 지적장애인을 보호하고 지켜줄 수 있다.

사례

생활교사는 클라우스가 일주일에 몇 번은 저지르던 그의 기숙사 여성들의 블라우스 속에 손을 넣는 행동을 하지 않는 것에 대해 칭찬한다. 이러한 일이 한 번이라도 일어나면 클라우스는 질책을 받는다. 클라우스는 질책에 대해 매우 예민하게 반응한다.

지적장애아를 둔 부모는 종종 자녀를 키울 때 위에서 묘사한 것처럼 교육하기 어려운 순간의 상황과 접하게 된다. 교육이라는 것은 한편으로는 실험하기에 충분한 장을 마련하는 기술로 묘사되고, 다른 한편으로는 아이의 개별적인 성취수준을 고려하여 정확하게 경계를 두는 기술로 묘사할 수 있다. 이 두 가지 사이에는 조화로운 관계가 이루어져야 한다. 한 가지만으로는 상당히 어려움이 따르게 되고, 위에서 제시한 두 요인들이 합쳐지는 것은 더욱 어려워지게 될 것이다. 우리는 누군가가 자립심과 권위를 얻기 위해 필요한 것을 예측하기가 어렵다. 만약 부모가 자기 아이가 장애아라는 사실을 쉽게 받아들일 수 없다면 큰 문제를 스스로 떠안게 된다. 그리고 그들은 장애자녀를 과잉보호하거나 또는 자녀에게 능력 이상을 요구하는 것이 급속도로 일어날 수 있다.

어떤 경우에는 그들은 장애자녀의 발달을 위해 매우 좁은 놀이공간(과잉보호)을 제공하기도 하지만, 어떤 경우에는 너무 지나치게 넓은 놀이공간(방임)을 제공하기도 한다. 이것으로 인해 장애자녀가 받을 수 있는 상처는 더욱 커지게 된다.

3.3.4 상처받는 것과 자립심

지적장애인이 받게 되는 상처의 배경을 살펴보면, 우리가 지닌 '부정적인 안경'을 통해 지적장애인들을 보고 있다는 것을 발견하게 된다. 이것은 전혀 나의 의도와는 반대로 나타난다. 그렇지만 저자는 이 사실에 대해 기술해 보려고 한다. 자신의 불가능성을 낮추려고 하는 사람에게는 어떠한 경우에도 결코 현실적일 수가 없다. 왜냐하면 그것은 항상 가능성의 경우가 더 많기 때문이다. 지적장애인은 우리의 동료이고, 그들은 정확하게 우리와 같은 가능성과 욕구를 지니고 있다. 이들도 가능성을 실현시키려는 욕구를 충족시킬 수 있다.

이러한 생각을 이해하고 수용하는 것은 매우 중요하며, 그것은 지적장애인과 비장애인이 서로 다른 것처럼 우리는 서로가 훨씬 더 많은 공감대를 가지고 있기 때문이다. 이러한 사고는 우리에게 지적장애인을 '다른 시각'으로 볼 수 있게 한다. 우리는 그들의 가능성을 개발시킬 수 있고, 그들의 인지수준을 외면하지 않으려면 그들과 더불어 살아가는 노력을 해야 한다. 우리가 그들의 개별적 수준에 맞게 접근하는 것도 가능하며, 이를 위해서는 넓은 아량과 공감을 가져야 한다. 그리고 그들에게 필요한 환경을 제공하고, 그들에게 지나친 요구를 하지 않고 기회와 가능성을 마련해 줄 수 있아야 한다. 그렇게 되면 지적장애인의 의존감은 자립심으로 발전할 것이다. 특별한 교육과 특별한 환경은 지적장애인에게 비장애인과 같은 감성을 일으키게 할 수 있다: "나도 혼자 할 수 있어!"

이제는 정상화 실천을 위한 특별한 환경이 필요하다. 이러한 우리의 생각이 바로 각자의 근본인식으로 연계되어 발전되면 지적장애인이 받을 상처가 자립심으로 발전하게 될 것이다.

3.4 사회의 인식과 관점

3.4.1 개요

이 장에서는 지적장애인의 근본인식에 대해 서술하고자 한다. 우리의 근본인식은 항상 우리가 사고하는 출발점이 된다. 이러한 근본인식에 따라 '지적장애인의 성과 이성관계'에 대한 일반적인 인식을 언급해 보고자 한다. 그러므로 이 장에서는 우리의 인간상이 항상 시간과 환경과 관련되어 있다는 관점과 상호관계체계에 대해 기술된다.

3.4.2 인식과 시간의 관계

스파르타시대에는 신체적으로 건강하지 못한 아기를 절벽으로 던져 죽게 했다는 이야기는 잘 알려진 사실이다. 이것은 '인간의 자연적 순리'에 대해 유전적 결함과 자연위배에 따른 '정신적 허약함'으로 여겼던 Samuel G. Howe(1848)가 살았던 시대와 비슷한 역사 속 과거의 일이다. Howe는 신체적으로 건강하지 못한 아이의 출생원인을 부모의 나쁜 신체적인 요건, 알코올중독, 지나친 성행위, 친족 간의 결혼과 낙태에서 찾아야 한다고 주장했다.

19세기에 만들어졌던 많은 장애인수용시설들은 지적장애인을 수용·보호하기 위해 설치되었다. 이러한 시설들은 사회에서 정신질환자로 취급받았던 지적장애인이 시대가 변하면서 장애상태에 따라 어느 정도는 의료적인 보호와 적절한 지원을 제공받는 것으로 발전되었다. 그러나 시설에 수용되어 있던 지적장애인은 그룹으로 나누어져 감시되었고, 각 개인은 그룹의 한 부분으로만 여겨졌다. 한 그룹에 속해 있는 지적장애인은 장애 유형이나 장애 정도가 고려되지 않은 체 모두가 똑같은 열악한 대우를 받았으며, 남성들과 여성들은 철저하게 분리되어 생활했다.

이 모든 것은 매우 빠른 속도로 지적장애인들을 적응시키거나 아니면 무감각하게 만들었다.

근대에 와서야 지적장애인에 대한 교육이 관심받는 주제로 떠오르고, 그 이후로 지적장애인을 위한 적절한 교육방법과 기술 그리고 생활적응교육의 필요성이 요구되기 시작했다. 이러한 발달과정을 통해 현대에 와서 지적장애인에 대한 사회적인 인식이 변하게 된 것이다.

우리 모두는 우리가 현재 살고 있는 시대에서 나온 산물이고, 우리가 관계하고 있는 범위에 근거하여 우리의 위치를 수용하고 사건을 평가하는데 있어서 역사와의 관련성을 잊지 않아야 한다.

3.4.3 인식과 환경의 관계

우리는 현재 우리가 살고 있는 문화의 산물이기도 하다. 여성운동과 개인주의의 발전 과정은 자신과 다른 사람들에게 강하게 영향을 주는 외형적인 것보다도 문명적인 환경 속에서 더 발전하게 된다. 예를 들어, 농촌의 한 공동체에서 수작업을 하는 지적장애인을 도시에서 생활하고 있는 지적장애인의 모습으로 만나게 되며, 그들은 도시에서보다 훨씬 눈에 띄지 않는다. 이러한 의미에서 문화생활 환경은 사람들 사이를 구별짓는데 강하게 작용을 하며, 다른 사람과 그들의 태도에 대한 인식에도 매우 다양하게 영향을 준다.

지적장애인의 생활과 모습은 시대적 상황이 변하면서 함께 변화했고, 그 시대적 배경을 때로는 이해하기가 쉽지 않은 것도 있으며, 어떤 시대적 모습은 거의 설명할 수 없는 경우도 있다. 1930년대와 1940년대에 독일에서는 매우 빠른 속도로 '부정적 의미의' 우생학이 발전하였다. 당시 많은 지적장애인들은 우생학의 희생자가 되어 살해되었다.

시대적 상황으로 인하여 같은 문화권 내에서도 인간에 대한 근본인식이 매우 변하였다. 예를 들어, 지적장애인은 실제 장애인들 스스로가 장애인으로서 느끼는 다른 '장애인' 그룹보다도 더 심각한 대상으로 간주되었다. 우리가 생활환경에서 다른 사람의 행동에 대한 적절한 모습을 기대하는 경향이 있다는 것을 인식한다면, 우리는 자신에게 겸허해야 한다.

인간의 차이와 다양성은 지적장애인의 성과 이성관계와 같은 주제와도 관련된다. 한 그룹은 이 주제를 삶의 한 부분으로 이해하고, 다른 그룹은 그것에 대해 알려고도 하지 않는다. 한 측면에서의 관련성부분에서는 인간을 성적 존재로 여기고, 다른 측면의 관련성 부분에서는 그렇지 않다는 것이다.

그러므로 중요한 것은 우리가 존재하고 있는 사회에서의 관계성을 잊지 않는 것이다.

3.4.4 사회인식의 관련 이론

3.4.4.1 정상화이론, 통합교육, 해방과 자립성

정상화이론, 통합교육, 해방과 자립성의 개념은 근세에 와서 많은 특수교육 관련 전문도서들에 자주 등장하고 있는 용어들이다. 이 용어들은 지적장애인에 대한 정해진 인식을 반영하고 있다.

"표현하자면 다른 사람들이 우리를 만날 때 우리에게 기대하는 모습처럼, 우리도 지적장애인을(다양한 삶의 영역에서) 우리가 기대하는 모습으로 만나게 되기를 기대하는지 어떤지에 대해 질문해 보는 것은 바로 정상화이론(normalization)의 개념에서 출발하는 것이다."(Bosch 1994). 우리는 늘 다른 사람의 입장에서 자문해 보아야 한다. "나는 이렇게 살고 싶어 하는가?" 이 질문을 벗어나서 우리가 이 사람들을 개인적으로 또는 그룹으로 만날 것인지 그렇지 않은지의 여부, 그들은 이성과 함께 살고 있는지, 그리고 그들은 자신의 성적 욕구를 – 이러한 욕구를 갖고 있다면 – 충족시키고 있는지 그렇지 않은지의 비중이 중요하다는 의미이다. 지적장애인들은 정말로 우리가 즐기게 되는 휴가를 떠나거나 일상생활을 즐길 수 있는가? 그들은 정상적인 직업을 가지고 있는가? 그들은 사랑하는 사람을 파트너로 선택하고 그리고 자기 파트너와 이성적인 관계를 형성할 수 있는 기회를 가지는가?

이러한 질문들은 우리가 다른 사람의 삶에 대한 틀과 똑같이 자기 삶의 목적을 세우고, 다른 사람들이 그에 맞추어야만 한다는 행동방식을 말하는 것이 아니다. 이렇게 되면 우리는 똑같은 방식을 원하지 않았던 다른 사람들에게 부담을 주게 될 것이다. 그리고 사람들의 개별적인 특징은 사라지게 될 것이다. 결론적으로 내가 할 수 있는 것, 할 수 없는 것 그리고 내가 해야 하는 것이 중요한 것이다. 정상화이론은 우리 모두가 같은 인간이라는 것을 표현하고 있다. 정상화이론은 통합(Integration)의 길(방법)을 열게 한다. 통합은 사회내에서의 정상적인 참여를 강조한다. 장애가 있는 사람 또는 비장애인은 정상적인 주거환경(공동체적인 주거 또는 독립적인 주거)에서 정상적인 기관들과 대중 교통수단을 이용할 수 있으며, 극장 또는 커피숍에 갈 수 있고, 작은 범위이지만 성적 욕구를 합법적으로 충족시킬 수 있듯이 모든 사람이 하는 것처럼 똑같이 할 수 있는 것을 의미한다. 장애인 각자는 주택분양의 대기자 명단에 올려져 기다려야 하기도 한다. 각자는 슈퍼마켓에서 커피, 치즈와 콘돔과 같은 것을 구입할 수 있다. 그리고 장애인 모두는 직업활동에 참여할 수 있다.

해방(Emanzipation)과 사회개혁은 억압된 권력으로부터 해방되고 자유로울 수 있는 가능성을 위한 것이다. 예를 들어 모든 사람은 주거와 직업에서, 자유시간과 수업시간에서처럼 동등한 권리를 가져야 한다. 여기에는 바로 성영역도 포함된다. 지적장애인은 성 영역에서 이를 적절하게 발전시킬 수 있는 기회를 가지는가? 사회개혁은 자기결정의 권리와 관련된다. 지적장애인이 스스로 선택할 수 있는 기회를 얼마나 적절하게 가지는지, 성 영역에서도 스스로 어느 정도 선에서 결정할 수 있는지를 생각해 보는 것이 중요하다. 우리는 스스로 다른 사람들의 상황과 입장을 바꾸어 놓고 생각해 보아야 한다. 누군가가 나를 대신해서 이러한 결정을 하게 된다면, 나는 어떻게 느낄 것인가? 또한 나는 이러한 다른 사람의 결정에 만족할 수 있을 것인가? 스스로 선택할 수 있다는 것은 긍정적인 자기가치감을 얻는 것을 의미한다. 우리는 지적장애인을 얼마나 이해하고 파악하고 있는가? 그리고 우리의 감시와 통제는 또 얼마나 크게 차지하고 있는가?

자립성(Selbstaendigkeit)의 개념에 따른 한 문장을 생각해 볼 수 있다. "당신이 스스로 할 수 있는 것을 당신이 행하는 것이다." 이 문장은 어쩌면 당연하게 들리지만, 장애인 관련 현장에서는 누가 스스로 무엇을 할 수 있는지를 찾아내기가 종종 어렵게 된다. 이 밖에도 지적장애인의 주위환경은 종종 그들을 지나치게 걱정하기도 하고, 때로는 그들을 너무 과잉보호하기도 한다. 그러나 지적장애인을 위한 근본적인 목적은 분명하다. 지적장애인들이 특별히 도움이 필요할 때만 지원을 하고, 가능한 한 그들이 장애라는 범주 내에서 그들 나름대로의 정상적인 생활을 할 수 있도록 지원하는 것이다. 지적장애인이 스스로 해 내지 못할 경우에는 우선적으로 주위환경이 개입하여야 한다. 그러나 우선적으로 지적장애인이 스스로 필요한 것을 찾으려는 시도를 하도록 지원해야 하고, 그리고 나면 자율적인 결정과 지원 여부에 따라 필요한 도움요청을 하고, 그러고 나서 전문가들이 개입되어야 한다. 이것이 책임 있는 방식으로 실행될 때, 바로 우리는 성영역에서도 인간적인 가치를 성취하게 된다.

3.4.4.2 지적장애인의 행동의 의미

인간은 자신이 생각하고 느끼는 것을 행동으로 나타낸다. 우리는 생활교사(보호자)로서 이러한 행동에 익숙할 수 있고, 우리는 스스로 외형적인 수용(또는 왜곡할 수도)을 할 수도 있다.

인간은 자신의 행동에 대해 상호간에 의사소통을 하고, 배경을 설명하고 그리고 그들이 놓여 있는 상황이 어떤지에 대해서도 서로 나누게 된다. 각자의 행동 배경에는 개인적인 의미, 특정한 의미와 상징적인 신호가 숨겨져 있다. 우리가 모든 의미를 함께 연관시켜 보면 각각의 사람들은 자기가 살아 온 역사적인 배경과 고유한 과거에 대해 이야기한다. 각 개인은 상호간에 함께 나누는데 있어서 자기만의 고유한 방식을 이용하고, 각 개인은 유일무이한 존재이다. 우리가 받아들일 것인지 아닌지 또는 우리가 한 번뿐인 의미를 이해할 것인지 아닌지에 대한 것은 우리의 결정에 달렸다. 우리의 결정은 지적장애인이 의존하고 있는 개인적인 인식에 반영되어 표현된다.

사례

르네(40세)는 집안에서도 늘 잠바를 입고 있다. 생활교사와 함께 사는 다른 지적장애를 가진 친구들은 좋은 의도로 그가 잠바를 벗을 것을 요청했지만, 이 일은 르네에게 큰 반항심만 일으켰고, 그를 엄청난 불안감으로 이끌었다. 그는 소리지르기를 시작했다. 이러한 행동 때문에 예전에 그는 자주 문밖으로 쫓겨나기도 했었다. 그가 집에 오면 그는 환영받는 것이 아니라 친구들로부터 끔찍한 대우를 받았었다. 그리고 나면 그는 자신이 받은 만큼 다른 사람에게 되갚으려고 했다.

르네는 잠바를 입고 있을 때 편안함을 느꼈다. 그는 그가 원할 때면 언제든지 바로 행동할 수 있다.

생활교사가 그를 강제로 통제하려고 하지 않는다면, 르네는 그렇게 위협감을 느끼지 않는다. 생활교사는 르네가 무엇인가 다른 친구들과도 더 많은 신뢰감이 형성되고 익숙해지면 언젠가는 좋아질 것이라고 생각하고 있다. 잠바 그 자체는 그렇게 중요하지 않지만, 르네에게 있어서 잠바의 상징적 의미는 그렇지 않다. 이러한 그의 잠바에 대한 인식으로 인해 르네는 친구들에게 인정받고 진지하게 받아들여진다고 느끼고 있다.

우리가 위에 소개된 이야기를 받아들인다면, 우리는 인간이 삶의 주체자라는 생각을 하게 된다. 사람들은 주체자로서 자신의 고유한 방식으로 현실을 경험하고 해석하며, 그리고 그것에 대해 특별한 의미를 부여한다. 이것은 우리가 현실을 어떻게 경험하는지를 특별한 방식, 즉 자신의 행동으로 연결시켜 준다. 종종 지적장애인이 우리에게 자신의 행동적 표현을 통해 말하고 싶어 하는 것이 무엇인지를 이해하는 것이 어려울 때도 있다. 무엇보다도 성과 이성관계와 같은 주제와 관련될 경우에는 그들의 행동에 의미를 두어야 하는지 어떤지에 대한 자문이 일어난다.

사례

미리암은 항상 얀의 옆 자리에 앉는다. 생활교사가 그녀의 행동에 대해 바로 지적하면 그녀는 그를 너무 좋아한다고 말하곤 한다. 그러나 얀은 미리암을 거칠게 거부한다. 지금가지 관찰한 것으로는 이 일이 다른 사람들이 가까이에 있을 때 항상 일어났다는 것이다. 얀은 다른 사람들과의 신체적 접촉에 대해 무례하게 행동하는 것을 습득하였다. 생활교사로서 그의 행동에 대해 이야기하면, 얀은 그가 어떻게 행동해야 하는지를 정말로 모르고 있다는 것이 너무 분명하게 드러났다. 원래는 그도 미리암을 매우 좋아하고 있다.

지적장애인의 행동 뒤에 숨겨져 있는 의미를 해석하는 것은 기술이 필요하다. 인간행동의 의미가 어떻게 나타나는지 그리고 인간은 자신의 행동으로 무엇을 말하려고 하는지를 연구할 필요가 있다. 이러한 의미를 통해 우리는 다른 사람이 그의 삶을 어떻게 영위하려고 하는지 또는 그가 자신의 삶에서 우리의 지원을 통해 어떻게 적용하려고 하는지를 이해하게 된다. 무엇보다도 우리가 사람들의 행동을 통해 무엇인가를 표현하도록 할 것인지 그리고 우리가 이러한 행동에 의미를 두려고 하는지 어떤지는 관심의 주제가 된다. 이때 중요한 것은 우리가 다른 사람들에 대해 각자의 고유한 행동방식으로 어떻게 받아들일 것인가에 대해 가지고 있는 각자의 근본인식이 중재역할을 한다는 것이다.

우리가 이러한 방식으로 고유한 인간행동의 의미를 이해할 때, 지적장애인도 이에 대한 정당한 권리를 가지게 된다.

3.4.4.3 수용하기

우리가 다른 사람이 체험하는 세계의 입장이 되어 보는 것은 큰 기술이 필요하다. 물론 우리는 이러한 기술을 습득할 수 있다. 우리가 다른 사람들의 눈으로 세상을 보고, 피부로 느끼려고 애쓸 때마다 우리는 다른 사람들의 살아 온 이야기들을 알게 될 기회를 얻게 된다.

누군가가 자신의 환경에서 어떻게 바라보는가를 이해하기 위해서는 수용과 이해가 필요하다. 다른 사람이 체험하는 세계의 입장이 되어 보는 것은 상대방에 대한 존중심을 형성시켜 준다.

존중심은 사람들이 서로 간에 해를 끼치지 않는 범위 안에서는 서로가 다양한 삶의 방식으로 이루어질 수 있다는 의미를 내포하고 있다. 다양한 생활방식은 한 사람이 지니고 있는 생활방식의 존재이유에 관계없이 서로 평화롭게 존재할 수 있는 것이다.

다른 사람들은 성과 이성관계 영역에서도 우리와는 완전히 다른 결정들을 하게 될 수도 있다. 이러한 결정들을 통해 때로는 우리 스스로가 어쩌면 전혀 행복하지 않을 수도 있지만, 이것은 다른 사람들에게 비추어지는 모습이다. 다른 사람들이 자기결정을 하는데 있어서 충분한 여유를 가지게 되면, 그는 우리로부터 인정받고 있다고 느끼게 된다. 이러한 여유를 우리는 지적장애인에게 제공해야 한다. 이것은 우리가 자기만의 고유한 규범과 가치와 관련시켜야 하고 그리고 그것에 대해 경직하여 단정해서는 안 된다는 것을 의미한다. 우리는 자신의 규범과 가치를 다른 사람의 삶에 대해 유일하게 존재하는 진실과 사실인양 투영시켜서는 안 된다. 우리가 이러한 실수를 변하지 않으면, 우리도 경직하여 다른 사람을 단정하지 않을 것이며, 또한 다른 사람을 있는 모습 그대로 인정하게 될 것이다.

우리가 자신에게 편안하게 하고 여유를 주게 되면, 다른 사람들도 자기만의 고유한 모습을 전달해 줄 수 있는 여유를 배우게 된다. 그렇지만 이것은 어느 정도는 각자의 자기인식을 필요로 한다.

3.5 자기수용은 다른 사람을 인정할 수 있게 한다!

우리는 자신의 근본태도에 대해 인식하는 것이 필요하며, 이러한 태도로 우리는 다른 사람들을(예: 지적장애인)만나게 된다. 지적장애인은 크게 또는 작게 우리의 근본적인 태도에 의존하고 있으므로, 우리는 우리 행동의 작용하는 힘을 비판적으로 주시해야 한다. 우리 자신의 태도는 바로 각자의 자아상과 인간상에 매우 밀접하게 관련되어 있다.

우리 자신이 누구인지를 인식한다면, 우리가 왜 다른 사람들을 특정한 방식으로 만나게 되는지도 더 잘 이해하게 된다. 그리고 다른 사람과의 만남을 위해 우리자신의 행동에서 무엇을 변화시켜야 하는지도 이해하게 된다. 이것을 통해 수용하고 인정하는 것은 바로 자기수용과 인정을 필요로 한다는 것이 분명해질 것이다.

사례

그룹 홈에서 생활하고 있는 에릭은 생활교사인 마리온이 가까이 있을 때마다 그의 바지 위를 문지른다. 마리온이 그녀의 동료 교사들로부터 팀모임에 초대받은 자리에서 그녀는 에릭이 성적인 부분에서 일반 성인들처럼 발전시킬 수 있는 인지적 수준이 안 되기 때문에 그의 행동을 외면했다고 말했다.

동료 교사들은 어느 정도는 에릭에게 성에 대해 설명해 주는 것은 나쁘지 않을 것이라는 의견이었다. 그들은 마리온의 행동에 대한 이유를 물었지만, 마리온은 그것에 대해 어떤 대답도 하지 않았다. 마리온의 이러한 반응은 당연했다. 먼저 그녀는 에릭의 행동을 눈치 챌 때마다 불쾌하게 느꼈었다. 두 번째로, 그녀는 '성'과 같은 주제를 가능하면 회피했다. 그녀는 불안정성의 큰 부분의 원인이 되는 개인적인 불안감과 과거경험 사이에서 매우 갈등을 겪고 있는 상태였다.

그녀가 동료 교사들에게 그것에 대해 이야기했을 때에 모두는 마리온이 에릭의 성적 발달을 자신의 태도와 관점으로만 본다는 결론을 내렸다. 동료들이 걱정하는 것은, 에릭을 위해서는 어떤 것도 방해가 되어서는 안 된다는 것이다. 마리온도 똑같은 생각을 하고 있다.

마리온이 성과 관련하여 자신의 감정을 들여다보려는 여유를 가지게 되면, 그녀는 자신만의 기준으로 다른 사람들을 본다는 것을 인식하게 될 것이다. 그녀는 자신의 애도로 인해 에릭이 성에 대한 설명을 받아야 하는 여유를 빼앗고 있는 것이다.

마리온은 자기 행동에 대한 권리가 있지만, 그것으로 인해 에릭의 발전과 발달을 방해해서는 안 된다. 교사팀에서는 이 일에 대해 에릭이 성교육에 참여하고, 규범과 가치를 명확하게 이해할 수 있도록 하는 것으로 결정을 내렸다(예: 자기 방에서 자위행위하기).

마리온이 자신의 성적 체험은 자기만의 고유한 체험이라는 것과 에릭의 체험은 완전히 다른 것이라는 것을 수용하게 되면, 그녀는 그의 체험도 인정할 수 있을 것이다. 그것으로 에릭에 대한 문제는 해결이 될 것이다. 우리가 자신을 알고 우리 행동방식이 올바르게 작용하게 되면, 우리가 다른 사람들과 같은 상황에 놓일 수도 있다는 것도 인식하게 된다. 이렇게 되면 자기수용이 결국은 다른 사람에 대한 수용과 인정으로 발전하게 된다.

3.6 지적장애인의 성(成)과 이성관계에 대한 인식

이 장에서는 지적장애인의 성과 이성관계에 대한 인식에 대해 언급하려고 한다. 또한 이 주제는 제4장에서 소개될 실제 사례들과 연계하여 다루고 있다.

인간은 성적 존재이다.

몇 년 전 저자는 24명의 지적장애인이 생활하고 있는 한 시설을 방문했었다. 이 시설의 관장과 대화하는 동안에 우리는 '성'에 대해 이야기를 나누게 되었다. 시설장은 "우리시설 거주자는 성에 대한 욕구를 알지 못합니다!" 하고 말하였다. 그는 "우리시설 거주자"라고 말하였고, 더욱 기가 막힌 것은 "그들은 이러한 욕구를 모릅니다."라는 것이었다. 그는 이러한 언급을 통해 지적장애인이 안타깝게도 시설장이나 관련 직원들에게 상당히 의존하게 된다는 것이다. 그러나 다른 한편으로 이 시설에서 일하고 있는 한 여성 직원이 한 지적장애 거주자가 정기적으로 나타내는 '성적으로 완전히 흥분된 상태'에서 이성동료와 충돌하는 것을 목격한 일에 대해 어떻게 이야기하는지를 우연히 듣게 되었다. 그러나 시설장은 "우리 거주자는 이러한 욕구를 알지 못합니다!"라고 말하는 것이었다.

인간은 모두가 성적인 존재다. 모든 사람은 성과 이성관계에 대한 욕구를 가지고 있고, 이것은 지적장애인에게도 똑같은 의미를 지닌다. 인간은 성적으로 발달할 권리를 가지고 있다. 성은 삶의 충만으로 여겨질 수 있고, 자신과 다른 사람들과 함께 즐길 수 있는 기회로 여겨질 수 있다.

성과 이성관계 영역에 대한 욕구와 희망은 중요한 암시적인 신호로 이해될 수 있다. 암시적인 신호는 지원 요청에 대한 심사숙고, 행동 또는 반응이 필요하다는 요구일 수 있으며, 그에 따른 방법적인 과정이 요구된다. 그러므로 성에 대한 암시적 신호는 외면되어서는 안 된다. 우리는 다음 질문에 대해 스스로 궁구(窮究)해 보아야 한다. 성과 이성관계 영역에서 다른 사람이 우리에게 기대하는 것은 무엇일까?

위 질문은 우리가 지적장애인이 '성'과 같은 근본적인 것을 어떻게 체험하는지에 대한 생각을 해야 한다는 것을 의미한다. 이를 위해서는 우리가 지적장애인의 입장이 되어 보는 것이 필요할 것이다. 이러한 체험을 하는 내용에 대해서는 제5장에서 더 구체적으로 언급될 것이다.

종종 우리는 지적장애인이 부부가 되거나 성과 같은 영역을 비장애인과는 완전히 다른 모습으로 묘사한다고 생각한다. 물론 지적장애인 대부분이 이 영역에 대해 실제적으로 완전히 다르게 행동하는 경우도 물론 있다. 그러나 사람들이 성적 의미로 생각할 수도 있는 몇몇 지적장애인의 신체적인 표현들은 전혀 그런 행동으로서 이해해서는 안 될 것이다. 그러나 실제적으로 지적장애인은 비장애인보다 더 많은 신체적인 표현을 한다. 우리는 이러한 신체적인 행동에 어떤 의미를 부여할 수 있는가? 사람들은 매우 다양한 의미를 부여할 수 있으며, 이것은 항상 개인에 따라 다른 의미로 부여될 수 있다.

규범과 가치

우리가 성과 이성관계에 대해 이야기할 때에는 개인의 규범과 가치가 큰 역할로 작용한다. 그러므로 생활교사, 부모 그리고 지적장애인과 관계를 맺고 있는 다른 사람들의 규범과 가치는 가장 중요한 개념이다. 이것은 바로 자기 자신과도 부딪히게 되는 주제이다. 생활교사 팀의 구성원들은 정기적으로 규범과 가치에 대해 토론되기를 기대하고, 이러한 관점에서 그들은 다른 사람과의 만남도 가지게 된다. 그러므로 이 주제에 대한 정기적인 토론은 너무 많은 것을 요구하지 않아야 한다. 우리는 자신과 다른 사람들을 잘 이해하고 그리고 우리가 지적장애인들에게 어떤 영향을 주는지를 주시하는 것이 필요하다. 이러한 태도는 무엇보다도 처음 시작할 때 매우 어려운 일이다. 이것은 누구나 다른 사람들에게 자신의 약함을 보이고 약점을 내보여 주는 것에 대해 용기를 내지 못하기 때문이다. 그러나 지적장애인은 이 주제에 대한 권리가 있고, 안전한 환경에서 부끄러움도 빨리 사라지게 된다. 이러한 환경을 조성하는 것은 바로 시설의 기관장들이 해야 할 일이다.

자기만의 규범과 가치를 설정하는 것은 그리 쉬운 일이 아니며, 그것은 결국 자기확신의 의미로 이해할 수 있다! 그러나 우리는 지적장애인의 삶의 세계, 감정세계 그리고 사고세계에 능동적으로 그 입장이(수용하기) 되어 보는 것을 시도해야 한다. 왜냐하면 그들의 행복이 가장 중요한 핵심이기 때문이다. 이 행복과 충만함을 현실화하는 것은 우리가 성취하였던 것과는 완전히 다른 규범과 가치가 될 수 있다. 이 부분에 대해서는 제4장에서 다시 구체적으로 언급될 것이다.

공동체적이고 사회적으로 인정되는 것은 바로 규범(정상화)이다. 이러한 사회적 규칙으로 인해 지적장애인은 매우 외적으로 드러날 수밖에 없으며, 그들은 어쨌든 매우 상처받기 쉬운 대상이 된다. 그러므로 지적장애인을 보호하는 것에 대해 인정하는 것 그리고 정상화의 의미가 갈등에 놓이기도 한다. 우리가 생각해야 할 출발점은 바로 각 개체의 정체성이지만, 사회적으로 지배하고 있는 인식이 다른 한 개체의 정체성을 얼마나 갈등에서 풀어낼 수 있을까? 이 질문에 대해서는 제4장과 제5장에서 실제 사례들을 제시하고자 한다.

'성'의 개인적 표현

우리가 주목을 해야 하는 '성'에 대한 개인표현에는 매우 다양한 유형이 있다. 개인적인 쾌감만족은 자위행위와 같이 원래 지적장애인이 지닌 정체성의 한 부분으로서의 의미로 간주될 수 있다. 많은 지적장애인은 자위행위를 한다. 몇몇은 욕구를 표현하기도 하지만, 어떤 지적장애인은 그것을 어떻게 참아야 하는지 인식하지 못하거나 또는 자위행위를 전혀 행하지 못하는 경우도 있다. 이것은 당사자인 지적장애인, 생활교사 또는 이 두 대상들 모두를 무력감으로 이끌기도 한다.

자위행위에 대한 지원은 한 교사팀에 의해서 지속적으로 거부될 수도 없지만, 당연히 생활교사들에게 지적장애인을 위한 자위행위에 대한 교육과 안내의 지원이 필요하다는 전제가 이루어져야 한다. 지적장애인의 자위행위가 드러날 때 생활교사가 도움을 주어야 하는 경우가 있다. 생활교사는 이를 거부할 권리가 있지만, 그렇게 되면 다른 동료 중 누군가가 그 일을 대신 맡아야 할 것이다. 그리고 그 동료는 당연히 다른 사람들에게 이러한 지원안내를 맡도록 요청할 수 있다. 자위행위에 대한 지원은 설명적 범위 내에서 다루어져야 한다. 왜냐하면 그것은 어떠한 경우에도 생활교사와 지적장애인 간의 성적 행동으로 일어나도록 허용해서는 안 되기 때문이다. 대부분의 (중증)지적장애인은 이러한 교육적 지원의 범위에서 배제되는 경우가 많다. 이러한 시각은 중증의 지적장애인에 대한 특별한 관심이 더 필요함을 의미하고, 어쩌면 중증 지적장애인의 성에 대한 지원은 우리의 딜레마이기도 하다. 이 논제에 대해서는 제6장과 제7장에서 다시 한 번 언급될 것이다.

포르노그래피(외설물)는 사회적으로 성적 활동들을 발전시킬 수 있는 매개역할을 할 수 있다. 포르노그래피의 적용은 각 개인의 개별적 지원 요구의 측면에서 비판적으로 숙고되어져야 한다. 어떤 사람에게는 포르노그래피가 충만을 줄 수 있지만, 어떤 사람들에게는 지나친 요구사항이 될 수 도 있다.

다른 사람이 스킨십을 원하지 않을 경우에는 그에게 스킨십을 하지 않아야 한다는 것에 대해 인식하는 것이 어려운 지적장애인이 있다(많은 비장애인의 경우처럼). 이것은 그들을 돌보고 있는 생활교사들의 숙제이기도 하다. 이 개념은 생활교사와 미리 주위 환경에서 의식적으로 제시되어져야 한다. 이러한 경우에는 생활교사가 지적장애인에게 적절한 규범과 가치를 중재하기 위해 시도해야 한다. 이것이 성취되지 못할 경우에는 효율적인 통제방법이 필요하다.

많은 지적장애인은 다른 사람들에게 쉽게 취급되는 대상으로 전락하기도 한다. 이것은 특히 우리가 지적장애인을 직업적으로 돌보는 생활교사 업무의 핵심이기도 한 성 영역에서 더욱 두드러지게 나타난다. 생활교사는 지적장애인의 능력을 강화시키고 스스로를 방어할 수 있도록 하고, 경계할 수 있는 능력을 키워 주어야 한다. 이러한 일들이 제대로 실행되지 못한다면, 지적장애인을 철저하게 보호하는 대안과 방법을 강구해야 한다.

또한 성에 대한 선호유형은 매우 다양하게 나타난다. 누구나(지적장애인도)가 레즈비언, 동성애적 또는 양성애적일 수도 있다. 그들은 스스로 이성의 옷을 입고 싶어 하는 성벽(이성모방증)의 욕구를 느끼거나, 또는 자신이 성전환자가 되어 살아가는 인생을 마음에 품고 있을 수도 있다. 중요한 것은 이들의 성적 선호유형이 존중되어야 한다는 것이다. 각 개인은 자기소망과 욕구를 가지고 있는 존재이다. 누군가가 어떤 특정한 결정을 거부할 때에는 자기에게 상처를 주거나 또는 다른 사람들에게 상처를 주거나 상처를 받는 것이 확실하게 드러날 경우에 일어나게 된다.

이성관계

'성'은 이성관계의 깊이와 완성을 가능하게 해 준다. 많은 지적장애인은 사랑에 빠지고, 의미 있고 특별히 충만될 수 있는 관계를 형성하게 된다. 두 사람의 지적장애인이 이성관계를 가지게 될 경우에는, 이들이 서로 체험하는 이성관계의 범위 내에서 관측할 수 있다. 좋은 관계에서는 성적 행동을 억압하기보다는 어느 정도는 상대 파트너(존중)에 대한 감정을 이해하고 관심을 가지게 된다. 성관계가 꼭 필요하다고 여겨질 때에는 역시 그 관계도 보호될 수 있어야 한다. 성적인 접촉이 상호간의 발전된 이성관계에서 그리 좋지 않다고 여겨질 때에는, 생활교사들은 업무로서 개입하게 된다. 이 경우에는 생활교사와 다른 전문가들은 문제를 보이는 지적장애인 대상자와 함께 앉아서 어떻게 도움을 줄 수 있는지에 대해 충분히 토론해야 한다.

또한 지적장애인은 함께 살 수 있고, 결혼할 수 있으며 또는 결혼하지 않을 수도 있다.

성적인 접촉에 대한 욕구

대부분의 많은 지적장애인은 그들이 어떤 이성관계를 가지고 있지 않아도 성적인 접촉에 대한 욕구를 지니고 있다. 그것이 섹스를 위한 성관계이든 또는 따뜻함을 느끼기 위한 성관계이든 성적 접촉을 원하기도 한다. 그러므로 이를 원하는 대부분의 지적장애인은 비장애인처럼 매춘을 찾기도 한다. 그러므로 우리는 이러한 영역에서 지적장애인을 보호할 수 있어야 한다.

성교육

지적장애인은 성교육을 받을 권리가 있다. 성교육은 지적장애인을 위해 매우 의미 있는 필수요소이고 현장에서는 생활교사의 과제라고 할 수 있다. 성교육은 많은 유형의 내용을 포함시킬 수 있다. 사랑에 빠지는 것, 자위행위, 신체적인 위생관리 또는 콘돔 사용법에 대한 대화 등. 성교육은 인간의 신체모형을 가지고 실행해 볼 수 있다. 이것은 우리자신의 모습과도 밀접하게 관련되어 있다. 또한 이성관계를 관리하는 것은 우리가 어떻게 서로 존중해야 하는지에 대한 질문을 이야기하면서 설명을 통해 실행할 수 있다. 성교육에서는 우리가 어떻게 사랑하게 되고, 아기는 어떻게 생기게 되고, 자신을 위해 어떻게 행동해야 하는지(경계 지키기)에 대해 설명되어야 한다. 성교육은 그룹 또는 개별적으로 실행될 수 있으며, 교육대상에 따라 실제로 다양하게 구성되어야 한다. 성교육에 대해서는 제6장에서는 좀 더 상세히 언급될 것이다.

지적장애인과 생활교사와의 관계

지적장애인과 생활교사 사이에는 많은 만남과 접촉이 일어난다. 이렇게 상호간에 만날 수 있는 일이 많이 일어난다는 것은 좋은 현상이다. 우리가 사람들과 관계를 형성하는 것은 지적장애인을 교육적으로 돌보고 보호하려는 것처럼 다른 사람들의 영향력을 내포하고 있다. 많은 지적장애인은 의사소통을 할 때 신체를 이용한다. 이것은 지적장애인에게 있어서 지극히 정상적인 일이다. 의사소통의 형태는 그것이 어떤 형태이든간에 배제되어서는 안 되며, 오히려 반대로 적극적인 형태로 이루어져야 한다. 우리는 다른 사람을 만지는 행동과 신체적인 언어를 통해서 다른 사람들에게 언어적으로 말하는 것 이상을 이야기하게 된다.

생활교사와 지적장애인의 관계에서는 종종 성애적(erotic)인 감정이 일어날 수도 있고 사랑하는 마음이 일어날 수도 있다. 이것은 누구에게나 일어날 수 있는 일이다. 인간적인 것은 그들에게나 우리에게나 낯선 것이 아니다. 그러나 우리가 그것을 의식하고 이러한 핵심을 대화에서 배제하지 않는 것이 중요한데, 개방성은 많은 불쾌함을 해결할 수 있게 해 준다.

실제로 생활교사는 지적장애인에게서 성애적 감정을 인식하거나 또는 그러한 감정을 일어나게 하는 것을 허용해서는 안 된다. 그러므로 생활교사는 지적장애인에게 어떠한 태도로 대해야 하는지를 잘 숙고해야 한다. 그러므로 제7장과 제8장에서는 생활교사와 지적장애인 간의 내적 관계가 일어날 수 있는 감정들에 대해 상세하게 다루어질 것이다.

피임방법

성교육에서는 임신의 가능성에 대해 피임방법을 안내하는 것이 필요하다. 지적장애인과 생활교사와 관련된 다른 사람들은 지적장애인에게 피임에 대해 설명할 수 있다. 일반적으로 우리는 지적장애인은 스스로 아이를 양육할 수 없다는 것에서부터 출발해야 한다. 저자는 이러한 주장이 비장애인의 큰 권력으로 인정하는 것이라는 것을 잘 알고 있다. 아니면 지적장애인 중 몇몇은 아이를 키울 권리를 가지는가? 자기가 책임질 수 있는 자기결정에 대한 교육(이것은 자기 삶에 미치는 영향을 습득하고, 그것에 대해 책임질 수 있는 것을 의미한다.)은 어느 정도는 교사에게 책임이 있다. 최근에 들어서 사회개혁과 자립성에 대한 주제들이 거론되고 있다(3.4.4.1절 참조). 저자인 내가 어쩌면 교육능력의 한계를 지닌 것일까? 특수교육 현장은 지적장애인도 자기 자녀를 키우고 있다는 것을 증명하고 있다. 대부분의 상황들을 보면 이들의 자녀양육과정은 대체로 잘 이루어지고 있으며, 어떤 경우에는 많은 어려움으로 생활교사들의 도움만으로 진행되기도 하고, 어떤 경우에는 정말 자녀양육이 잘 진행되기도 하고, 어떤 경우에는 완전히 많은 것이 반대로 얽혀서 진행되기도 한다. 이것이 바로 발전의 모습이 아닌가! 이 주제에 대해 지적장애인을 보호하는 범위의 윤리적인 질문에 대해서는 전문도서들에서 상세하게 다루어지기를 기대한다.

3.7 토론주제

1. 교육은 의존성에서 자립성으로의 길을 이어준다. 당신은 의존성과 자립성, 외로움과 공동체, 그리고 자유와 관련성 간의 관계를 인식할 수 있는가?
2. "지적장애인은 우리가 그들에게 성적 영역에 대해 많은 배려를 해야 할 정도로 상처를 잘 받는다. 그들에게 가능한 한 많은 여유와 배려를 제공하게 되면, 우리는 많은 어려움들을 극복할 수 있다."
   당신은 교사팀을 두 그룹으로 나누어 본다. 한 그룹은 위의 내용을 방어하고, 다른 그룹은 방어하는 그룹에 대해 대항하여 토론을 펼친다. 당신은 마지막에 근본적인 의견의 차이를 판단해 본다.

3. 당신이 살고 있는 사회(또는 시설)가 지적장애인(성과 이성관계)에 대해 가지고 있는 시각은 어떻게 각인되어 있는가? 그들에 대한 생각과 의견들은 다양한가? 그 의견들은 당신에게 의존하고 있는 사람들에게 어떤 영향을 미치는가?
4. 당신은 지적장애인과의 만남에서 정상화, 통합, 해방(사회개혁), 자립성 개념들이 그들의 태도와 이해에 대한 의미가 어떻게 적절하게 받아들여지는지를 교사그룹에서 이야기해 본다.
5. 당신은 누군가가 주위에 가까이 있을 경우 손으로 바지 위를 문지르는 지적장애인과 부딪히는 상황에 있다고 가정해 보자. 이러한 행동은 당신에게 어떤 느낌을 주는가? 당신은 어떻게 반응해야 하는지를 교사그룹의 참여자들과 이야기해 본다.
6. 당신은 교사그룹에서 '지적장애인의 성과 이성관계'라는 주제에 대해 이야기를 나누어 본다.

제 4 장
규범과 가치

4.1 개요

우리는 지적장애인의 '성(性)과 이성관계' 주제에 대해서는 특히 스스로를 자신과 더욱 강하게 타협하게 된다. 이것은 우리가 그들을 만나게 될 때 핵심 역할을 하는 개인적인 감정, 이해심, 욕구, 규범과 가치가 작용하기 때문이다. 누구나 인간은 자기만의 규범과 가치를 가지고 있으며, 이것은 모든 토론에서 다루어지고 있는 실제적인 사실로서 인식되어야 한다. 우리가 이를 인식하게 되면, 다른 사람을 이해하는 것이 훨씬 쉬워진다. 그러므로 저자는 이 책의 제4.2절에서 우리의 개인적인 규범과 가치에 대해 기술하려고 한다. 그리고 제4.3절에서는 이에 대한 편견에 대해서도 토론해 보고자 한다.

제4.4절에서는 지적장애인이 정당한 권리를 가지고 발전할 수 있기 위해서는 전체성과 명백성이 이들과의 만남에서 왜 필요한지에 대해 언급하려고 한다. 이때 사고의 출발점은 개별적인 지적장애인에서부터 시작된다.

제4.5절에서는 어느 정도까지를 지적장애인에게 규범의 의미로 둘 수 있는지에 대한 질문에 집중하여 전개될 것이다. 이와 관련하여 그 출발점은 항상 개별적인 개체로부터 시작된다는 것을 강조하고 싶다. 그리고 우리가 실제로 자신과 어떻게 만나게 되는지에 대한 질문에 대해서도 언급될 것이다.

제4.6절에서는 이 주제를 교사팀에서 정기적으로 토론하는 것이 얼마나 중요한지에 대해 언급될 것이다. 마지막에는 독자들도 함께 이 주제에 대해 숙고해 볼 수 있는 토론주제의 질문들이 제시된다.

4.2 다양한 규범과 가치

4.2.1 개체의 사회성 발달과 성장사

우리는 지적장애인이 우리에게 모범이 되고 있다는 사실을 항상 의식해야 한다. 우리는 그들에 대한 책임의식을 가지고, 가능하면 그들이 의미를 두는 것에 함께 하려고 노력해야 한다. 독자들도 이러한 노력을 하는데 함께 해야 하는 대상에 포함된다. 그러나 우리의 행동은 자기만의 인식에 맞추어져 있고, 각자의 자화상에 의해 강하게 각인되어져 있다. 그러므로 우리는 '성과 이성관계'라는 영역에 대해 스스로 어떠한 태도를 취해야 하는지에 대해 숙고해 보아야 한다. 우리는 이 주제가 무엇에 대한 것인지를 제대로 잘 인식하고 있는가? 그리고 우리에게 속마음을 털어놓는 사람들에게 우리의 행동이 어떤 영향을 주는지 그리고 우리가 그들을 우리의 행동을 통해 얼마나 만족시킬 수 있는지에 대해 알고 있는가? 우리가 부분적으로, 어떻게 다른 사람의 삶을 함께 만들어 갈 수 있는지에 대해 숙고하게 될 때, 우리 자신의 삶이 형성된다는 것도 절대 잊어서는 안 된다.

우리 각자의 사회성 발달과 성장사 그리고 성경험들은 성격에 많은 영향을 미친다. 대부분의 사람들은 성장과정에서 매우 자유롭게 양육되고, 어떤 사람들은 좀 더 엄격한 환경에서 성장한다. 어떤 가정에서는 성에 대해 그리고 성과 관련된 모든 것에 대해 열린 마음으로 이야기하고, 또 어떤 가정에서는 이 주제에 대해서는 완전히 금기시되는 경우도 있다. 어떤 가정에서는 어쩌면 성에 대한 모든 질문에 대해서는 상세하게 설명되지만, 다른 가정에서는 그 주제에 대해서는 아무것도 들을 수도 없고, 그러한 것들은 친구들 사이에서 또는 학교 생물수업시간에서나 듣게 된다. 그리고 모든 것에 대해 자유롭고 개방적으로 설명하는 교사가 있는 학교도 있고, 정자와 난자에 대한 묘사에 국한하여 설명하는 교사가 있는 학교도 있다. 우리에게 인상적인 것은 이 주제가 바로 교육에서 이루어진다는 것이다. 교육은 우리 각자가 체험하게 되는 배경이 되고, 우리 삶의 아주 큰 부분으로 자리 잡기도 하거나 또는 그 반대로 되기도 한다. 이것은 우리 각자의 성장발달 배경에 의해 다른 사람들을 만나기 때문이고, 이를 인식하는 것은 중요하다.

그것이 자신의 경우에는 어떠하였는가? 성에 대한 주제는 금지된 것으로 간주되었는가 아니면 단순히 비밀스러운 것이었는가? 또는 전혀 그것에 대해 어떤 것도 말해서는 안 되는 것이었는가? 혹은 성은 무엇보다도 충만, 긴장이완과 잠재능력들과 관련되었는가? 우리가 받은 성교육이 우선 선상에 불안으로 또는 자유로 각인되었는지에 따라 그것은 매우 유익할 수도 있고 아닐 수도 있다.

교육을 통해 우리는 항상 의도적으로 자기 자신과 관련시키고 있는 것을 부인할 수 없지 않은가? 아니면 당신이 그것을 부정할 수 있는가?

저자는 지적장애인의 생활교사와 함께 정기적으로 그들이 개인적으로 받는 교육과 성에 대한 교사들의 태도에 대해 이야기를 나눌 수 있는 기회를 가지게 된다. 우리는 현대 사회에서 우리의 태도와 행동의 의미를 함께 탐색해 보기도 한다. 이러한 경우에는 우리의 태도와 행동에 대해 더 잘 이해하기 위한 출발점으로, 항상 각자의 개인적인 이미 지나 온 시간에서부터 시작한다.

사례 1

페터와 다른 팀원들은 페터가 종종 지극히 사적인 일에 대해 이야기하고, 자신을 다른 사람들과 나누는 것에는 문제가 없다는 의견에 일치한다. 그의 이러한 태도는 그가 받아 온 교육에서 반영된 결과였다. 그는 부모님이 그와 형제자매들에게 항상 분명하고 정확한 태도를 취했으며 자녀들에게 많은 배려와 여유를 주었다고 이야기했다. 그는 어렸을 때 종종 부모님과 함께 목욕을 했었다. 모든 가족은 집에서 알몸으로 뛰어다녔고 그리고 서로가 아무것도 감추지 않았었다. 페터는 또한 성과 관련해서도 충분한 설명을 받았었고, 사춘기 때는 자위행위, 사랑에 빠지는 것 그리고 여자에 대해서 아버지와 많은 대화를 나눌 수 있었다. "너는 그렇게 부끄러워하지 않아도 된단다! 부끄러움은 너 자신만을 상처받게 할 뿐이다."라고 그의 아버지는 자주 이야기했다. 소녀와의 이성관계는 페테 부모들에게는 너무도 당연한 것이었고, 그것은 상호간의 충분한 이해에 근거하여 이성관계를 가지는 것을 전제로 한 것이었다. 페터는 어른이 된 지금도 부모님이 있는 집으로 가는 것을 좋아하며, 그들은 서로를 존중한다.

사례 2

미리안네는 성 영역에 있어서는 매우 수줍어한다. 최근의 어느 날 저녁 만남의 시간에 그녀는 자기 부모님 집에서는 단 한 번도 이 주제에 대해 언급되지 않았었다고 이야기했다. 그녀는 한 번도 성에 대해 생각하는 것이 허락되지 않았고, 이것이 아마도 익숙하지 않았던 것으로 기억하고 있었다. 이 주제에 대한 모든 것은 성서적, 종교적 관점에 따라 이야기할 수 없는 것으로 그녀에게 명확하게 규정되었다. 마리안네는 클리토리스를 자극하는 것이 아주 편안한 느낌이라는 것을 알게 되었을 때, 동시에 큰 두려움을 느꼈다. 이것은 그녀가 가정에서는 허용되지 않는 것을 지키지 않은 느낌이었다. 이것은 그녀처럼 많은 사람들이 사춘기에 나타나는 정체성문제로 이어졌다.

이제 마리안네는 성에 대한 질문을 하고 도움을 필요로 하는 사람들과 자주 직장에서 만나게 된다. 예를 들면, 마리안네가 일하는 동안에 함께 살고 있는 여자 친구는 초경을 시작하였지만, 그녀는 그것이 무엇인지를 전혀 인식하지 못하고 있었다.

같이 살고 있는 다른 친구는 그녀가 호감을 가지고 있는 모든 남성에게 사랑에 빠지곤 한다.

생활교사는 지적장애인이 어디에서 자위행위를 해도 되는지 그리고 어디에서 해서는 안 되는지를 분명히 시설거주자들에게 설명해 주어야 한다. 그리고 이때에는 남자든 여자든 가능하면 부끄러움을 적게 느끼도록 해야 한다. 교사팀은 성체험이 삶을 충만하게 해 줄 수 있다고 이해하고 있다. 그리고 마리안네도 완전히 여기에 동의하고 있지만, 동시에 그녀는 이에 대해 극복하고 싶어 하는 문제도 갖고 있다. 그녀는 지적장애인의 성과 관련된 질문과 문제들을 해결하기 위해서는 한 남성거주자가 충만된 내면적인 평등성을 가진 이성과 관계를 가질 권리가 있다고 생각하고 있다.

마리안네는 자신의 일은 스스로 처리하고 싶어 한다. 그녀의 남자 친구 로버트는 그녀에게 아주 큰 보호막이며, 그녀는 그와 함께 모든 것에 대하여 이야기를 나눈다. 그녀는 로버트를 통해 처음으로 자신의 성장과정과는 완전히 다른 이성관계를 가지게 되었다.

마리안네는 남자 친구와의 관계에서 성은 위협적인 것이 아니라, 아름다운 것이라는 것을 체험하게 되었다. 그러나 그 과정은 문제없이는 진행될 수 없었으며, 굉장히 많은 인내심을 필요로 하였다. 마리안네에게 있어서 처음에는 성에 대한 새로운 인식은 매우 위협적인 것으로 보였다. 그러므로 그녀는 로버트의 자유로운 이성관계에 대해 과잉방어적인 태도로 반응하였고, 내심으로는 긴장하거나 또는 동등하다는 것을 그럴싸하게 표현했다. 그 과정에서 그녀는 이 시간에 대한 긍정적인 감정을 되돌아볼 수 있었다. 그녀의 불안감은 시간이 지나감으로써 의미를 찾을 수 있었다. 마리안네는 주저하고 수줍어할 때마다 더 많은 자기만의 여유를 가지게 되었고 그리고 이로부터 다른 지적장애인 친구들에게 더 많은 여유를 배려해 줄 수 있었다.

사례 3

요한은 부모로부터 자신이 모든 것을 허용받으며 자유롭게 성장했는지에 대하여 자문해 본다. 그의 부모는 그가 성장한 후에 설명했던 것처럼 권력주의에 대해 반대하는 입장이었다. '자유방임주의(Laissez faire, lasissez passer!)'가 그들의 주장이었다. 그의 부모는 요한이 얼마나 많은 친구들과 잠을 자며, 얼마나 집에 늦게 들어오는지에 상관하지 않았다. 또한 그가 어떤 결정을 하는지도 상관하지 않았으며, 그의 부모는 모든 것이 좋다고 생각했다. "너는 장래에 충분히 책임감을 가지고 살아가게 될 거다.", "오는 바로 지금을 즐겨라(carpe diem)!" 하고 그의 아버지는 그에게 종종 말하였다. 요한은 무엇보다도 성 영역에서는 과할 정도로 경험을 많이 하였다. 그렇지만 그는 항상 자신이 계속 시험 속에 빠진 기분이었다고 종종 말하곤 했다. 그는 자신이 무엇 때문에 존재하는지에 대해 정말 인식하고 싶었지만, 자신을 그것에 속박시킬 수 없었다. 그는 한 일터에서 다른 직장으로, 그리고 한 여자 친구에서 다음 여자 친구로 옮겨 다녔다. 이로 인해 "나는 정말로 어떤 한 가지 결정만을 내릴 수 있을까?" 하고 그는 한숨을 쉬기도 하였다.

사례 4

마틴은 마리안네처럼 어렸을 때부터 신앙심이 깊은 가정에서 성장하였다. 무엇보다도 그는 사춘기에 종종 부모와 다투었다. 문제는 과연 결혼 전에 서로 잠자리를 함께 해도 되는지에 관한 것이었고, 이것은 서로 간에 큰 갈등을 가져왔다. 마틴의 부모는 아들의 결정으로 인해 병이 날 정도였다. 심지어는 (짧은 시간이었지만) 부모는 아들과도 연락을 끊고 살 정도였지만, 그 과정 속에서 그들은 다시 서로 잘 지낼 수 있게 되었다. 많은 갈등에도 불구하고 마틴은 자기가 받은 교육을 만족스럽게 기억하고 있었으며, 또한 성교육에 있어서도 마찬가지였다. 그는 자신이 받은 교육에서 즐길 수 있었던 것은 정당함 그리고 다른 사람과의 상호간에 이해하는 경험들이었다고 말했다.

사례 5

마그다도 어린 시절 양육과정에서 종교적인 의식을 받고 자랐다. 그리고 이것에 대해 매우 행복해 했다. 정확하게 말하자면 그녀의 부모는 결혼이전에 성관계를 가지는 것에 대해 전혀 찬성하지 않았다. 마그다는 "그것은 기다릴 수 있어야 한다!"라고 말했다. 그녀와 남자 친구는 그들이 교회에서 혼배성사를 받게 될 때까지 이 경험을 소중히 간직하기로 했다.

사례 6

렘코(35)는 동성애자이다. 그는 몇 년 전에 그가 이미 결혼하고 난 다음에서야 자신이 동성애자라는 것을 알게 되었다. 렘코가 "이왕이면 한 남자 옆에 누워 있고 싶어!"라고 표현한 것은 그 자신과 그의 아내에게는 매우 큰 충격이었다. 이것으로 렘코에게는 고통이 시작되었지만, 경험해 보지 않은 관계의 과정이 시작된 것이다. 그 과정에서 렘코는 다시 그의 삶에 만족하게 되었고 그리고 그는 남자 친구와 함께 살고 있다. 그가 받은 양육과정은 동성애를 경멸하는 것이었다. 렘코는 그의 부모가 조금만 덜 영향을 주었었다면, 그리고 규범을 그렇게 생각해 볼 의논의 여지가 없는 것으로 확정짓지만 않았었다면 그의 삶이 어떻게 진행되었을지에 대해 자문해 본다.

4.2.2 만남을 위한 경계선과 변화

우리가 '만남'에 대해 이야기하게 되면, 그것은 항상 우리가 관계를 가지고 있는 두 사람 또는 더 많은 사람들과 관련된다. 우리 삶에서 한 번쯤은 사람과의 그러한 만남이 정확히 어떤 모습인지 그리고 우리가 정말로 만남에 대해 이야기할 수 있는지에 대해 숙고해 볼 가치가 있다. 사전적인 '만남'의 의미는 상호간에 서로 이해하기 위해 함께 하는 것이라고 정의하고 있다.

우리가 서로를 이해하는 것은 아름다운 일이며, 다른 사람으로부터 이해받는 것은 어쩌면 더 멋진 일이다. 우리가 서로를 이해하게 되면 우리 자신을 발전시키기 위해 상호간에 충분한 여유를 배려하는 것에 마음을 열게 된다.

상호간의 이해는 서로가 다른 사람의 입장이 되어 볼 수 있는 기회를 준다. 문제는 "우리가 할 수 있을까?"이다. 다른 사람의 입장이 되어 보는 능력은 때때로 필요에 따라 다른 사람의 입장에서 충만과 긴장완화나 정당한 위협으로 과장하여 묘사되기도 한다. 이것은 다른 사람의 입장이 될 수 있는 것이 중요함에도 불구하고, 결국 각자는 이해받고 싶어하고 다른 사람이 자신에게 관심을 가져주기를 바라기 때문이다.

그렇다면 왜 대부분의 사람들에게는 다른 사람의 입장이 되어 보는 것이 다른 사람을 위하는 것보다 더 편안한 것인지에 대해 질문해 볼 수 있다. 이것은 우리의 개성이 얼마나 강하고 그리고 자신의 경계심과 어떻게 관계를 맺고 있는지에 달려 있다고 여겨진다.

우리가 자신에 대해 어느 정도 확신을 가지고 있으면, 자신에 대한 비판을 잘 수용할 수 있다. 우리와는 완전히 다른 결정을 삶 속에서 부딪혀 온 사람들과 갈등이 생기면, 우리는 상식적인 이해에서 벗어나지 않는다. 우리는 심지어 그것을 흥미롭게 생각하고 그리고 그들의 결정에 대한 이유를 찾게 된다. 우리는 자신이 결정을 하는데 일치점과 차이점이 얼마나 영향을 주는지에 대해 검토해 보는 여유가 필요하다. 우리는 그것으로부터 무엇인가를 배울 수 있는지 없는지를 직시하고, 우리의 이해심과 수용을 나타내게 된다. 우리는 어떤 불안함도 없고 위협받는다고 느끼지도 않는다. 우리의 시각은 커지고, 다른 사람을 자신의 좁은 시각으로 보는 것이 아니라 있는 그대로 바라보고 받아들이게 된다. 이에 대해서 우리는 매우 강한 사람이 된다. 어쩌면 우리 자신의 성격도 이러한 만남의 배경에서는 조금 변하게 된다. 이 부분에서는 우리도 충분히 변화할 수 있는 가능성을 가지고 있다. 우리는 자신의 경계심을 확장시키거나 제한시키기도 하지만, 우리는 그 경계심에 경련을 일으키며 자신을 고착시키지는 않는다. 우리는 자기안정감을 가지고 적절한 경계를 둘 수 있다. 다른 삶의 관점이 우리 자신 안에 있는 많은 두려움을 모두 깨우지는 못한다. 우리는 재미있는 질문을 해 볼 수 있다. "너는 누구인가?" 그리고 선입관을 가지지 말고 새로운 만남에 대한 관심을 가지게 되면 결국 우리는 자기 자신에 대한 만족감을 얻게 된다.

사례

생활교사는 알렉스가 자기 여자 친구의 음모를 면도했다는 것을 우연히 알게 되었다. 생활교사는 교사그룹에서 이것에 대해(사적인 일!) 이야기를 했다. 그들은 이러한 행동이 무엇을 의미하는지에 대해 자문해 보았다. 알렉스와 여자 친구는 그것을 아름답다고 생각한 것인가? 알렉스와 여자 친구와도 어느 정도 대화를 하고 생각을 한 후에야 이 질문에 대한 답이 긍정적인 것으로 나왔다. 그들은 둘 다 그것을 아름답다고 생각하고 있었으며 또한 흥분시키는 일이라고 여기고 있었다. 그렇다면 이것은 있을 수 있는 일이다.

우리는 불안할 때마다 비판을 받아들이기가 힘들어진다. 자신과 일치하지 않는 의견결정에 대해 우리는 매우 예민하게 주시하게 되고, 그것은 우리에게 불신감을 자극시킨다. 우리가 다른 시각을 가진 사람을 만나게 되면 평정심을 빨리 잃어버린다. 대부분의 사람들은 이것을 인정하지 않고 싶지만 사실이 그렇다.

이러한 사람들은 자신을 재빨리 방어하고, 자신의 마음을 열지 않으며 그리고 자기만의 기준을 강하게 내세운다. 그들은 이 규범에 매우 고착되어 있고, 다른 사람들은 모두 똑같다는 것으로 인식하고 있다. 그들은 실제로 다른 사람의 마음을 움직일 수 있는 것에 대해 관심이 없는데, 이것은 다른 사람에 대해 마음을 열게 되면 자신이 매우 빨리 위협감을 느끼기 때문이다. 그러므로 그들은 자기만의 동기에 의해 이해되어야 하고 자신의 불안감은 고통에 직면하게 된다. 자신의 불안감과 치열하게 갈등하는 것은 아주 고통스러운 일이다. 그러므로 우리는 차라리 흔들리지 않는 자기만의 경계선을 긋게 된다. 이러한 안정되어 보이는 흔들리지 않는 자기경계선은 우리의 큰 불안감을 안정시켜 준다. 다른 사람들의 삶을 인식하는 것은 우리가 호기심을 가지고 탐색하는 것이 아니라, 오히려 거부하는 것으로 결정하게 된다. 다른 사람에 대한 시각은 우리에게 여유가 없지만, 다른 사람에게 마음을 여는 것은 아주 조금 발전할 수 있다. 이러한 태도는 다른 사람들을 억압하거나 거부하지 않고도 권력의 경쟁 속에서 그대로 끝날 수도 있다. 이렇게 되면 경계선을 긋는 것은 매우 강하게 고착되어 버린다.

사례

모니카는 하루에 세 번에서 네 번까지 자위행위를 한다. 교사팀에서는 그것에 대해 이야기를 나누고, 모니카의 행동에 대한 배경이 무엇일지에 대해 생각해 보았다. 그녀는 그러한 행동이 좋아서 하는 것일까? 그러한 행동은 그녀에게 있어서 성에 대한 아름다운 체험일까? 한 여성생활교사는 어쩌면 이러한 행동이 일어나기까지 그 배경에는 무엇인가 긴밀한 것이 숨어 있는 것은 아닌지에 대해 질문했다. “어쩌면 그녀가 심심해서 그러는 것일까?” 하고 누군가가 말했다. 교사팀의 모든 사람들은 이러한 감추어져 내재된 지원 요청의 신호를 진지하게 받아들여야 한다고 결정했다. 단지 마리안네만이 이것에 대해 아무런 반응도 나타내지 않

> 왔다. 마리안네에게 모니카의 행동은 정말로 과도한 자기만족이나 이와 비슷한 한 형태일 것이라는 것이 분명했다. 마리안네는 “모니카는 그저 그녀의 성적욕구에 대해 일반적으로 만족할 수 있는 방법을 안내해 주면 된다.”라고 생각하고 있다. 마리안네는 모니카의 행동에 대한 다른 이유를 찾는 것은 교사들의 과잉반응이라고 생각한다.

두려움과 불안감은 긴장을 하고 자기만의 경계선을 그었을 때 나타난다. 규범은 남성과 여성에 관계없이 개인에게 고유한 것이다. 그러므로 자신을 다른 정체성으로 대신하는 것은 질문할 필요도 없는 것이며, 각자가 지닌 규범적인 경계는 뒤바뀔 수 없이 정해진 것이다. 그러나 두려움과 불안감은 완전히 다르게 나타날 수 있다. 이러한 경우는 자기만의 경계를 분명히 하지 않고 불명료하게 하는 경우이며, 다시 말하자면 이것은 바람에 따라 움직이는 불명료한 경계로 되는 경우를 의미한다. 우리는 흔히 “이러한 사람은 바람이 부는 방향대로 흔들린다.”라고 표현한다. “그렇다면 정말 이러한 사람들이 생각하는 것은 무엇일까?” 대부분의 사람들은 사람들과 경계선을 두지 않고 서로 깊이 다가간다. 우리는 어떤 사람에게서 그의 강한 정체성이 부족한 것 같이 느끼면, 안전하게 느낀다. 그러나 같은 상황에 대해서도 어떤 사람들은 다른 느낌을 가지게 된다. 이러한 경우는 사람을 처음 만나는 순간에 다른 사람에 대해 개방적인 태도와 관심을 가진 사람들에게서 나타난다. 그러나 다른 한편으로는 다른 사람들과의 만남에서 자신의 모습을 잘 나타내지 않거나 자신과 다른 사람에게 불이익을 줄 수도 있다. 이러한 사람들은 다른 사람과의 관계에서 적절한 경계를 두지 않는 것으로 인해 자기를 잃어버리게 되는데, 이는 그들의 경계선이 확실하지 않기 때문이다.

사례 1

특수학교의 한 그룹에서는 성에 대한 규범(정상)과 가치에 대하여 심도 있게 토론되었다. 재클린은 어린이에게 성교육을 해야 한다는 요한의 의견에 동의했다. 리차드는 잭클린이 4주 전만 해도 어린이에게 성교육이 필요한지에 대해 의문을 제기했고, 어린이도 성적 느낌을 가지고 있는지에 대해 자문하였기 때문에 내심 놀랐었다. 그때에는 물론 요한도 대화의 토론에는 참여하지 않았었다.

사례 2

한 장애인 기관에서 일하고 있는 클라우스는 마틸다가 성적 호기심과 탐색충동이 심하게 나타내는 것을 그녀의 부모에게 알려주어야 했다. 생활교사들은 아마도 마틸다의 부모가 이에 대해 대항적인 자세로 반응할 것이라고 생각하고 있다. 클라우스는 부모와의 상담에서 결국은 이것을 대화의 주제로 이끌어내지 못했다. 그러기에는 그의 두려움이 너무 컸기 때문이다.

사례 3

어린이집에 다니고 있는 클라스는 여자 선생님인 페트라 선생님 주위를 계속해서 뛰어다니며 몸을 비벼대는 습관이 있다. 페트라는 그녀의 행동이 다른 동료들에게도 아주 불쾌감을 주거나 또는 심지어는 혐오감을 줄 수 있다는 것을 그녀에게 말하기가 매우 어려웠다. 그녀의 다른 동료 교사들은 이 일에 대해 전혀 언급하지 않는데, 그렇게 하면 혹시라도 그녀가 자신한테 민망해 할까봐 걱정되기 때문이다. 이것을 이야기하려면 어떻게 해야 할까?

우리는 상호관계에서도 지속해서 경계선을 두려고 한다. 한 사람은 자신의 경계선을 분명하게 긋고 자신이 안전한 상태에서 관계를 시작하며, 다른 사람은 완전히 경계선을 두지 않고 관계를 가지게 된다. 그리고 어떤 사람은 전혀 경계를 두지 않는 다른 사람에게 다가간다. 이처럼 자신만의 경계선을 가지고 다양한 만남의 관계를 가지게 되는 배경은 바로 두려움과 안전에 대한 불안감 때문이다.

우리는 규칙적으로 각자의 경계선을 두는 것에 대하여 숙고해야 하는데, 이것은 지적장애인만이 아니라 이들과 함께 하고 있는 우리의 동료 교사들에게도 마찬가지이다. 우리는 지적장애인의 자기발전에 방해가 되지 않기를 바란다. 그리고 우리는 그들에 대한 평등성과 독립성에 대한 인식을 가져야 한다.

우리 각자가 경계선을 가지는 것은 우리가 중요하게 관련하고 있는 사람들과의 관계에 크게 영향을 받게 된다. 아버지, 어머니 그리고 선생님들 또는 시설의 생활교사들이다. 우리가 느끼는 안전감과 불안전감 그리고 우리의 정체성은 우리가 살아 온 과거에 뿌리를 두고 있다. 그러므로 편안한 것뿐만 아니라 불안해하는 것은 우리 각자의 사회화과정과 발달과정으로 되돌아가려는 것일 수도 있으며, 본질적인 것은 어떤 경우에도 존재하게 된다. 우리 자신의 과거 역사를 되돌아보는 것은 우리가 자기발전에 대한 관심의 여부 또는 자신의 경계를 다른 사람에게로 확장시키거나 보호해야 하는지의 여부에 대한 질문에 해답을 준다.

우리가 누군가의 가능성을 제한할 것인지 아니면 그에게 많은 배려와 여유를 줄 것인지는 우리가 성장과정에서 이미 받아 온 교육과 매우 밀접하게 관련되어 있다. 우리가 받는 교육은 우리가 살아가는데 쉴 수 있는 여유로움을 결정하고, 우리가 다른 사람들에게 얼마나 많은 여유를 베풀 수 있는지와 비례한다. 그러므로 우리가 변화를 위한 길을 열기 위해서는 경계선에 대해 비판적으로 잘 관찰해야 한다. 우리가 누군가를 이해하는 것 하나만으로도 이미 변화로 나아가고 있는 것이다.

4.2.3 신체적인 표현과 경계선

우리는 다른 사람을 쓰다듬거나 포옹하고, 그들의 어깨를 살짝 만지는 것, 자신을 방어하거나 비켜주는 것 등을 통해 신체로 많은 감정을 표현한다. 이처럼 지적장애인도 자신의 감정을 전달하는 매개로 신체적인 동작을 자주 사용한다. 그들의 행동은 때로는 성적인 요소를 포함한 것처럼 보일 수 있다. 그러므로 이들과 함께 하는 사람들은 지적장애인의 행동에 대하여 잘 해석해야 하는 과제를 안고 있다.

이전에 우리는 스스로가 자신의 신체성과 접촉에 대해 어떻게 받아들이고 있는지에 대해 숙고해 보아야 한다. 우리가 지적장애인의 행동을 어떻게 해석하는가는 무엇보다도 우리 각자의 규범과 가치를 비판적으로 보지 않을 때, 지적장애인보다도 우리 자신을 더 많이 표현하는 것과 관련된다.

우리는 자신에게 질문해 보아야 한다. 우리는 다른 사람들을 쓰다듬는 것을 자연스럽게 배운 적이 있는가? 우리는 서로가 조심하거나 또는 자연스럽게 몸으로 감정을 표현하는가? 어떤 가정에서는 서로가 부드러움, 어깨를 감싸는 애정이 있는 포옹, 입 맞추기 또는 사랑으로 안아주기 등에 많은 여유를 가지고 행동한다. 그러나 다른 가정에서는 신체적인 접촉을 거부하고, 서로가 형식적으로 하는 경우도 있다. 이것은 오늘날 우리가 신체적인 접촉에 대해 경계를 두게 하는 교육적인 경험들과 관련된다. 또한 우리는 이러한 과정 속에서 개인의 다양한 규범들을 경험하게 된다.

4.3 편견

앞에서는 불안감에 대해 언급하였다. 지적장애인의 성과 이성관계에 대한 소망과 욕구에 대해 근본적으로 인정하지 않는 것은 전반적으로 그 영역에 대한 편견으로 표현할 수 있다. 그러한 편견은 종종 불안감과 무기력으로 이끌게 된다.

우리 각자의 규범과 가치를 통해 형성된 지나간 과거경험이 현실적인 인식에 영향을 준다고 이미 언급하였다. 우리는 개인의 규범과 가치를 위해서 우리에게 의존하고 있는 다른 사람들에게 투쟁해서는 안 된다는 사실을 항상 인식하고 있어야 한다. 그렇지 않으면 우리는 자신의 행동으로 다른 사람들을 편견하고 그들의 발전을 방해할 수도 있다. 자기만의 기질을 의식하고 있는 것은 다른 사람에 대한 배려의 시각을 방해하게 된다.

4.4 지적장애인의 발전을 위한 전체성

제3장에서는 지적장애인의 성과 이성관계라는 주제에 대해 기술되었다. 성과 이성관계에서 상호간에 수용하는 것은 중요한 의미를 지닌다. '수용하기'는 우리가 다른 사람의 체험세계 입장이 되어 상대방의 자기발전을 위한 독립적인 개체입장으로 되어 보는 것을 의미한다. 이때 우리는 자신의 규범과 가치는 뒤로 하고 사회적인 소통을 위해 노력하게 된다. 우리는 이러한 사회 속에서 함께 살아가고 있다. 이 외에도 우리는 누군가가 자신에게 또는 다른 사람에게 자신의 행동으로 상처를 주는지에 대해 조심하게 된다. 누군가가 자기 행동이 가져올 결과에 대해 정말로 예측할 수 없게 될 경우에는 우리가 다른 사람을 보호해야 한다는 것을 인

식하게 된다.

우리기 지닌 규범과 가치는 매우 다양하다는 것을 인식해야 한다. 모든 사람들 속에 포함되어 있는 지적장애인들도 발전할 수 있다는 것에 대해 생각해야 한다. 이것은 모든 사람들에게 똑같이 적용되는 전체성(全體性)이 개체의 발달과정에서도 나타난다는 것을 의미한다. 이것은 바로 이 장에서 소개하려는 근본인식을 의미한다.

전체성은 우리가 지적장애인의 성적 발달에 필요한 충분한 연습방법들을 함께 실행해나가는 것을 의미한다. 각 개체는 유일한 존재이고, 발전하는 삶을 영위하며, 자신의 가능성을 가지고 항상 자기 삶의 중심에 있어야 한다.

물론 우리는 삶에서 몇 가지 제한점이 있다는 것을 받아들여야 한다. 누군가가 자신에게 또는 다른 사람에게 분명히 상처를 입히게 된다면, 우리는 생활교사로서 그것에 관여해야 할 책임이 있다. 이러한 책임감은 지적장애인이 자기책임감이나 자기결정을 할 수 있는 상황에 있는지에 따라 영향을 받는다.

사례 1

클라우스가 몇 년 전에 미래에 자기가 살게 될 장애인 그룹 홈으로 가게 되었을 때 그의 아버지가 동행하였다. 아버지는 모든 절차에 대해서 정말 심혈을 기울였고, 경도 지적장애를 지닌 아들이 사랑이 넘치는 삶을 살아가는데 대해 매우 걱정하고 있었다. 아버지는 아들과 작별할 때 시설의 기관장에게 말했다. "당신은 내 아들이 여자 친구를 사귀는 데 애써주실 거지요?"

얼마 후에 클라우스가 자기 방에 알몸의 남자사진들을 걸어놓았다는 것이 알려졌다. 그는 '동성애 영화비디오'도 빌려와서 보고 그리고 이것으로 어떤 문젯거리도 만들지 않았다. 이것은 그가 과도하게 흥분하지도 않고, 자기 방에서 영화를 봄으로써 자신의 사적인 생활 안에서 지켰다는 것을 의미한다. 클라우스는 분명히 동성애자이다. 클라우스가 살고 있는 그룹 홈에는 다른 동성애자인 남자 친구가 살고 있다. 그는 물론 클라우스와 잠자리를 갖는 것을 좋아하지만, 이 관계에 대해 책임지려고 하지 않는다. "나는 누군가와 함께 잠자리를 갖는 것을 좋아해!" "그러나 그 이상은 원하지 않아." 하고 베른트는 말했다. 클라우스는 이것이 당연하다고 생각했다.

클라우스의 가족들은 특히 그가 동성애자라는 것에 대해 아무것도 모르고 있다. "나의 가족들은 동성애자를 좋아하지 않아." 하고 클라우스는 걱정스럽게 말한다. 이것은 기독교를 믿고 있는 가족들의 종교적인 배경과 관련이 있다. 클라우스는 무엇보다도 생활교사와 자신의 상황과 그것에 대해 터놓고 이야기할 수 있는 것을 매우 자랑스러워했다. 그러나 그는 다른 동료가 자기 부모에게 그 일에 대해 언급하는 것을 바라지는 않았다. 클라우스는 자신의 부모가 그것을 받아들이지 않을 것이라고 생각했다. 그는 자신의 상황을 자랑스럽게 생각하고, 모든 사람들에게 자신의 일을 이야기할 수 있지만, 부모님을 생각하면 안타까운 마음이 들었다. 그의 가족들이 클라우스를 인정하는 것에 대한 문제는 바로 클라우스에게도 가족들의 생각을 인정하고 받아들이냐에 대한 문제로 이어졌다.

이러한 상황은 그룹 홈의 교사팀(두 명의 생활교사와 치료사 대표)에서 토론되었다. 제 삼자의 성생활을 교사팀이 토론한다는 것이 의아하지 않는가? 그러나 이 영역에 대해서 결정을 내려야 하고 그리고 생활교사는 이에 대한 책임을 가지고 있다. 이 두 남성거주자의 상황이 바로 결정적 핵심인물임은 말할 것도 없다.

"그들은 무엇을 원하는가?" 한 생활교사는 이들에게 콘돔 사용법에 대해 설명해야 하고, 에이즈에 대해 상세히 알려주어야 한다고 확신하였다. 다른 교사팀은 이에 대해 의견을 같이 했다. 그리고 이것에 대해 가족들과 어떻게 시작해야 할지 그리고 이것을 가족들에게 알려야 할지에 대한 문제를 오랫동안 토론해야 했다. 클라우스의 결정은 분명했다. "나는 선생님들이 나의 가족들에게 이야기하는 것을 바라지 않아요."라고 말하며, "왜냐하면 나의 아버지는 나를 더 이상 보려고 하지 않을 것이며, 나의 부모가 그것에 대해 어떻게 생각할지를 나는 알고 있어요."라고 클라우스는 이야기했다. 그룹 홈의 결정에 대해 가족구성원 중 유일하게 그 사실을 알고 있는 클라우스의 형은 그의 의견에 절대 동감했다.

마지막 결정은 심사숙고 끝에 클라우스의 부모도 이 일에 대해 알아야 할 권리가 있다는 것으로 심사숙고 끝에 내려졌다. 그룹 홈입장에서의 근본적인 생각은 가능한 한 빨리 부모와 이야기해야 한다고 주장했다. 또한 그것은 공개적으로 진행되어야 하고 최대한 많은 대화의 시간이 주어져야 하고 또한 함께 참여하는 것을 전제로 하여야 한다는 것이었다.

한 생활교사는 "그러나 나의 부모도 나에 대해 모든 것을 알고 있지는 않아요.", "특히 성적인 영역에 대해서는 더욱 더 알고 있지 않아, 그렇다고 나의 부모에게 변명을 내세울 필요는 없어요."라고 말했다. 이것을 떠나서 이 질문들에 대한 클라우스만의 결정이 매우 중요하게 보였다. 그는 자신에게 매우 큰 의미를 지닌 가족들과 함께하고 싶어 했다. 클라우스가 자신의 부모를 '배제시키고' 생각했다면 분명히 더 이상 부모와의 관계는 이루어지지 않았을 것이다. 클라우스의 결정은 존중되었다.

사례 2

장애인 시설에 살고 있는 한 여성 지적장애인은 누군가와 함께 잠자리를 원한다는 것을 행동으로 명확하게 드러냈다. "이리 와." 하고 그녀는 얼굴에 미소를 띠며 적극적으로 행동했고, 그녀 스스로도 자신의 성적활동에 어떤 경계선도 의식하지 못하고 있었다. 그녀를 돌보고 있는 교사팀에서는 그것을 좋은 일로 여길 수가 없었다. 이에 대해 "우리는 비둘기처럼 모르는 척 듣고만 있을 수는 없어요."라고 한 생활교사가 제일 먼저 자연스럽게 반응하였다. 교사팀에서는 이에 대해 실제적인 토론을 한 후에 다음과 같은 결론을 내렸다. 이 여성 지적장애인은 자기 행동의 결과를 예측하지 못하기 때문에 교사팀에 의해서 보호되어야 한다는 것이었다.

4.5 지적장애인과 규범

4.5.1 개요

이 장에서는 내담자인 지적장애인이 정상(norm)인지 아닌지 그리고 우리가 실제적으로 그들의 입장이 되어 보려는 의지가 있는지에 대한 질문에 대해 언급해 보려고 한다. 지적장애인은 우리가 생각하고 행동을 결정하는 데 출발점이 되는가(제4.5.2절 참조)? 누가 과연 내담자인가(4.5.3절 참조)? 실제 현장에서는 이 부분에 대한 의견이 매우 강하게 드러날 때도 있다.

4.5.2 지적장애인은 정상인가?

우리는 누구나 자기 행동을 결정하는 규범과 가치를 지니고 있다는 것에 대해 겸허해야 한다. 각자는 온전히 자신만의 방식으로 자신의 환경에서 체험한다. 이것에 대해 우리는 다음과 같이 결론내릴 수 있다. '내담자인 지적장애인은 지극히 정상이다. 단, 지적장애인은 장애로 인해 스스로 또는 다른 사람에게 상해를 주는 것이 증명될 경우를 제외하고는 그들은 지극히 정상이다.' 이러한 경우에는 자기만의 규범과 가치로 판단하는 것을 조심스럽게 해야 함에도 불구하고 우리는 자신이 누군가를 대신하여 행동하게 될 경우 자신의 규범을 그 어떤 것보다도 우선순위에 둔다. 유감스럽게 이러한 인식은 특수교육 현장에서 엄청난 딜레마로 이어질 수 있다.

사례

카린과 마르셀은 서로 사랑하고 있으며, 그들은 몇 년 전부터 친밀한 관계이다. 처음에 이들의 관계는 시설에 있는 다른 동료들에 의해 알려졌다. 뒤늦게 카린과 마르셀은 기숙제 장애인공동체에서 살게 되었고, 얼마 후에는 다른 사람의 도움 없이 성영역에서도 서로가 잘 지낼 수 있었다. 그렇지만 마르셀에게는 점차 큰 문제 한 가지가 있었다. 카린은 그와 함께 신체적인 접촉을 원하지만 잠자리를 하려고 하지 않았던 것이다. 얼마 전까지만 해도 마르셀은 그런대로 지낼 수 있었다. 그러나 그의 성관계에 대한 요구는 점점 커져만 갔다.

어느 날 그는 매춘하는 곳에 가고 싶다고 생활교사에게 이야기 했다. 그는 성관계의 느낌이 어떤지 무조건 알고 싶다고 했다. 그렇지만 그는 카린에게 이야기하지 않았다고 한다. 그는 카린을 사랑하기 때문에 그녀를 잃고 싶지 않다고 말했다.

생활교사는 자신의 규범과 가치 기준으로 갈등하게 되었고, 이러한 상황은 그녀를 곤경으로 빠뜨렸다. 작은 그룹의 교사팀에서 이 문제가 토의되었다. “우리는 그것에 대해 책임질 것인가?” 하고 한 동료 교사가 질문했다. 다른 동료 교사는 도덕적으로 분노했다. “그런 일을 사람들은 하지 않아요!” 하고 그가 말했다. “어쩌면 선생님은 아니겠지요.”, “그러나 대부분 남성들 중 반 이상이 그런 방법으로 다른 여성을 찾아가지요. 그렇다면 그는 왜 안 된다는 거냐구요?” 하고 다른 동료 교사가 대꾸했다.

“우리가 그러한 일을 평균남성들에게 맞추어야 하고 그리고 신뢰감을 깨어야 합니까? 다른 사람들의 행동에 대해 나도 책임이 있어요. 더욱이 마르셀을 위해서는 나에게 책임이 있어요. 내가 그것에 함께 동의한다면 난 지옥같이 느끼게 될 겁니다. 그렇다면 내가 카린을 위해 어떻게 대신할 수 있겠습니까? 그는 그러한 행위로 자기 여자 친구에게 상처를 주게 됩니다.” “그러나 그것은 그의 결정이에요.”라고 몇몇 다른 동료 교사가 주장했다. “그가 그 일에 대해 어떤 죄책감도 가지고 있지 않을까요?”라는 반응이 이어졌다. “그는 실제로 그러한 행동이 어느 정도는 자기 여자 친구와 자신에게도 상처를 준다는 것을 정말로 생각할 수 있을까요?”

마르셀의 생활교사는 이 마지막 질문에 대해 그와 이야기 했다. 그들은 카린이 느끼게 될 감정들에 대해 이야기했다. 그는 정말로 그녀에 대해 걱정하는 것일까? 그에게는 자기 여자 친구가 아닌 다른 여성과 무엇인가 특별한 것을 함께 나눈다는 것이 어려운 일이 아닌 것인가? 마르셀과 생활교사는 카린이 자기 남자 친구가 한 일을 알게 될 경우에 다툼이 일어나거나 아니면 자신들의 관계가 깨질 수도 있다는 것에 대해 이야기를 나누었다. 마르셀은 이 모든 것을 인식하고 있을까? 그는 그것을 이해한다고 말했고, 그것은 자신의 결정이라고 했다.

> 교사팀에서는 격정적인 토론을 했지만, 다양한 규범과 가치에 따른 서로 간의 이해가 문제였다. 결국 지적장애인 당사자의 결정이 핵심이었다. 지적장애인은 정상이다. 마르셀과 카린의 몇몇 생활교사들은 물론 이것으로 인해 큰 문제를 가지고 있는 것이다.

사실 위 사례와 같은 딜레마는 그렇게 많이 일어나는 것은 아니다. 어쩌면 독자들에게도 위의 사례는 내담자인 지적장애인이 정상이며, 정상이라는 것은 우리 생각의 출발점이어야 한다는 과장된 것으로 보여질 수 있다. 그렇지만, 사례에서 매우 능동적인 지적장애인의 성적인 부분에 대해 기술한 것처럼 단순히 우리가 각 지적장애인의 결정을 좋게만 생각해야 하고 존중해야만 한다는 것을 의미하지는 않는다. 그것은 지적장애인을 위한 규범을 만들고 경계선을 두기 위해 생활교사들에게 강제로 수많은 행동방식들을 형성시켜 주기 때문이다.

사례 1

> 카알의 생활교사는 그가(33살) 근처에 있는 학교가 파한 후에 규칙적으로 어린이 놀이터에서 보았다고 말하며 흥분하는 동네 주민들을 통해 알게 되었다. 그곳에서 그는 어린이들에게 바지를 벗고 자신의 몸을 내보였다고 한다. 생활교사는 카알과 그 부분에 대해 이야기했고, 카알이 어린이만 보면 흥분되고 이성을 잃는다는 것을 알게 되었다. 더욱이 카알은 그것이 옳지 않다는 것을 어느 정도 알고 있지만, 그는 그것을 통제할 수 없었다. 생활교사는 그에게 분명한 경계선을 제시했다. 그러한 일은 더 이상 있을 수도 없고 일어나서도 안 된다고 말했다. 이것 말고도 그들은 교사팀에서 이 상황에 대해 토의했다. 카알은 성영역에서 어떤 태

도를 취하는가? 그는 어떻게 행동하는가? 교사팀에서는 카알이 구체적인 성교육을 받아야 하고, 규범과 가치의 의미도 잊지 않도록 해야 한다고 결정했다. (제6장에서 성에 대한 의미에 대해 상세하게 언급될 것이다.)

성교육은 카알의 행동 결정을 좀 더 명확하게 해 줄 것이다. 그러나 생활교사들은 몇 가지 해결되지 않은 의문점을 가지고 있다. 카알은 일반적인 성적 호기심을 어린이에게서 찾는 것인가 또는 그는 정말로 소아성적 성향을 가지고 있는가? 이러한 경우에 교사팀원들은 카알과 사회에 대한 큰 책임감을 느낀다. 생활교사들은 의견일치를 볼 수 없어서 이 문제를 성교육전문가들에게 조언과 상담을 구하는 것으로 결정하였다.

사례 2

모니카는 밤에 잠을 안자고 책을 읽고 있었다. 그리고 갑자기 그녀는 깜짝 놀라게 되었다. 출입문 앞에 발터가 가운을 벌린 체로 서 있었던 것이다. 그는 흥분해 있었고, 그녀를 야릇한 눈빛으로 보고 있었다. 모니카는 무엇을 해야 할지 당황했고, 많은 생각들이 그녀의 뇌리를 스쳐갔다. 발터는 “나와 자고 싶지?” 하고 물었다. “나는 너의 여자 친구가 아니야.” 하고 모니카가 조심스럽게 대답했다. “알았어.” 하고 발터가 다시 사라졌다. 모니카는 끔찍한 충격에 온 몸을 떨었다.

그녀는 이 일에 대해 교사팀에서 토의했다. 생활교사들은 바로 발터가 자신에게 일어나는 욕구를 다른 사람에게 보여 줌으로써 확인하는 것이라는 의견에 일치했다. 발터 역시 그것이 올바른 행동인지 아닌지에 대해 잘 알지 못하고 있는 것 같았다. “그는 한 번이라도 성교육을 받은 적이 있을까?” 하고 생활교사들은 궁

> 금해 했다. 그는 자기 방에서 포르노 비디오도 보는 것 같았다. 어쩌면 비디오 영화가 그를 이러한 사고세계로 이끌었고, 그것이 그의 욕구를 해소시켜 주었던 것일까? 생활교사들은 성영역에서 발터를 지원해 주고 보호하는데 자신들이 무심했다는 것을 분명하게 인식하였다. 모니카의 동료 교사인 톰은 발터에게 성에 대해 설명했고 그리고 규범과 가치에 대해서도 대화를 나누었다.

지적장애인은 정상이다. 이 말은 자유로운 해방과 같은 주제처럼 수많은 측면을 내포하고 있다. "자유로운 해방은 각자가 자기의 권리를 찾는 것을 의미한다. 자유로운 해방모델은 누구나 인간적인 존재를 인간적인 가치로 표현하는 것이다."(Timmers-Huigens 1993) 이것은 지적장애인이 독립적인 개체로서 그리고 삶의 체험세계의 중심에서 자신이 생각할 것인지 아닌지에 따른 개인적인 결정이다. "한 시설이 지적장애인 거주자에게 얼마나 잘 맞게 조성되어 있는가는 바로 거주자의 개별적인 결정들을 얼마나 성공적으로 실천할 수 있는가에 대한 척도가 될 수 있다. 공동으로 그러한 기초적인 일을 성취하는 것은 많은 시간과 열정이 필요하지만, 그 일은 정말 그럴만한 가치가 있는 일이다." 우리가 지닌 인식의 발전을 위해서는 충분한 시간을 필요로 하는데, 이것은 무엇보다도 모든 사람들을 대신하는 근본인식이 되기 때문이며 또한 이러한 일은 내담자인 지적장애인과의 만남에서 일어나기 때문이다.

4.5.3 내담자는 누구를 의미하는가?

내담자는 과연 누구를 의미하는가? 내담자는 누구를 대상으로 하는 것인가? 우리는 내담자를 자연적으로 당연히 지적장애를 지닌 독립적인 개체라고 말할 수 있을 것이다. 그러나 이것은 유감스럽게도 그렇게 단순한 것이 아니다. 지적장애인의 부모나 그들에게 관심을 가진 다른 대리역할인들은 매우 중요한 역할을 담당하게 된다. 생활교사는 종종 내담자가 실제로 누구인지에 대해 자문하기도 한다. 지적장애인은 부모가 바라는 것은 그들의 자녀가 자유로이 독립적으로 살아갈 수 있도록 하기 위해 희생을 하는 것일까? 이 질문은 부모들에게도 종종 생활교사들의 생각에 대한 의문으로 되돌아온다. 생활교사들은 그들의 현대적인 관점을 통해 지적장애인들의 삶에 영향을 미치게 될까? 우리는 지적장애인의 의존성을 기초로 그들에게 모든 것을 시도해 보고 각 개인적 의견들을 두루 체험해 볼 수 있다. 우리는 누구의 관심사를 대신하고 있는가? – 지적장애인인가 아니면 다른 사람들인가? (이와 관련하여 지적장애인의 부모나 생활교사들 대부분이 이러한 질문을 할 것이라고 여겨진다.)

사례

헹크와 나탈리는 장애인 그룹 홈에서 사귀게 되었다. 그들은 서로 좋아하는 이성 파트너이다. 그들은 서로에 대해 단순한 우정 관계 이상의 애틋한 감정을 가지고 있다. 그들은 서로가 '꼭 붙어' 다닌다. 헹크는 매우 독재적이다. 그는 나탈리가 한 번이라도 무엇인가를 혼자하려고 할 때마다 매우 힘들어하고, 그때마다 그녀가 그의 옆에 꼼짝 못하도록 억압하는 것이 습관되어 있다. 나탈리에게 이것은 쉬운 일이 아니며, 그녀는 그로부터 충분히 자신을 방어할 수도 없고 그의 강제적인 행동에 저항하지도 못한다. 그럼에도 불구하고 그녀는 헹크한테 완전히 빠져 있고, 그의 기분을 맞추어 준다. 생활교사는 이러한 태도에 대해 서로가 특별한 주의를 하는 것이 필요하다고 보고 있다. 교사팀에서는 헹크와 나탈리가 서로 각자의 시간을 가져 보는 의견에 일치했다. 그 외에도 나탈리에게는 스스로 적절한 경계선을 두는 방법을 배우게 하였다.

나탈리의 부모는 자기 딸의 이성관계가 가능하면 빨리 끝나야 한다고 생각한다. 그들은 헹크가 나탈리를 책임감 없이 자신의 딸을 지배한다고 생각하고 있으며, 그를 심지어는 나탈리에게는 위험한 존재로 보고 있다. 그들은 헹크가 자신의 딸에게 상해를 입힐 것에 대한 두려움을 가지고 있으며, 생활교사에게 이들의 관계가 종결되도록 요청하기도 한다. 그러나 헹크의 독재적인 태도를 생활교사들은 다르게 해석하고 있다. 생활교사들은 헹크의 지배성은 현실에서의 자기 불안을 숨기려는 것이 가장 큰 이유라고 생각하고 있다. "보세요, 내가 그 안에 소속되어 있어요." 하고 헹크는 일단 말하고 본다. 그리고는 "제발 나를 진지하게 받아들여 주세요!"라고 말한다. 그래서 헹크는 자주 연기를 하고 그리고 환상을 펼치는데, 그것은 그가 그렇게만이 자신을 표현할 수 있기 때문이다. 그의 태도는 우리가 헹크에게 이야기해 주어야 하는 불안의 한 형태로 나타나는 것이다. 그러나 동시에 우리는 그의 행동을 이해하려고 노력해야 한다. 외적으로 나타나는 것이 항상 내면과 같은 것은 아니다. 나탈리의 부모는 그것을 이해하려고도 하지 않고 그리고 이해할 수도 없을 것이라는 것이 생활교사들의 의견이다. 핵심은 나탈리와 헹크 두 사람은 정말로 서로를 사랑하고 있다는 것이다.

위 사례는 나탈리 부모에 대한 해석이 생활교사와 나탈리와 헹크의 결정에 반대되고 있다는 것을 제시하고 있다. 그러한 반대론을 펼치는 것은 모두에게 긴장과 궁지속으로 빠지게 한다. 이러한 경우에 우리는 근원적으로 내담자인 지적장애인이 더 고통받지 않도록 하기 위해서는 그의 가족들과 새로운 거주환경 사이에서 점점 벌어지고 있는 갈등을 충분히 잘 해결할 수 있는지 어떤지에 대해 검토해야 한다. 언급되는 사례들은 대부분이 이러한 숙고와 검토의 경우에 해당된다. 이러한 과정을 거쳐 지적장애인이 원하는 것에 적절하게 맞추고 그리고 이들의 이성관계도 깨지지 않고 이어질 수 있도록 하는 것이 필요하다.

우리가 지적장애인의 부모와 다른 관련 구성원들과 함께 모든 가능성과 불가능성을 어떤 시각으로 보아야 하는 것인가에 대해서는 제8장에서 언급될 것이다.

4.6 규범과 가치에 대해 정기적으로 대화하기

우리가 각자의 규범과 가치에 대해 교사팀에서 정기적으로 대화하는 것은 큰 의미를 지닌다. 이 대화를 통해 우리는 핵심점을 자신에게 되새기게 되는데, 이것은 지적장애인이 우리의 관점방식에 의존하고 있기 때문에 유익하고 필수적인 일이다. 우리는 지적장애인 개인이 추구하는 모습을 알아야 하고, 필요할 경우에는 지적장애인의 변화를 위해 관심을 가져야 한다. 특히 우리가 그것을 교사팀 안에서 실행할 수 있다면 정말 멋진 일이다.

서로에게 공동의 관련 범위 영역은 질적인 부분을 보장할 수 있지만, 그것이 우리가 같은 방식으로 모든 것을 생각해야만 한다는 것을 의미하는 것은 아니다. 공동의 관련 범위 영역은 우리가 신뢰하고 있는 사람들과의 만남에서 원칙이 되어야 한다. 이것을 우리는 상호간에 서로 확신할 수도 있다. 다양성의 범위가 사람들에게 성과 이성관계 영역에서 정당한 것이라면, 각 개체도 자신의 정당성을 찾을 수 있게 된다.

우리는 다른 사람들이 공동의 관련 범위에서 벗어나더라도 그들의 규범과 가치를 인식해야 한다. 우리가 그들의 규범과 가치를 인식할 경우에만, 우리는 그들을 존중할 수 있고 서로를 이해하는 것이 확장될 수 있다. 이것은 바로 서로가 단결하는 하나의 마음을 만들어 준다.

상호간의 시각과 의사소통에 대해 인식하는 것은 어쩌면 기계의 기름과 같은 이치이다. 기름은 기계를 작동시키는 역할을 한다. 한 기관의 구조는 대부분이 결국 규칙을 위한 당연한 일이더라도 원칙적으로는 관계방식들이 상호간에 상반되게 이루어지는 것은 분명하다. 이것에 대하여 우리는 충분히 숙고해 보았는가? 한 기관에서 과정이 충분히 고려되지 않으면, 구조조직에 문제가 생기고 기계작동은 정지된다. 이러한 경우에 우리는 함께 조직의 구조를 책임져야 하고, 함께 자신의 역할을 다해야 한다.

한 교사팀은 지속적으로 변화하고 바뀐다. 지금까지 일하던 생활교사들은 팀을 떠나고, (젊은) 새로운 사람들이 들어온다. 부모들은 이러한 경우에 자신의 지적장애자녀가 이러한 변화에 얼마나 의존하고 있는지에 대해 종종 주목시킨다. "선생님은 어떻게 나의 아이와 진실한 관계를 맺을 수 있습니까?" 하고 부모들은 물어보기도 한다. 교사팀의 지속적인 변화는 규범과 가치에 대해 규칙적으로 대화하는 것을 더욱 중요한 것으로 만들어 준다. 이것은 지적장애인이 발전하는 길을 신속하게 관례로 스며들 수 있게 한다. 항상 다양성과 발전을 보장하는 전체성을 찾는다는 것은 정말 멋진 일이다.

우리가 다른 사람에 대해 자신만의 규범과 가치 그리고 자기인식을 규칙적으로 숙고해 보는 것은 우리 자신을 매우 부드러운 사람으로 만들어 준다. 그러므로 우리는 자신이 지닌 규범에서 벗어나야 하고, 우리의 내담자인 지적장애인의 입장을 우리 사고의 출발점에 두어야 한다.

4.7 토론주제

1. 당신은 성에 대해 받은 교육이 어떠했는지, 당신은 어떤 규범과 가치를 배웠는지에 대해 서로 이야기해 본다. 당신이 현재까지 가지고 있는 규범과 가치는 무엇이며, 버린 규범과 가치는 무엇인가? 당신은 자유롭게 교육받았는가 아니면 엄격하게 교육받았는가? 당신이 받은 교육에 대해 현재 어떻게 생각하는가?
   당신이 받은 (성)교육은 불안감을 조성했는가 아니면 자유로움을 주었는가? 당신이 받은 교육에서 중요한 삶의 가치관은 무엇인가? 당신은 그것을 숙고하고 실천하고 있는가?
2. 당신은 지적장애인이 변화하고 자기결정을 할 수 있도록 그들에게 배려를 허용하는 것을 교육 현장에서 반영하여 실천하고 있는가? 당신은 일할 때 개인적인 규범과 가치를 구별하여 적용하는가? 당신은 경계선을 지키는가 또는 당신의 경계를 확장하여 적용할 수 있는가?
3. 당신이 받은 성교육에서 신체적 영역에 대해 어느 정도까지 다루어졌는지에 대해 서로 이야기해 본다.
4. '전체성은 표현의 다양성을 나타내는 과정에서 나온다.' 당신은 이 다양성이 어느 정도 선까지 허용되어야 한다고 생각하는가? 앞에서 주제로 다루었던 사례처럼, '다른 이성에게 눈을 돌리는' 것에 대해 허용하는가? 당신은 언제 신뢰했던 내담자인 지적장애인과 경계선을 넘는다고 생각하는가? 만약 당신이 지적장애인의 생활교육 담당자라면, 이 지적장애인은 행운을 얻은 것인가 아니면 그는 운이 좋지 않은 것인가?

5. 당신은 지적장애인의 부모와 생활교사 사이에 의견차이가 있을 때 어떻게 하는가?
6. 당신이 현재 재직하고 있거나 또는 재직했던 기관에서는 규칙적으로 각자의 규범과 가치에 대해 대화를 나눈 적이 있는가? 당신은 아래에 제시된 주제와 관련된 규범과 가치에 대해 생각해 본다.
   가. 우리가 서로 관계를 맺고 있는 방식은 기계의 기름과 같다.
   나. 지적장애인은 우리에게 자신을 되돌아 볼 수 있는 계기를 만들어 주고, 이것은 그런대로 좋은 일이다.

제 5 장
지적장애인의 행동방식과 의미

5.1 개요

지적장애인과의 전문적이고 책임감 있는 관계를 형성한다는 것은 바로 그들이 나타내려고 하는 암시적 신호가 가능한 한 적절하게 해석되어져야 한다는 의미를 내포하고 있다. 지적장애인이 과연 나에게서 무엇을 원하는가? 우리는 어떻게 그들의 행동에 대한 (성적)의미를 파악할 수 있을까? 이를 위해서는 방법적인 조치가 필요하다. 우리가 한 개인의 자립적인 체험을 가장 중요한 핵심으로 여기게 되면, 우리는 그의 고유성을 정당화시키는 동시에 그들의 사고방식을 인정하게 된다.

제5.2절에서는 인간적인 다양성에 대해 기술되고, 또한 매우 넓은 범위이기는 하지만 실제로 성(性)이 무엇인지에 대한 질문에 대해 기술될 것이다. 제5.3절에서는 지적장애인의 행동방식과 의미를 핵심적으로 다루고, 제5.4절에서는 인간의 자립적인 체험에 대해 언급할 것이다. 또한 제5.5절에서는 토론주제를 통한 숙고의 장이 제시된다.

5.2 성(性)이란 무엇인가? 인간적 다양성인가!

사고, 행위, 그리고 감정의 다양성은 지적장애인에게 있어서도 비장애인에게서처럼 똑같이 중요하다. 이러한 관점은 이론적인 문헌에서만이 아니라, 주로 매일 그들과의 내적 관계를 통해서 체험하고 그리고 생활교사와의 대화와 만남을 통해서 경험하게 된다.

자위행위

지적장애인 중에는 정기적으로 자위행위를 하는 사람이 있는가 하면, 거의 또는 전혀 이런 행위를 하지 않는 사람도 있다. 한 번도 자위행위를 하지 않는 지적장애인의 경우에는 그 배경 원인에 대해 한 번 살펴볼 필요가 있다. 그들은 성적(性的) 욕구가 없는 것인가 아니면 그것을 인식하지 못하는 것인가? 그들에게는 자위행위가 인간적 행위라는 것을 누군가가 한 번도 설명해 주지 않았던 것인가 아니면 그들에게는 실제로 이러한 행동이 아무런 의미가 없는(제6.7절 참조) 것인가? 인간이 왜 자위행위를 하는 것인지에 대해 알아보는 것은 정말로 흥미로운 일이다. 이러한 행위의 동기는 매우 다양할 수 있으며, 그러한 행동들은 자신의 (성적)체험에 대해 무엇인가를 표현하고 있는 것이다. 생활교사가 지적장애인의 자위행위에 대한 의미를 이해하는 것은 그들의 욕구를 해석하고, 이 욕구에 대해 어떤 지원이(제5.3절 참조) 필요한지에 대해 인식할 수 있는 기초를 마련해 준다.

이성관계

지적장애인 중에는 물론 이성의 지적장애인과 이성관계를 가지는 경우도 있다. 이 관계의 방식과 범위는 매우 다양하다. 대부분의 지적장애인은 성에 대한 설명을 듣고 난 후에 이 영역에 따른 지원이 필요 없는 사람도 있고 또는 어느 정도는 필요할 수도 있으며, 어떤 경우는 집중적이고 지속적인 지원이 요구될 수도 있다.

지원의 정도는 장애 정도와도 관련된다. 우리는 어느 정도의 인지적 수준을 지닌 지적장애인에게 지원해 주어야 하는가? 그것은 사회발달 영역에서 얼마나 그들에게 도움이 될 수 있는가? 지적장애인은 사회적인 적응에서 이를 어느 정도 적용할 수 있을까?

지적장애인은 다른 사람들에게 익숙하게 적응하는 능력이 부족하다는 것을 분명히 해야 한다. 이러한 경우에는 지적장애인이 경험하게 되는 관계를 생활교사가 집중적으로 매시간 함께 하는지의 여부에 따라 지적장애인의 만족을 가늠하게 되므로 생활교사의 업무는 가중된다. 지적장애인의 이성관계가 그들의 만족과 행복에 상처를 주게 되면 생활교사는 업무문제에 대해 이야기될 수 있다.

대부분의 지적장애인은 지속적인 이성관계가 없더라도 이성관계에 관심을 가지게 된다. 그들은 순수한 이성적인 만족을 위해서, 그리고 자기 신체와 다른 사람의 신체에 대한 즐거운 경험으로서 이성관계에 관심을 가지게 된다.

대부분의 지적장애인에게도 성적 성향은 다양하게 나타난다. 예를 들면, 동성애, 양성애 그리고 트랜스젠더이다.

지적장애인과 함께 하는 현장에 있으면 그들이 비장애인과 다르지 않다는 인상을 배제시킬 수 없다. 그들은 우연히 장애를 가지고 있는데, 우리는 그들을 왜 '지적장애인'이라고 부르는 것일까?

그들은 실제로 우리처럼 자기의 가능성을 적절하게 발전시키고, 다른 사람과 관계를 맺고, 의사소통(성 영역에서도)을 하고, 다른 사람들을 사랑하고 싶은 욕구를 지니고 있다. Van Zijderveld(1980)은 이것에 대해 다음과 같이 언급하였다. "지적장애인은 완전한 인격체이며, 우리는 인격적인 삶에서 높은 수준과 낮은 수준에 대해 이야기할 수 없다. 결론적으로는 지금까지 비장애인과 지적장애인의 성에 대한 실제적인 차이가 있다는 것이 증명된 적도 없다. 우리는 그들이 지닌 인지 능력의 제한으로 인해서 신체와 관련된 모든 의사소통적 능력의 지체를 지적장애라고 하고 있는 것이다. 신체와 관련해서도 지적장애인은 아무 문제가 없다. 그러므로 사람들이 지적장애인의 성에 대해 말하고 싶다면, 먼저 장애 자체보다도 우리 사회의 수용적 태도에 대해 먼저 이야기가 되어야 한다."

Van der Steen과 Sondorp(1974)은 "지적장애인의 신체적·성적 발달은 전체적으로 정상적인 발달에서 비약하지 않다." 이 두 연구자는 Versteeg의 리비도 발달에 대한 내용 중 다음과 같이 인용하였다. "지적장애를 지닌 사람의 경우에도 리비도는 정상적으로 발달하며 그리고 성적인 부분에서도 대부분이 정상적인 발달을 한다." 이 외에도 두 연구자는 '지적장애인의 성적 태도의 차이'에 대한 관점을 다음과 같이 제시하였다.

- ❑ 심각한 것은 자기의 성적 욕구와 관련해서는 다른 이성에 대해 전혀 인지하지 못하거나 자위행위도 전혀 인지하지 못하는 지적장애인 그룹이다. 이 그룹에 속하는 지적장애인은 아주 단기간에 외형적으로는 우정관계를 가지는 것으로 보이지만, 실제로는 이성에 대한 관심을 전혀 가지고 있지 않다.
- ❑ 또 다른 심각한 경우는 지적장애가 아주 심하여, 외부적인 통제를 하지 않으면, 실제 고정적인 이성관계를 형성하고 이를 지속시키려는 그룹이다.

이 두 극단적인 그룹 사이에는 지적 장애인의 성적 태도에 대한 모든 내용을 내포하고 있다. "자위행위는 지적장애의 정도와 관계없이 일어난다. 지적장애 정도가 경도의 경우에서 일반적인 이성적인 태도나 행동이 나타난다."(Van der STeen/Sondorp, 1974)

다양한 장애인 시설에 거주하고 있는 지적장애인의 성적 욕구에 대한 연구조사에서(Soeter u.a., 1993) 답변을 한 생활교사의 48%는 지적장애인이 친밀감과 애정에 대한 욕구가 가장 많은 것으로 대답하였다. 그러나 생활교사들은 인터뷰에서는 '실제적인 성관계 경험'을 지적장애인이 원하는 것으로 자주 언급하였다고 한다. 종합적으로 지적장애인은 넓은 범위에서의 성과 관련된 욕구들을 나타내지만, 이 욕구들이 실제 지적장애인이 갖고 있는 욕구가 맞는지는 확인하기 어렵다. 어쨌든 간에 지적장애인과 비장애인간의 성과 이성관계 영역에 대해서는 많은 일치점을 확신할 수 있다는 것이다.

성이란 무엇인가?

우리가 사람들에게 성에 대해 어떻게 이해하고 있는지를 물어보면, 우리는 분명히 매우 다양한 대답들을 듣게 될 것이다. 어느 누구도 성을 다른 사람들하고 똑같이 체험하지 않으며, 성에 대해서도 다른 사람들처럼 다른 관점을 가지게 된다. 이를 통해서 성은 매우 다양한 의미로 기술될 수 있다.

1. 성은(어떤 사람에게는 매개체로, 다른 사람들에게는 그렇지 않을 수도 있다.) 사람과의 관계에 있어서 하나의 매개체로 간주될 수 있으며, 후손을 이어주는 과정으로 여겨질 수 있다. 성은 이를 위한 유일한 수단이며 그리고 그 자체만으로 자손을 이어주는 역할을 한다.
2. 어떤 다른 사람들은 성을 매우 제한된 관점에서 보기도 하는데, 이러한 사람은 우리가 성을 쾌락적인 것으로 즐겨도 되는 것으로 보기 때문이다. 성적인 즐거움은 인간적 존재를 충만시켜 준다. 두 명의 파트너는 이성관계에서 사랑을 즐길 수 있으며, 서로가 친밀함과 애정을 주고 받으며, 서로가 보호를 느끼고, 그들의 개인적인 욕구를 만족시키고 그리고 감정과 느낌을 표현한다. 이때 두 남녀의 관계는

삶의 공동체 안에서 부부관계로 맺어질 수 있다. 우리가 그것을 어떻게 보는가에 따라 두 사람의 이성관계가 중요한 핵심이 될 수 있으며, 이성관계는 이에 대한 전제조건이 된다. 즉, 두 사람의 이성관계는 강한 신뢰감이 바탕이 되어야 한다는 의미이다.

내면적인 친밀한 관계

이 부분에서는 내면적인 관계와 친밀함에 대해 언급해 보려고 한다. 대부분의 사람들은 상호간의 애정과 감정을 방심하는 것에 대해 경고하고 있으며 그리고 두 사람의 이성적 관계는 외적으로 가장 중요한 것으로 여기기도 한다. 우리가 자신을 너무 성기능적인 접촉에 집중하면, 우리는 서로를 연결하는 가장 중요한 무엇인가를 잃어버리게 된다(물론 관점에 따라 다르지만). 매스컴에 나오는 성과 관련된 내용을 내 방식대로 해석해 본다면, 이것이 얼마나 에로틱하고 성중심적이고 그리고 얼마나 성기관에 치중한 성관계에 강조를 하고 있는지가 현저하게 드러난다.

이러한 현상은 광고에서는 매우 공개적으로 나타난다. 성을 바로 판매의 수단으로 팔고 있는 것이다. 또한 영화에서도 두 사람의 주연배우들이 잠자리를 함께 하는 긴장감을 묘사한 장면을 볼 수 있다. 신체적인 성관계 장면이 없는 영화는 표면적으로 대중들을 만족시킬 수 있는 조건을 채우지 못한 미완성이자 완벽하지 않은 영화가 된다.

성관계에 대한 집중은 우리의 내면적인 관계를 형성할 수 있는 많은 가능성의 요소들을 빼앗아간다. 성인 두 사람 간의 내면적인 친밀한 관계는 상호간의 애정, 매 순간 또는 많은 사람들에게 언어적·비언어적인 표현들이 받아들이는 상대방에게 성적인 사고로만 일어나지 않을 때 또는 이러한 전달방식이 보류되면 서로 간에 훨씬 많은 긍정적인 것을 부여해 준다. 이렇게 해서 내면적인 친밀한 관계에서의 성에 대한 인식은 어떤 의미로는 내면적인 친밀한 관계가 바로 불가피하게 성을 포함시키게 되는 상황이 된다. (이 부분에 대해서는 제7장에서 다시 언급될 것이다.) 상호간의 관계에 긍정적인 것들을 놓치는 것은 정말 안타까운 일이다.

Sporken은 애정과 관련하여 '중간적인 영역(mittleren Bereich)'이라고 표현하고 있다. "이것은 애정, 사랑, 친밀감 그리고 소속감의 영역을 에로틱과 같이 여기는 것이다. 여기에서 성은 남자와 여자라는 성별적인 의미에서의 역할을 드러내지 않고 있지만, 이것은 의심할 여지없이 포함되어 있는 의미이다. 예를 들어서 아버지와 딸, 어머니와 아들 간의 관계에 대한 다양한 관계에서의 애정에 대해 생각해 볼 수 있다. 저자는 이것이 인간적인 성에서 가장 중요한 영역이라고 확신한다. 인간은 성기관적인 성영역에서 큰 활동을 하지 않아도 성숙한 여성 또는 남성으로서 성장할 수 있다. 자신의 삶 속에서 애정과 친밀함을 가지고 있지 않은 사람은 언어적인 표현으로 순수한 의미에서 '차가운' 사람이다. 한 치의 여유도 없고, 친밀함과 애정에 거의 관심이 없는 부부관계에서는 냉기가 흐르고, 완전히 서로를 잃어버리는 위험한 단계로 진행된다."(Sporken 1988)

3. 다른 사람들은(우리가 인정하든 인정하지 않든 간에) 충만한 성은 어떤 이성적인 관계도 요구하지 않는다고 한다. 성은 그들의 관점에 의하면 만족되어져야 하는 욕구이며, 이때에는 다른 사람들을 필요로 한다고 한다. 우리는 (성적이든 아니든) 굳이 이성적인 관계를 목적으로 하지 않더라도 서로의 관계를 발전시킬 수 있는 관계를 성취하게 된다. 성적 욕구에 대한 만족과 충족은 이러한 인식을 하는 데 있어서 핵심이 된다.
4. 어떤 사람들은 "우리는 정말로 이성적인 관계가 꼭 필요한가?" 하고 자문하기도 한다. 이러한 의견을 가진 사람들은 파트너가 없어서 요

구하지 않더라도, 성적 요구는 충족되어져야 한다고 생각한다. 우리가 어떤 다른 방법을 찾지 못하게 되면 우리는 스스로를 만족시킬 수 있어야 한다.

5. 4.에서 언급한 내용에 대해 동의하는 사람은 대부분이 자위행위는 이성관계가 있는 상황에서(당연한 일) 가능할 것이라고 반응할 수 있다. 결론적으로는 자위행위가 어떤 수준 낮은 행위가 아니라는 것이다! 한 개인은 다른 한 이성을 성영역에서 배제시켜서는 안 된다는 의미이다.

성에 대한 이해와 체험은 각 사람들 간에 완전히 서로 다른 것으로 나타난다. 인간(지적장애를 가지고 있든 그렇지 않든)은 매우 다양하다. 다행스럽게도 각 인간은 고유한 존재이다. 그러므로 우리는 많은 규범을 지켜야 하고, 결국 이것은 개인발전을 위한 것이기도 하다. 이것은 물론 다양성의 존재를 보장하기 위해 설정된 '규범(Norm)'으로 제시된다.

저자는 이 책을 통해 인간(지적장애인)의 개별적인 체험의 권리를 찾고, 이것이 지극히 정상적인 일이라는 것을 제시하려고 하였으며, 이에 대해 Meihuizende Regt u.a.(1993)의 개념정의로 이 장을 마무리하려고 한다. "성은 성적인 활동들의 전체적 단계들을 포함하고 있다. 자기 신체에 대한 즐거움, 자위행위, 내면적인 친밀한 관계, 자신을 바로 보기, 함께 목욕하기, 쓰다듬기, 애무, 애정표현하기부터 성관계까지의 모든 즐거움을 의미한다. 성은 이러한 의미에서 하나의 관계에만 속해 있는 것이 아니라, 혼자서도 잘 체험될 수 있는 것이다. 성은 특정한 성적 성향(양성애, 동성애, 이성애), 피부색, 성별, 종교 또는 장애의 유무에 관계없이 똑같이 적용된다."(1993)

5.3 지적장애인의 행동방식과 의미

지적장애인의 행동은 특히 성과 이성관계의 영역에 있어서 종종 의문을 일으킨다. 그들의 행동방식의 의미를 이해하기 위해서는 기술이 필요하다. 그리고 이를 통해서 실제적으로 일어나는 의문과 문제에 대해 적절하게 반응할 수 있게 된다.

그렇지만 그들에게는 종종 그들의 행동방식을 제대로 나타내는 것이 매우 어려울 수도 있다. 그러므로 이런 경우에는 그들의 행동에 대해 해석하는 과정들은 전문적으로 구성된 교사팀의 과제가 된다.

사례

생활교사인 카알은 우연히 그룹 홈에 살고 있는 페터가 침대에 누워서 자위행위를 하는 것을 목격하게 되었다. 그는 페터가 그 행위를 즐거워하는지에 대해 자문해 보았다. 최근에 페터는 상당히 긴장되어 있었고, 시설에서도 불안해하며 걸어 다녔고 그리고 이전보다도 더 자주 혼자서 자기방에 머물러 있었다. 그밖에 카알은 페터가 성에 대해 도대체 얼마나 알고 있는지도 궁금했다. 그는 어쩌면 성에 대해 설명을 받은 적이 있을까? 카알은 교사팀의 몇몇 다른 생활교사들과 이 일에 대해 토론으로 이어지는 대화시간을 가졌다. 그리고 카알에게 성교육을 통해 페터에게 의미가 있는지의 여부를 알아보자는데 의견을 모았고, 이에 대한 주제는 다음 교사팀 회의에서 다시 의논하기로 하였다.

인간의 행동은 다양한 의미를 지닌다. 페터의 행동이 의미하는 것은 아래에 제시된 내용으로 요약해 볼 수 있다.

- ❑ 페터는 자위행위를 즐기고 있다. 그렇지만 그는 자기의 기분을 좋게

하는 것을 부끄러워하고, 그것이 정상적인 것인지에 대해 자문하기도 한다. 이 일로 인해 그는 지난 주 자신의 끊임없는 자위행위를 고민했다.

- ❑ 페터는 자위행위를 즐기고 있다. 그의 불안감은 장애인 작업장에서 맡은 그의 업무로 인한 갈등에서 오는 것이다.
- ❑ 페터는 자위행위를 즐기고 있다. 이 행위는 그를 흥분시키지만 오르가즘에 도달할 수 없다. 지난주에는 그의 이러한 행위가 지속해서 이어졌다.
- ❑ 페터는 원래 자위행위하는 것을 좋아하지 않지만, 최근에 그는 지루해 했다. 그의 자위행위는 일상생활의 지루함으로부터 도피하려는 것이다. 그 행위는 짧은 시간이지만 페터를 편안하게 했다.
- ❑ 페터는 작업장에서 아주 좋아하는 한 소녀를 사귀게 되었다. 그는 하루 종일 그녀에 대해 환상을 펼쳤고, 모든 것을 그녀와 함께 할 수 있기를 원했다. 그러나 그는 자신이 없었다.

그의 행동 배경에는 여러 가지의 원인이 있다. 페터의 행동에 따른 실제적인 의미는 그가 자위행위에서 사정하는 행위까지 어떻게 하는지를 모르고 있다는 것이다. 그러나 그의 행동은 또 다른 의미를 가질 수 있다. 그래서 카알은 페터와 조심스럽지만 마음을 열고 대화를 나누었고, 그는 개방적인 대화를 통해 마음이 가벼워졌다. 카알은 페터가 자위행위를 하는데 더 나은 지원방법으로 영화의 설명자료를 통해 중재해 주었고, 페터의 불안감은 사라졌다.

신체적인 표현의 의미

다른 사람의 행동방식이 의미하는 것을 이해하는 것은 어려운 일이다. 특히 이것은 지적장애인의 성과 이성관계에서는 훨씬 더 어려운 일이다. 그들은 비장애인보다도 더 많이 신체적인 영역에 집중하며 표현한다.

"이것은 지적장애인이 그들의 긍정적인 감정이나 느낌을 언어적으로 표현할 수 없기 때문에 신체적인 표현을 더 많이 사용하게 되는 것과 관련이 깊다."(Sporken 1988) 지적장애인 대부분에게는 이러한 신체적인 표현이 가장 중요한 의사소통방법이다. 비장애인은 일반적으로 그들의 신체적인 표현을 사용하는 데도 인색하고, 이러한 방법에 익숙하지 않다. 비장애인은 신체적인 표현보다는 언어적으로 대화를 하고 그리고 서로간에 큰 거리를 둔다. 신체적인 접촉을 자주 하는 것은 비장애인에게 있어서는 "우리는 서로 깊은 관계이다."처럼 관계 형성이 너무 빠르다는 것을 의미할 수 있다. 그리고 많은 사람들은 우연한 신체적 접촉을 통해서 감정을 가지게 된다. "나에게 너무 가까이 접근하지 마세요!" 이러한 것들은 지적장애인의 신체적인 표현을 비장애인이 잘못된 의미로 생각하여 표현하려는 경향으로 이끄는 몇 가지 배경들이 된다.

다른 사람들의 표현을 이해하고 그 사람의 입장에 되어 체험해 보는 것은 기술이 필요하다. 이것은 다른 사람의 눈을 통해 세계를 보는 것에 대한 기술이다. 이때 우리는 "촉각(느끼는 사람)을 곤두세우게 된다. 자세히 보고(의식을 가지고 관찰하기), 경청하고, 분위기를 감지하기 위해 애쓰고 그리고 언어적·비언어적인 행동에 유의하게 된다." "우리는 언어적인 행동을 비언어적인 행동보다도 더 큰 의미 있는 것으로 평가하는 경향이 있다. 그러나 비언어적인 표현은 대부분 다른 사람이 살아 온 체험세계와 관련된 더 많은 메시지를 전달해 준다. 예를 들어, 시선, 몸가짐, 목소리 상태, 억양과 품행 등. 이러한 것은 무엇보다도 지적장애인을 이해하는데 우리에게 도움을 주고 우리를 그들의 입장으로 되어 보게 하는 주요 요소들이다."(Bosch, 1994)

사례 1

장애인 작업장에서 욥과 모니카는 항상 손을 잡고 함께 앉아 있으며, 가능한 한 많은 것을 함께 하려고 한다. 얼마 전까지만 해도 이들의 신체적인 접촉이 실제로 무엇을 의미하는지에 대해 의문을 가졌다. 몇몇 생활교사들은 이들이 실제로 가지는 욕구는 '손잡기'만으로도 충분하다는 인상을 받았었다고 한다. 그러나 그들의 행동에 대한 관찰, 그들과의 대화 그리고 성교육은 현재 사귀고 있는 욥과 모니카의 상황에서 가장 만족하는 시간이 되었고, 그들은 더 이상의 다른 욕구를 가지지 않게 되었다. "우리는 함께 있으면 서로 편안하고 보호받는 느낌이에요."

또한 일반적으로 외형적으로 관찰된 모습은 그리 중요한 역할을 하지 않는 것으로 보인다. "나는 사랑하는 여자 친구/남자 친구가 있어요." "나도 이제 성인이에요."

교사팀의 한 교사는 앞에서 언급한 마지막 내용의 의미에 대해 자신을 수용하는데 어떤 문제가 숨겨져 있는지에 대해 자문해 본다. "나도 이제 성인이에요!"라는 표현은 욥과 모니카가 그들이 서로 '다름'에 대해 불만족하였다는 것을 의미하는가? 그러나 교사팀에서 논의한 결과로는 그 표현은 이것을 의미하는 것은 아니라는데 의견이 모아졌다. 욥과 모니카는 스스로를 장애인으로, 남성/여성으로서 수용하는 데 결정할 수 있는 인지적 수준에 있지 않았다. 그들은 비장애인들과 자신을 비교하지 않았고, 그들은 장애와 관련된 문제를 가지고 있지 않았다.

사례 2

에발트는 건장하고, 멋지고, 경도의 뇌성마비 지체장애인으로 30살의 젊은 청년이다. 그는 장애인 그룹 홈에 살고 있으며, 5명의 다른 그룹 멤버들과 함께 살고 있다. 그는 언어장애로 인해 단지 몇몇의 단어들만 분명하게 발음할 수 있고, 다른 사람들이 이해할 수 있을 정도로만 발음할 수 있다. 그와 의사소통을 하는 것은 그리 쉬운 일이 아니지만, 에발트는 몸짓(손짓)과 신체적인 언어로 자신이 원하는 것을, 성 영역에서도 분명하게 나타낼 수 있다. 이것이 그의 주변환경에서는 당연한 방식으로 받아들여지는 것은 아니다. 그는 여성 생활교사에게 몸을 비비는 것을 좋아하고, 선생님의 엉덩이를 만지거나 그녀들의 어깨 또는 가슴을 쓰다듬는다. 그의 이러한 행동은 자신이 매우 즐거워하지만, 다른 사람에게는 인정받을 수 없는 행동들이다. 그는 여성 생활교사들의 사적인 경계범위를 넘어선 행동을 한 것이다. 몇몇의 여성 생활교사는 에발트가 그러한 행동 말고는 다른 어떤 것을 할 수 없다는 것을 분명히 알고 있으면서도 에발트가 그녀들의 가까이에 있으면 매우 불쾌해 했다. 그는 마치 넝쿨식물처럼 그녀들에게 늘 붙어 있었다. 교사회의에서 그의 이러한 행동은 바로 성에 대한 지원이 신속하게 이루어져야 한다는 결론으로 내려졌다. 에발트는 텔레비전에 아름다운 여성이 나오는 것을 보는 순간 그는 두드러지게 흥분하였고, 자위행위까지 하게 되었다.

생활교사들의 많은 인내심을 통한 성교육을 하고 난 후에서야 에발트는 혼자서 자위행위를 하기 위해서는 방으로 가야 하는 것을 배울 수 있었다. 자위행위에 대한 교육은 효과 있게 잘 진행되었지만, 그간 여성 생활교사들에게서 관심을 떼어 놓는 것은 매우 어려운 일이었다. 그는 긍정적인 의지를 가지고 있었음에도 불구하고 내성적인 문제를 가지고 있었다. 여성 생활교사들은 그것을 이해하고 있었고, 그의 무기력감을 동감할 수 있었다. 그렇지만 그들은 다른 방법들을 찾아서 그를 지원하였다. 에발트가 '자기의 성적 행위를 돌아다니며 하는 것'과 그러한 행동으로부터 벗어나지 못한다는 것이 분명해졌다. 에발트의 경우에 분명한 것은 그의 욕구가 충족되어야 한다는 것이다.

교사팀은 에발트와 그의 부모와 의논 후에 파트너중개협회에 여성도우미를 청하기로 결정했다(제6.10절 참고). 도우미 여성은 우선 교사팀과 함께 그 상황을 논의했다. 에발트는 누군가가 그를 위해 특별히 방문한다는 일이 천국에 있는 기분이었다. 이 느낌은 그에게 매우 중요한 것이었다. "누군가가 나를 위해 특별히 오는 거야."

에발트는 여성도우미를 위해 준비하였으며, 목욕을 하고 옷을 갈아입었다. 여성도우미는 한 달에 두 번 그를 기숙사로 방문했다. 사생활을 보호하기 위해 그녀는 에발트의 다른 동료들이 집에 없는 오전시간에 방문했다.

두 사람은 서로 좋은 느낌이었고 그리고 에발트의 욕구만족은 편안하고 부드러운 방식으로 로맨틱한 분위기에서 이루어졌다. 에발트의 성경험 발전은 많은 시간을 두고 공들여졌으며, 그는 그러한 만남에 대해 기뻐했고 뿌듯해 했다.

에발트는 완전히 새로운 세상에 태어난 기분이고, 그는 많이 유연해졌으며 그리고 다른 여성생활교사들을 더 이상은 그렇게 자주 괴롭히지 않았다. 그가 가끔 여자들을 쓰다듬더라도 그것은 여성 생활교사들에게는 '분명히 다른 강도로' 일어났다. 그의 쓰다듬는 행위는 더 많은 따뜻함과 관심을 표현하고 있었으며, 성적인 표현은 오히려 더 줄어들었다. "그러한 행위는 난 사스키아와 하는 거야!" 하고 에발트는 말했고, 그가 말한 사스키아는 바로 여성도우미를 가리키는 말이었다. 그의 성적 행동은 잘 조절되었고 그리고 그의 욕구들은 적절하게 충족되었다.

5.4 체험의 중요성

생활교사들은 에발트의 체험이 올바르게 이루어지도록 노력하였다. 그를 위한 교육목표는 독립적인 개체의 체험이 성과 이성관계 영역에서 발전의 가능성과 불가능성을 다루는 것이라도 올바르게 이루어지도록 하는 것이었다. 이것은 우리가 성과 체험에 대한 의견차이가 있더라도 우리가 함께 할 준비가 되어 있어야 한다는 것과도 같다. 바로 이것이 우리의 직업을 즐겁게 하는 것이고 특별한 창출이 일어나게 하는 것이다. 물론 이것으로 종종 힘들기도 하지만, 우리가 지향하는 것을 중단하지 않고 지속해야 한다.

체험을 우리 삶의 핵심으로 둔다는 것은 우리가 항상 모든 것에 대해 배려해야 된다는 것을 의미하는 것은 아니다. 우리는 항상 한 사람의 행동이 주위환경과 자신에게 어떤 작용을 하는지에 대해 주시해야 한다. 그리고 어떤 부정적인 작용도 일어나지 않도록 해야 한다.

사례

헤스터는 저녁에 흥분하여 알몸으로 복도를 돌아다니는 성향이 있다. 생활교사들은 이것이 헤스터의 비언어적인 행동표현이라고 결론지었고, 이러한 행동들이 그녀를 즐겁게 하고 그리고 그녀가 거쳐야 하는 체험이라고 이해하고 있다.

위 사례의 경우에 우리는 지적장애여성의 결정을 존중하는 것과 이를 지켜주는 것 두 입장 사이에서 고민할 수도 있다. 그러나 우리가 헤스터의 입장이 되어 보면, 우리는 어쩌면 두 번째 입장인 그녀의 결정을 지켜주는 것으로 결정해야 할 것이다. 헤스터는 자신의 행동이 다른 동료친구들에게 어떤 모습이 되어 자신에게 상처를 주고 불이익을 가져오는지에 대해 예측하지 못하고 있다. 이러한 경우에는 생활교사들의 책임감이 따르게 되고, 이들이 문제를 파악하여 해결해야 한다.

체험은 삶의 핵심이며 의식적인 결정으로 이루어져야 한다.

개별적 인간의 체험이 삶의 핵심으로 놓여지면, 그의 활동들과 행동이 그의 삶에서 의미 있는 것인지 어떤지, 또는 그것이 그의 존재를 충족시켜 주는 것인지 그리고 이것이 어떤 의미 있는 것인지 아니면 그 이상의 의미를 주는 것인지에 대해 그의 주변환경에 있는 사람들은 자문하게 된다. 우리의 활동들과 행동들은 개인적인 성격을 드러내는 표현방식이며 각자 개인적인 결정에 근거하여 나타난다. 그렇다면 지적장애인도 이러한 방식으로 그들의 성적 권리를 성취하는가? 이들은 자신의 행동으로 행복해 할까? 또는 자신의 행동으로 인해 지적장애인은 더욱 부담을 가질까?

이 모든 질문들은 대답하기에 쉽지 않은 일이며 우리자신의 규범과 가치에 절충해 보는 것도 쉽지 않은 일이다. 그러나 우리는 어떠한 경우에도 해답을 찾아야 하고 이러한 상황을 그대로 방치해 두는 것보다 올바로 이끌기 위해 노력해야 한다. 불안감이나 다른 원인들로 인해 우리가 전문가적인 태도로 해답을 찾을 수 있어야 하고, 지적장애인들이 이것으로 힘들지 않도록 해야 한다. 지적장애인은 자신의 존재를 어떻게 충족시킬 수 있는지에 대한 질문에 따른 해답을 얻을 권리가 있다.

사례 1

로버트는 여성복장을 한 채로 지난주에 여러 번 복도에서 목격되었다. 생활교사는 우선 그에게 좋지 않은 소문을 피하기 위해서 그의 방에서만 그런 복장을 할 것을 조언했다. 그러한 행동은 그의 이미지를 방해할 수 있고, 로버트는 이미 다른 사람들이 그에 대해 어떻게 생각하는지에(다른 사람들이 그에 대해 어떻게 생각하는지를 로버트가 생각하게 되면) 따라 매우 상처받을 수 있기 때문이다.

몇몇 생활교사들은 로버트가 그가 만족하지 못하는 욕구를 그러한 행동으로 표현하려고 한다는 생각이 거의 확실하다고 이야기하였다. 그러나 그러한 행동은 그에게 어떤 즐거움도 주지 못하였다. 그는 여성이고 싶어 하는 것일까? 이러한 경우에는 동성애에 대해서도 다루어야 하는가? 사람들은 이러한 경우에는 어떤 방법을 취하는 것이 최선일까? 가장 쉬운 방법이라면 현실에서 그러한 행동이 얼마나 일어나든지 간에 억압하는 것일 것이다! 그러나 이러한 방법은 우리가 당사자의 정체성에 대한 그의 소망이 실제적으로 얼마나 바라는 것이고 큰 의미를 지니는지를 모르기 때문에 로버트에게 상처를 줄 수 있다.

한 생활교사는 고민한 결과 로버트의 행동은 장애로 인하여 제한된 사고와 감정에서 나온다고 확신하게 되었다. 다양한 사고방식들은 얼마나 공감할 수 있을까? 여기에서 개인의 다양성은 어느 정도 선에서 사람들의 인식에 이해될 수 있는지에 대해 구체적으로 질문해 볼 수 있다.

우리는 로버트가 동성애자라고 상상해 보자. 그렇다면 로버트에게 있어서 실제적인 성정체성의 변화는 그의 가족과 주위환경에 무엇을 의미할까? 그에게 새로운 삶을 시작하는 것은 무슨 의미가 있으며, 그리고 그것으로 인해 그는 힘들어 할까?

이어서 이에 대한 토론을 실행해 볼 수 있다. 가끔은 이러한 방법들이 자신을 잘 알 수 있는 계기를 마련해 준다. 또한 자신의 규범과 가치가 자기생각과 의견의 배경이 된다.

로버트와의 대화는 편안하게 진행되었다. 대화는 항상 많은 단어들을 필요로 하는 것은 아니다. 로버트는 제한된 단어를 구사하고, 그는 그것만으로도 충분히 그가 원하는 것을 분명하게 잘 표현할 수 있다. 생활교사는 상황을 신중하게 고려하여 로버트를 힘들게 하지 않고, 루트거스 협회(Rutgers Stiftung)[1]의 전문가에게 연계해 주는 것으로 결론지었다. 여기에서 로버트는 동성애자(transsexuell)가 아니라 이성모방증(transvestit)이라는 것이 밝혀졌다.

가끔씩 로버트는 여성 옷을 입으며, 자신의 개인공간에서만 그렇게 행동한다. 이 주제에 대해 생활교사들은 여러 번의 교사회의 끝에 그가 주변환경에서 오는 반응들에 적응하지 못할 것이라는 의견이 모아졌다. 로버트는 이미 다른 사람들에게 새겨진 그에 대한 상당한 부정적인 자아상에 상처받을 수 있을 것이다. 그러나 생활교사들에게 조금이나마 위로가 되는 일은, 그들이 로버트의 행동에 대한 의미를 이해하는 것이 어려울 때마다, 다른 지적장애인의 행동과 체험을 간접적으로 이해하는데 유용한 도움이 되었다는 것이다. 생활교사들은 로버트가 자신을 인정하고 받아들이는 것을 느낄 수 있었다.

사례 2

발터는 그가 텔레비전에서 본 성적 자극들을 사실인 것으로 받아들이고 적절하게 조절하는 능력이 부족하여, 그것을 마치 포르노

1 Rutgers Stiftung: 독일의 Pro Familia협회와 비슷한 단체와 비교할 수 있는 네덜란드의 성교육 전문기관이다. 이 기관은 성에 관한 성교육 자료들을 제공하고 있다. 협력자문을 하는 활동가들은 성영역에 대한 질문에 상담을 제공하고, 교육을 안내해 주며, 학교나 다른 기관에서도 성교육 프로그램(성폭력에 대한)을 실행하고 있다.

와 같이 생각한다. 그가 자위행위를 하는 횟수는 눈에 띄게 증가하였다. 이 밖에도 그는 주위에 있는 여자들을 그냥 두지 않으며, 그녀들이 놀림당하고 있다고 느낄 정도로 불쾌하게 행동하고, 심지어는 두려워하게까지 하는 것이 큰 문제이다. 발터가 받아들이는 성적 자극들과, 같이 살고 있는 동료들과의 세련되지 않은 성적인 표현 사이에는 분명히 관련성이 있다. 발터에게 있어서 성적 자극들은 그가 감당할 수 없는 욕구로 나타난다. 그러므로 이러한 욕구들은 그가 충족시킬 수 없는 것들이며, 그의 성적 체험세계는 당연히 제한될 수밖에 없다.

생활교사들은 발터가 어떤 관점을 가지고 있는지, 그가 무엇을 체험하는지에 대해 자세하게 주목하였다. 텔레비전에서, 잡지에서, 주거지에서, 직장에서 그리고 휴식할 때도 그의 체험세계를 주시하였다. 그들은 발터의 생활세계를 쉽게 해 주면서 그가 상처입지 않도록 돌보아 주고 있다. 또한 발터의 동료들도 당연히 똑같이 생활교사들의 돌봄과 보호를 받고 있다.

사례 3

프랑크는 그의 방에서만 허용하고 있는 포르노 영화를 정기적으로 시청한다. 그에게 제시한 성교육의 내용 범위는 그에게 포르노 장면들을 떠올리고, 그가 체험한 세계와 연상하고 있는 것처럼 성교육 내용에 해당되는 내용과 그렇지 않은 내용이 무엇인지를 구별하여 다루었다. 프랑크가 영화에서 본 모든 것에 대해 모든 여성들을 똑같이 생각하게 된다면 그것은 정말 걱정되고 답할 수 없는 일이 될 것이다. 다행스럽게도 그는 이것이 실제와 훨씬 다르다는 것을 인식하였다. 또한 여성들은 일반적으로 영화에서처럼 그렇지 않다는 것을 알고 있었다. 프랑크는 생활교사와의 대화를 통해서 환상과 현실은 서로 다르다는 것을 배웠다. 이러한 대화는 지적장애인이 지속해서 기억할 수 있고 인식할 수 있는 항상 새로운 것으로 이끌 수 있어야 한다.

체험을 삶의 핵심으로 다루기 위해서는 특별한 태도가 필요하다.

어떤 사람은(지적장애가 있는) 특정한 자극에 대해 충분히 조절할 수 있고, 어떤 사람은(지적장애가 있는) 보호 또는 지원에 의해서도 할 수 없는 경우도 있다. 인간은 독립적인 개체로서 존재한다. 이것은 우리가 성과 이성관계 영역에서의 다양성을 통해 사람들의 체험을 중요하게 여기게 되면, 인간이 독립적인 개체라는 것이 새롭게 다가온다.

우리가 일반적으로 다른 사람들의 체험에 잘 적응하게 되면, 이것은 결국 자기발전으로 이어진다. 지적장애인이 자신이나 다른 사람에게 상처를 주지 않는 한 그들의 가능성에 제한을 둘 이유는 없는 것이다. 그러나 이것은 그들이 스스로 책임감을 가질 수 있어야 한다는 정당한 근거에 한해서이다.

제4장에서 독자들은 우리가 다양성을 실행하는 현실 속에서 전체성을 표현할 수 있다는 것을 알게 되었으리라 여겨진다. 물론 성과 이성관계에 대한 개인적인 체험은 어떠한 경우에도 그 자체만으로는 해결되지 못하고, 따라서 다른 사람들에게 부담을 주거나 또는 억류해서도 안 되므로, 한 개체는 주위환경을 체험하는데 적응이 필요하다.

그렇게 되면 우리는 자기만의 규범과 가치를 유일한 '진실'로 여기게 된 다수에 대해 '확정된 변칙'을 의심하게 되어 도덕적으로 비판하게 된다.

우리가 자신의 규범을 지나치게 방어하게 되면, 다른 사고방식에 대항하여 지속적으로 싸우는 삶이 될 것이다. 근본적으로 그렇게 되면 우리는 자신에게 집착하게 되고 다른 사람들에게 여유를 주지 못하게 된다.

우리는 지적장애인을 전문적으로 다루려면 이러한 태도를 없애는 노력을 해야 한다. 그렇게 하면 우리는 자신에게 덜 집착하게 되고 다른 사람들을 방해하지 않게 된다. 또한 우리가 다른 사람의 입장이 되어 보는 경험을 하는데 더욱 도움이 될 것이다.

5.5 토론주제

1. 다양성

독자 여러분은 지적장애인의 성과 이성관계 영역이 매우 다양하다는 것을 이미 알고 있다. 성에 대한 체험은 매우 개인적인 문제이다. 당신이 신뢰하고 있는 사람에 대해 어떤 책임감을 가질 수 있는지 또는 그럴 수 없는 것은 어떤 것인지에 대해 함께 생각해 본다.

제5장의 사례들은 이러한 주제토론을 위한 내용들이다. 당신은 무엇에 대해 관대할 수 있으며 그리고 무엇에 대해 관대할 수 없는가? 이 두 가지 질문에 대해 생각해 본다.

마지막에 당신이 이 주제들에 가까이 접근하여, 당신이 체험한 범위 내에서 논리적으로 관련시켜 본다.

당신은 위 질문들에 관련성이 있다고 생각하는가? 이것을 어떻게 설명할 수 있는가?

2. 사례

요한은 25살이고 그룹 홈에서 살고 있다. 그의 부모는 여성 생활교사에게 요한과 관련하여 당황스러웠던 일에 대해 이야기하며 조언을 구했다. 그의 부모는 요한이 집에서 '함께 잠자리하는 것'과 '예뻔 소녀'에 대해 이야기했다고 전했다. 그들은 이러한 상황에 어떻게 대처해야 할지 상당히 불안해했다. 그의 어머니는 사실은 그 일에 대하여 알고 싶어 하지 않았다. 그녀는 "우리는 잠자고 있는 개를 깨워서는 안 된다."고 생각했다. 그렇지만 그의 아버지는 요한을 위해 무엇인가를 함께 해 주고 싶은데 어떻게 해야 할지 모른다고 표현했다.

그룹 홈의 교사팀에서 다른 동료들은 이 문제에 대해 특별히 놀라는 반응을 하지는 않았다. 교사팀은 그에게 성영역에 대한 확실한 지원이 필요하다는 의견이었다. 요한의 성적 욕구는 종종 여자 생활교사들을 상대로 하여 쉽게 성적인 행동으로 시도하게 했다. 그것은 '이해할 수 있는' 것이지만 '불쾌한 것'이라는 것이 교사들의 의견이다. 요한은 정기적으로 자위행위를 했고(그의 부모들이 이것을 알고 있는가?), 여자 친구가 없었으며 그리고 그룹에서는 지속적으로 여성들에 대해 언급하였다. 교사팀에서는 요한에게 여자 친구를 만나게 해 주려고 노력했다. 그렇지 않으면 그를 도울 수 있는 다른 방법들이 있을까?

요한의 부모는 두 명의 생활교사(여성/남성), 기관장(남성/여성) 그리고 치료교육담당교사(남성/여성)와 함께 회의를 가졌다. 기관장은 토론의장으로서 회의를 진행했다. 치료교육담당교사는 – 기관장과 생활교사도 – 요한의 성교육 관련 일상생활에 대한 평가를 제시했다. 치료교육교사는 기관장과 공동으로 성과 이성관계와 관련하여 기관의 입장을 언급했다. 생활교사는 그룹에서 요한의 행동을 그의 부모에게 설명하였다. 어머니는 무조건 요한을 위한 성영역 관련 지원에 대해 알고 싶어 하지 않았다(그녀는 이것을 억지로 꾸며 맞추려 한다고 생각하고 있다). 그러나 그의 아버지는 이 일에 대해 개방적인 지원을 요청했다. "인간적이지 않은 것은 내 아들에게는 낯선 것이다."

당신은 요한을 지원하기 위해 만족할 만한 반응으로 역할놀이를 시도해 본다. 마지막에 당신은 이 역할놀이를 분석한다. 당신은 이 과정에서 주목하게 되는 것은 무엇인가?

제 6 장

성교육: 모든 사람은 성에 대한 권리가 있다!

6.1 개요

지적장애인을 위한 성교육과 관련된 모든 주제들을 이 장에서 다루기는 어려운 일이다. 성교육은 교육의 실제적인 한 부분이다. 성교육은 장애인이든 그렇지 않든 모든 사람에게 동등한 권리가 있다는 의미를 내포하고 있다. 이 주제에 대한 것 하나만으로도 한 권의 책이 기술될 수 있지만, 그것이 꼭 필요한 것은 아니다. 이 주제 영역에 대한 좋은 도서들은 많이 있다. 지적장애인을 위해 특별하고 멋진 성교육 도서들이 출판되어 있다. 이러한 자료들은 정말로 추천하고 싶다(Ruters Stiftung/PRVG 1992; Groesbeekse Tehuizen/Hogeschool Nimwegen 1994). 지적장애인의 성과 이성관계 영역에 대한 질문에서 어떤 방식으로든 관련된 기관이나 단체들은 이러한 정보들이 중재되어야 한다고 본다. 이러한 정보들을 통해 우리를 신뢰하고 있는 사람들을 훨씬 잘 이해할 수 있게 되는 것이다.

그렇지만 필자는 이 주제들 주변에서 맴돌지 않고 관련 주제들을 세부적으로 다루려고 한다. 따라서 하위주제는 단락마다 기술될 것이고 그리고 기술방법은 우리가 읽으려고 하는 도서를 선정하는 것처럼 필자의 개인적인 경험에 근거하여 기술될 것이다.

제6.2절에서는 이 주제에 따른 두 가지 일화가 소개된다. 마지막 부분에서는 우리가 실제로 얼마나 개방적인지(제6.3절), 그리고 언제 성교육을 해야 하는지(제6.4절)에 대해서 언급된다. 제6.5절에서는 성교육의 정의가 광의의 의미에서 제시된다. 제6.6절에서는 성교육의 '구체성'과 '시각성'에 대해 다루어지며, 마지막으로 자위행위(제6.7절)와 이성관계(제6.8절)에 대해 언급될 것이다. 제6.9절에서는 콘돔 사용방법과 피임도구사용법에 대해 안내된다. 제6.10절에서는 파트너중개에 대해 가장 활발하게 활동하고 있는 네덜란드의 활동단체인 '파트너 중개협회(Alternative Relatiebemiddling)'에 대해 소개된다. 또한 포르노그라피가 지닌 의미에 대해서는 제6.11절에서 서술될 것이다. 제6.12절에서는 모든 이 영역들에 대해 지적장애인을 지원해 주고 무력감을 방어해 줄 수 있는 열린자세가 얼마나 중요한지에 대해 언급될 것이다. 마지막으로 독자들이 이 주제와 관련하여 토론할 사례들을 접할 수 있는 기회가 제공된다(제6.13절).

6.2 성교육 사례: 콘돔 사용법

예전에는 구체적이고 전반적인 성교육 자료들이 부족했기 때문에 지적장애인과 함께 생활하고 있는 생활교사들은 이들에게 성교육을 하기 위해서는 훨씬 더 창의성과 상상력을 동원해야 했었다. 무엇보다도 직관적으로 제시되어야 하는 아래 사례의 경우에는 필수적인 방법이었다.

사례 1

클라우스와 카린은 콘돔을 어떻게 씌우는지에 대해 빗자루를 응용하여 성교육을 받았다. 콘돔은 성기가 딱딱하게 발기되면 성기 위에서부터 씌우면서 말아주어야 한다. 이때 콘돔의 끝부분을 엄지손가락과 집게손가락으로 잡아서 사정이 되었을 때 정액이 끝부분에 모이도록 조금 여유를 두어야 한다. 사정 후에는 성기를 바로 질에서 빼야 하고, 이때 정액이 밖으로 흐를 수 있기 때문에 아주 조심해야 한다(이때 콘돔을 꼭 잡고 있어야 한다!). 또한 콘돔 사용시 긴 손톱도 주의해야 한다. 클라우스와 카린은 지속적으로 성교육 관련 사례들을 시각적 자료들을 통해 교육을 받았다.

생활교사가 성교육 후에 조심스럽게 클라우스에게서 콘돔 사용 후기에 대해 물으려고 했을 때, 그는 무엇인가가 매끄럽게 진행되지 않은 듯한 인상을 나타냈다. 클라우스와 카린은 흔히 말하는 것처럼 그야말로 굉장히 사랑이 가득한 밤을 함께 보냈다. 그러나 콘돔은 그들에게 아무 쓸모없는 도구에 불과했던 것이다. 그것은 가지런히 침대 옆에 있는 빗자루 위에 말려 있었던 것이다.

사례 2

욥과 아니타에게도 성에 대한 자세한 설명이 이루어졌다. 이때 우정, 애무하기 그리고 함께 잠자리하는 것에 대해서도 설명이 이루어졌다. 또한 자위행위와 두 사람이 기분이 좋아지게 되면 일반적으로 사람들이 잠자리를 갖기 전에 하는 실제적인 것들, 즉 콘돔의 구체적인 사용법과 이와 관련된 더 많은 것들이 대화에서 다루어졌다. 이날 밤에 욥과 아니타는 처음으로 함께 잠자리를 같이 하려고 했다. 그날 오후에 생활교사는 욥을 만났다.

“욥, 벌써 조금 긴장하고 있니?” 하고 생활교사가 욥에게 물었다.

"아니요." 하고 욥은 말했지만, 보기에도 긴장하고 있었다.

"괜찮아, 그리고 콘돔 사용하는 것은? 넌 아마 잘 할 수 있을 거야!" 하고 생활교사가 말했다.

"물론이지요." 하고 욥은 대답했다. 그리고 그는 바지지퍼를 내리고는 "한 번 보세요."라고 말하며, "난 이미 그것을 착용하고 있잖아요!" 하고 매우 자랑스러워했다.

6.3 우리는 성교육을 할 때 얼마나 개방적인가?

현장의 사례들은 우리가 성에 대해 그리 명확하거나 정확하게 충분한 성교육을 하지 않았다는 것을 증명해 준다. 우리는 종종 개방적이고 더 이상 타부를 모른다고 생각하기도 한다. 지적장애인은 바로 우리의 개방적인 생각에 따라 성교육이 다르게 실행될 수 있다. 그러나 실제로 우리는 성교육을 정말 얼마나 구체적으로 설명할 수 있을까? 일반적으로 우리가 이슈가 되는 주제들에 대해 이야기하는 것이 실제로는 우리가 생각하는 것만큼 그리 개방적이지는 않다는 인상을 받는다. 그러므로 우리는 이 주제에 대해 웃어넘기고 그저 '주목해야 하는 범위 밖'의 일로 지켜보기만 한다.

우리는 아주 종종 실제로는 자기 자신을 숨기고 개방적인 인상을 주는 언어를 사용한다. 우리는 자신을 구체적으로 충분히 표현하지 않고 자신의 감정을 마음속에 담아준다. 대부분의 사람들은 자신이 이렇게 하는 것을 의식하지 못한다. 우리가 좀 더 구체적으로 표현하려고 한다면 자신의 감정들과 경험들을 잘 알 수 있게 되고, 그것은 솔직한 표현을 말하지 못하는 부담으로부터 좀 더 쉽게 해 준다. 그러나 이러한 연습이 지적장애인에게는 쉬운 일이 아니다.

우리 자신이 개방적으로 행동하게 되면 다른 사람들, 동료들 그리고 지적장애인들도 우리에게 개방적으로 대할 수 있는 기회가 더 많아지게 된다. 이렇게 우리 자신의 행동은 다른 사람들을 개방적인 태도로 변화할 수 있도록 그들의 마음을 움직이게 한다. 우리는 자신의 행동으로 다른 사람들의 모습을 있는 그대로 나눌 수 있는 긍정적인 분위기를 조성할 수 있다.

우리가 정말로 개방적으로 모든 사람들을 대하게 되면 – 근본적으로는 이렇게 해야 하는 것처럼 – 지적장애인도 정말로 있는 모습 그대로 이해하는지에 대해 궁금해진다. 지적장애인 대부분은 우리처럼 그렇게 추상적으로 생각하지 못한다. 이들에게는 성교육에 대한 설명들이 이해하기에는 충분히 구체적이지 않을 수 있다(제6.6절 참조). 그러므로 우리가 지적장애인에게 성교육을 할 때에는 최대한 구체적이고 시각적인 방법으로 해야 한다.

우리는 성과 이성관계라는 주제에 대하여 사용하는 언어도 구체적이고 개방적으로 활용하는가? 우리는 남성의 성기관을 고추, 성기, 꼬리 또는 생식기(음부)라고 말하는가? 우리는 여성의 성기관을 질, 조개, 통로 또는 클리토리스, 그리고 이성이 함께 잠자리를 가지는 것에 대해서는 교미, 합방 또는 성관계라고 말하는가? 서로 쓰다듬고, 어루만지고, 누군가를 좋아하는 것이 어떤 것인지에 대해 지적장애인과 이야기해 본다. 사랑하고, 누군가와 함께 하고, 보호를 느끼고, 손을 잡고, 누군가를 정말로 좋아하고, 누군가를 사랑하고, 완전히 사랑에 빠져버리는 것이 어떤 것인지도 그들과 이야기를 나누어 본다. 대화시 단어 선택은 알려준 것이 전혀 아니더라도 표현하는 단어들을 이들이 충분히 생각할 수 있는 것들을 사용한다. 중요한 것은 우리 생활교사들 사이에서도 서로가 선택한 단어들이 일관성 있고 지적장애인들이 우리의 설명을 이해하는 것이다. 이것이 우리가 지향하는 성교육의 최고의 목적이기도 하다. 이외에도 지적장애인과 우리는 단어 선택을 통해서 서로가 이해해야 하고 언어사용은 무엇보다도 가능한 한 그들의 체험세계에도 적절한 것이어야 한다.

성교육 실행을 위한 전문가의 역할!

교사팀에서 회의할 때에는 이 주제에 대한 생각들을 아주 다양한 방식으로 나누게 된다. 어떤 팀은 다른 팀보다도 이 주제에 대해 더 쉽게 접근하게 된다. 다른 팀에서는 대화가 지속적인 즐거운 웃음으로 마무리 되는 동안에, 다른 팀에서는 폭넓은 개방적인 분위기가 지배되기도 한다(오랜 시간의 토론결과로 다시 토론을 해야 하는 상황으로 된다). 많은 팀 회의에서는 심지어 이 주제에 대해 전혀 논의되지 않을 때도 있다. 그러나 유감스럽게도 이 주제는 정말로 필수적이라는 것에 대해 강조할 필요가 있다. 이 주제에 대해 논의되도록 촉매제를 투입하는 것은 도움이 되고 의미 있는 일이다. 기관에서 이 주제를 이야기하는 것에 대해 그리 어려워하지 않는 사람이 토론주제로 이끌어 갈 수 있다. 리더는 예를 들면, 기관장, 치료사, 심리상담사 또는 다른 구성원과 같은 신뢰를 줄 수 있는 사람이다. 또한 루트거스 협회(Rutgers Stiftung)와 같은 외부기관의 성전문가일 수도 있다.

우리는 각자의 인식과 다양한 규범과 가치(제3장과 제4장 참조)와 관련하여 우리가 책무성을 지니고 있는 대상인 지적장애인의 성과 이성관계에 대해 서로 정기적으로 대화의 시간을 가지는 것은 매우 유용하다고 여겨진다. 그러나 우리는 때때로 지적장애인을 돌보고 있는 팀회의를 너무 자주 변화시킨다(그것은 "정말로 불신감을 주고 있어."라고 누군가가 쏘아붙일 것이다). 일반적으로 무엇보다도 진지함과 유머가(상호관계를 위해서는 더할 수 없는 촉매제이자 매우 건강한 신호다!) 적당하게 어우러져 성교육이 이루어진다면, 이러한 얼음장 같은 대화분위기를 쉽고 빠르게 풀 수 있게 해 준다. 이러한 촉매자의 역할이 얼마나 빨리 사람들에게 확신감을 줄 수 있고, 얼마나 빨리 설득할 수 있는지는 실제로 눈으로 확인하게 된다. 이것을 위해서 우리는 자신이 편안하게 느끼고 서로를 존중하며, 모든 사람들의 다양한 의견들을 주목할 수 있는 성교육팀이 필요하다.

6.4 성교육은 언제 시작해야 하는가?

누군가에게 성교육은 할 때 언제 해야 하는가에 대한 질문을 하게 된다. 이 질문에 대해 우리는 인간은 성적 존재(제3.6절 참조)라는 것에서부터 출발점을 찾아야 한다. 원천적으로 우리는 지적장애인에게는 언제나 성교육을 실행해야 하고, 그리고 개별적으로 가능한 것과 불가능한 것을 고려하여 성교육을 실행해야 한다. 그러나 그들의 한계에 부딪히게 되면 우리는 부분적으로 성교육을 지속하여 실행하는 것에 대해 습관적으로 의구심이 확대된다.

성교육을 받는 것은 개인의 권리이다. 우리는 다른 사람이 스스로 자기 일을 할 수 있도록 안내하면서 그의 자율성을 강화시켜야 한다. 그리고 우리가 성교육을 하게 될 때 그의 결정능력과 결정권을 강화시켜 주어야 한다. 우리는 근본적으로 성교육에 대해 방심해서는 안 되며, 성교육은 지적장애인의 사생활을 보호하고 그들이 이 주제와 함께 잘 살아갈 수 있도록 삶의 일부분이 되도록 지원되어야 한다.

성교육은 성에 대한 질문과 함께!

우리는 가끔씩 지적장애인이 정말로 성적 욕구가 있는지 그리고 이에 대해 궁금해 하는지 어떤지에 대해 의구심을 가질 수 있다. 우리가 지닌 불안감은 지속적으로 이 주제를 우리 자신에게서 밀어내는 것으로 이어지게 한다(그리고 미루다 보면 대부분이 결국에는 이 주제는 받아들이지 않게 한다). 그러나 우리는 항상 의구심을 가지고 심지어는 지적장애인의 성과 이성관계 영역에 대해 답하지 못한 질문들이 있는지의 여부를 찾아내는데 성교육의 목적을 두어야 한다. 그리고 이제는 그 질문들에 대답할 수 있어야 한다. 그렇지 않다면 우리는 생활교사로서 어떠한 경우에도 책임감을 증명할 수 있고 그리고 지적장애인을 동반하고 있다는 것에 대해 명확하게 인식해야 한다. 성교육이라는 주제를 우리가 지적장애인에게 정당하게 실행하면 우리가 걱정하는 의혹들은 모두 사라진다. 이를 통해서 우리는 좋은 느낌들을 얻게 된다. “그러나 문제가 발생한다면?” 하고 종종 자문도 하게 된다. 그렇다면 이 문제들은 이야기되어져야 하고 논의되어져야 하며, 답변을 찾아야 하고 그리고 이것은 우리의 숙제가 되는 것이다.

“그러나 우리는 어쩌면 잠자고 있는 개를 깨우는 것이 될 수도 있다.”라는 것은 우리가 항상 듣게 되는 말이다. 이러한 인식을 가지고 우리는 많은 지적장애인에게 중요한 정보를 전달해 주지 못할 수도 있다. 성에 대해 이야기하는 것을 배우는 것은 많은 장점들이 있다. 그것은 성폭력의 위험을 줄일 수 있고, 그리고 많은 수치심과 같은 어려움이 줄어들 수도 있을 것이다(제7장 참조). 이 외에도 이성관계를 바람직하게 하고 혼란스러움을 피하는 것이 좀 더 쉬워진다. 우리는 자신을 이해하게 되면 다른 사람을 더 잘 이해하게 되고, 우리 개인의 권리는 인격체로서 존중된다.

단순히 두려움으로 인해 잠자는 개를 깨운다는 생각은 우리가 책임감을 버리고, 지적장애인에게 잠재되어 있는 욕구가 표현되는 것을 방해할 수 있다. 이것으로 인하여 특정한 사람들의 가능성이 간과되고 그들은 기회를 놓치게 되는 일이 일어날 수 있다. 다른 측면에서 잠자는 개를 깨우지 않게 되면, 짐작컨대 외관상으로는 어떤 욕구도 존재하지 않는 것으로 여긴다는 것이다. 최소한 그것은 분명하다. 그러나 잠자는 개가 깨어나게 되면, 우리는 도움과 지원이 필요한 그들의 욕구를 다루는 것은 우리의 과제가 된다.

Sondorp(1979)는 "우리가 지적장애인에게 그들이 지닌 가능성이 무엇인지를 스스로 발견할 수 있는 여유를 충분히 제공한다면, 그들은 자신이 성적 접촉을 원하는지 아닌지에 대해 스스로 결정할 수 있게 될 것이다. 이것을 통해서 불안감이나 이와 비슷한 문제가 발생한다면, 이들은 스스로 질문을 하고 도움을 청할 것이다. 탈선, 억제되지 않는 본능 발산 그리고 이와 비슷한 유형의 위험은 '비장애인'보다도 더 크게 발생하지 않는다." 저자도 이 인용문에는 전적으로 동의한다. 이것이 아니더라도 혹시 명확하게 충분히 제시되지 않은 질문이 있는지, 또는 이러한 질문에 도움이 필수적인지에 대한 여부는 우리가 해야 할 과제이다.

"잠자고 있는 개를 깨워서는 안 된다."라는 말이 저자 개인적으로 마음에 들지 않는 것은 이 말이 성적 에너지를 마치 부정적인 에너지처럼 여기는 것과 같이 성을 부정적으로 흐트러진 것으로 취급하기 때문이다. 어떠한 방식에서든 성에 대한 체험은 항상 매우 아름답고 충만될 수 있는 것이다. 그것은 우리에게 해방감을 주거나 소속감, 신뢰감 그리고 친근감을 준다. 성은 다른 사람과의 실제적인 무엇인가를 나눌 수 있는 경험을 의미한다. 그렇지만 불안감이 지배적이면 그 기회는 모든 것을 발견할 수 있는 기회를 매우 축소시키게 된다. 그렇지만 저자는 생활교사, 기관장 그리고 무엇보다도 대부분의 지적장애인의 부모들이 가진 걱정과 불안함의 입장이 되어 보려고 한다. (제8장에서 다시 언급될 것이다.)

성교육은 유아기에서 시작해야 하고, 늦어도 사춘기가 시작되기 이전에는 실행되어야 한다. 사춘기 동안에는 많은 새로운 변화와 눈에 띄는 신체적인 감성이 일어나게 된다. 신체는 매우 빨리 변화하고, 초경이나 몽정과 같은 완전히 새로운 경험들이 일어난다. 이러한 변화들은 많은 부분에서 혼란에 빠지게 하거나 부분적으로는 자신의 충만된 느낌을 갖게 해 준다.

많은 사람들은 사춘기에 자신과 이성의 신체에 관심을 가지기 시작한다. 우리가 성교육을 당연한 교육의 한 형태로 인식한다면, 우리는 성교육을 훨씬 이전에 시작해야 한다.

6.5 성교육은 교육과 만남의 한 부분이다.

6.5.1 성교육은 삶의 기본이다.

태어나면서부터 인간은 주위환경의 대상에 의해 성장하고 그리고 이 대상에는 다른 사람들도 포함되어 있다. 이러한 것은 다시 새로운 사람들에게 영향을 주고 서로 상호작용을 변화시킨다. 사람 간의 인력은 출생에서부터 이러한 상호적 변화를 통해 일어난다. 상호관계 속에서 서로에게 이끌리게 되면서 개체의 성격발달이 일어난다.

성은 항상 사람 안에 내재하고 있는 사람 간의 이끄는 힘의 한 형태로 묘사될 수 있다. 우리는 서로 소통하고, 대부분의 사람들은 심지어는 언어적인 것보다는 비언어적으로 더 많은 소통을 한다. 우리가 전혀 '소통하지 못하는' 것은 없다.

이러한 의미에서 우리는 인간이 출생에서 죽음까지의 삶에서 성적인 존재라는 것을 확신할 수 있다. 이러한 확신은 삶의 마지막이 정말 멋지고 충만될 수 없는 것으로 불리어서는 안 되는 어떤 성적행위와는 완전히 다른 형태 그 이상의 의미를 내포하고 있다. 그러나 제5.2절에서 기술되었던 것처럼, 익숙하지는 않지만 우리는 현대 문화속에서 성에 대한 관점들에 많은 관심을 둔다.

성은 각 개인의 삶에서 격리될 수 없는 밀접한 관계를 가지고 존재하며, 그 자체로서 보아야 하고 부정할 수 없는 것이며, 성은 우리의 삶에서 확실한 자리매김을 하고 있다. 각 개체는 성에 대한 권리를 가지고 있고, 이것은 지적장애인에게도 마찬가지이다. 이러한 관점으로부터 우리의 주위환경은 다른 사람에게 그가 어떤 특성이나 개성을 지니고 있다고 하더라도 성교육을 해야 할 의무가 있다는 것을 분명히 인식해야 한다.

또한 개인적인 내적요소는 성의 한 형태로서 존재하게 된다. 그렇다면 우리는 개인적이고 사적인 성을 어떻게 성취할 수 있는가? 우리 자신과 다른 사람에 대한 우리의 행동을 어떻게 형성할 수 있는가? 성은 교육과 만남의 매우 중요한 부분이고, 그것은 우리의 신체상을 각인하는데 결정적인 역할을 하며, 자신과 자기에게 특별한 감정을 가진 다른 사람을 만나게 되는 모습이기 때문이다.

앞에서 언급된 사람에 대해 이끄는 힘은 수많은 표현의 형태들을 의미할 수 있다. 누군가를 쓰다듬고, 다른 사람은 한 번도 쓰다듬지 않고, 누군가의 팔과 어깨에 기대고, 누군가의 눈을 바라보고, 서로 잠자리를 함께 하고, 다른 사람에게서 특별한 감정을 느끼는 것 등이다. "나는 너와 함께 하는 것이 편안해." 그러므로 서로를 가까이 느끼고, 온기, 애정, 손잡기, 포옹 등 이 모든 것을 수용하는 것이다.

우리가 다른 사람에게 줄 수 있는 것은 바로 우리 자신이다. 우리가 자신의 마음을 열고, 자기 모습을 다른 사람에게 전달하고, 그리고 다른 사람의 (신체적인)체험에 영향을 주게 된다. "어린 아이는 다른 사람과 형성된 관계에 근거하여 자기 자신을 바라보게 된다. 이러한 과정에서 어린이는 자신에 대한 모습을 발전시켜 나간다."(Bosch, 1994) 이 자아상은 다른 사람과의 관계를 통해 긍정적으로 또한 부정적으로 나타날 수 있다. 이와 똑같이 우리의 신체상도 마찬가지이다. 우리의 자화상은 태어나면서부터 자신을 몸으로 어떻게 표현하는지의 행동방식과 관련하여 우리의 주위환경이 지속적으로 보내게 되는 신호에 근거하여 발달한다. 이러한 의미에서 성교육은 일상 속에서의 양식이며 어쩌면 그 이상일 수도 있다. **성교육은 바로 삶의 기본이다.**

"그러나 나는 어떤 전문가도 아니야. 우리는 집에 어느 누구도 전문적 지식을 가진 사람이 없어."라는 표현은 종종 들을 수 있는 말이다. 이러한 주장은 폭력이라고 생각한다. 누구나 다른 사람에게 무엇인가를 나누는 근본태도를 지니고 있어야 하고, 그리고 그것을 인식해야 한다. 성교육은 근본적으로 당연한 것이며, 정확하게 말하자면 교육인 것이다.

저자의 경험을 빌리자면 대부분의 성교육을 하고 있는 – 당시에는 종종 자신의 한계와 부끄러움을 벗어나야만 했던 – 생활교사들은 어느 정도의 시간이 지난 후에는 "성교육을 한다는 것은 정말 얼마나 멋진 일인지 몰라." 하고 말하게 된다.

긍정적인 신체상

우리의 신체상도 교사, 생활교사 그리고 다른 중요한 관련자들과의 내적인 관계를 통해서 형성된다. 신체상과 자화상은 종종 일치하게 되는데, 신체와 정신은 같은 동급의 두 측면이기 때문이다.

교사와 지적장애인 관련자는 어린이가 자기 신체를 체험하고, 그리고 이에 대해 어떻게 책임감을 가져야 하는지에 영향을 미칠 수 있다. 어린이와 관련되어 있는 사람들은 자신과 자기신체에 대한 인식을 아이에게 전달하게 된다. 한 어린이가 정기적으로 자기 성기를 만지는 것이 '더러운 것'으로 경험하게 되면 – 이것은 종종 말로 표현하지 않아도 일어나게 된다 – 어린이는 자기 몸을 수용하는 신체상에 영향을 미치게 된다. 이러한 어린이는 성기를 만지는 행위가 마치 자기 신체에 '속하지 않은' 것으로 학습할 수 있다. 자기 신체상에 대한 인식은 교육 영역에서 완전히 외면될 수 있다(많은 가족구성원들이 한 번도 서로의 알몸을 본 적이 없다). 교사, 생활교사 그리고 다른 주요 관련자는 자신의 태도를 통해서 신체상은 지극히 정상적인 것이며, 자기 삶의 일부분이고 그리고 어떠한 경우에도 자기 몸과 관련하여 부끄러워할 필요가 없다는 것을 보여 줄 수 있다. 우리가 부모로서 건강한 태도를 취하고, 아이들 질문에 답을 주고 그리고 부모 스스로 자신의 신체상을 외면하지 않으면, 아이는 자기 몸에 대해서도 긍정적으로 사고하는 것을 배우게 된다. 이러한 자연스러운 태도를 통해서 어린이는 자신과 다른 사람들에게 더 긍정적으로 다가가는 것을 매우 자연스럽게 배우게 된다.

어린이가 이러한 것을 체험하도록 하는 것은 교육의 기술이다. 이러한 교육이 성공적이면 어린이는 인정받고, 존중받고 그리고 자신이 이해받고 있다고 느끼게 된다.

6.5.2 긍정적인 신체상과 긍정적인 자아상

성교육은 그룹이나 개별적인 교육을 통해서 실행될 수 있다. 그룹에서의 성교육은 참여시 자신의 경험들을 수용하고, 모든 다양성과 경험은 지극히 정상적이며 당연한 것으로 수용할 수 있게 하는 장점이 있다. 개별적으로 실행하는 성교육은 누군가가 자기억압으로부터 벗어나지 못하거나 또는 사생활을 노출시키지 않아야 할 경우에 실행하게 된다.

자기신뢰감과 성교육

많은 지적장애인은 낮은 자기신뢰감을 가지고 있다. 사람들은 종종 부정적인 자아상, 즉 신체상에 대해 말하기도 한다. 그러므로 우리는 대부분의 경우에 지적장애인이 주위환경에서 이들에게 요구되는 사항들에 잘 적응하지 못한다는 것을 인식해야 한다. 이러한 것은 바로 지적장애인의 자아상에 영향을 주는 경험이 되기 때문이다.

우리의 자아상이 긍정적일수록 우리가 성영역에서도 가능성과 불가능성을 인식하는 기회는 더욱 많아진다. 우리는 자아상을 통해 다른 사람들을 만나게 된다. 이때 자신의 자아상이 긍정적일수록 우리는 경계를 정하고, 다른 사람들이 원하는 것과 욕구를 알 수 있게 된다. 그러므로 우리는 성교육을 할 때 지적장애인의 자아상에서부터 시작해야 한다.

이것을 기초로 우리는 생활교사, 특수교육교사 또는 부모로서 지적장애인에게 성교육을 할 수 있고, 가장 좋은 것은 후에 우리 스스로도 성교육에 대한 피드백을 받을 수 있으며 평가할 수 있다는 것이다.

이와 관련하여 현장에서 경험할 수 있는 몇 가지 성교육 방법을 제시해 보고자 한다. 상세하고 자세한 성교육방법은 루트거스 협회(Rutgers Stiftung)를 참고할 수 있다.

우리는 지적장애인과 함께 대화, 놀이와 게임 등을 통해 이들이 자신과 다른 사람들을 어떻게 보는지에 대해 알아 볼 수 있다(이 경우에는 지적장애가 경도이거나 중도 정도라야 가능하다). 우리가 자신과 다른 사람에 대해 가지고 있는 자아상은 생활교사들이 자신의 태도를 통해(인식하고 있다는 의미에서) 명확해지고 영향을 미치게 된다. 모든 사람은 자기만의 긍정적인 측면을 가지고 있다! 그러므로 우리는 제일 먼저 자신의 외형적인 모습과 개성을 표현하여, 결국에는 다른 사람들을 구체적으로 이해하게 된다. 우리가 성교육을 할 때에는 잡지에 나와 있는 그림이나 사진들을 매개체로써 활용할 수 있다. 우리는 자신과 다른 사람에게서 좋아하는 것을 이야기할 수 있다. 그것은 외형적인 것일 수도 있고(멋진 외투, 아름다운 머릿결) 또는 개인의 개성(나를 웃게 하는 것, 너는 사랑스러워, 나는 강한 사람이야 등)이 될 수도 있다.

생활교사는 언어적인 것은 물론이고 비언어적으로도 긍정적인 이미지를 강화시켜 주어야 한다.

이러한 성교육 관련 놀이를 통해서 지적장애인들을 위한 성교육이 '실패'로 돌아가는 것을 예방할 수 있다. 지적장애인은 일반적으로 이미 많은 부정적인 경험을 하였다 －예를 들자면 학교에서처럼. 학교 수업시간의 상황들은 종종 지적장애인들에게 부정적인 관념을 형성시키기도 한다. 그러므로 성교육 시간은 즐거움을 주고 흥미로운 놀이로 진행되어야 한다. 이때 성교육 관련 놀이들은 반복하여 진행되어야 하는데, 이것은 지적장애인이 스스로 심상을 키우고 사고를 인지하는데 시간이 필요하기 때문이다. 그러므로 성교육 관련 놀이들은 정말로 서두르지 않고 시작되어야 하고 우선적으로 이에 대한 기초를 형성하도록 한다. 성교육은 시간이 지나면서 어려운 아이디어나 주제들은 점점 감소하게 된다(단계적인 실행을 통해서).

■ **긍정적인 자아상과 신체성 지도의 근본원리**

❑ 생활교사의 개방적인 태도

❑ 가능한 한 구체적으로 지도하기

❑ 언어적·비언어적·긍정적인 경험의 강화

❑ 실수하지 않기

❑ 규칙적인 반복 학습: 기억력의 향상

❑ 단계적인 실행

특수교육 관련 현장에서는 지적장애인의 신체상과 자아상을 변화시키기가 어렵다는 것을 실감하게 된다. 여기에는 많은 원인들이 있다. 그 중 하나는 지적장애인이 성폭력의 피해자일 경우이다(이러한 경우는 유감스럽게도 우리가 생각하는 것 이상으로 범위가 크다). 이러한 경우에는 단순한 성교육만으로는 충분하지 않으며 오히려 다른 측면에서 더 심각할 수 있다. 그러므로 이때에는 연계된 치료교육적인 대책을 동반한 성교육이 요구될 수 있다. 이 주제에 대해서는 제7장의 '성폭력'에서 좀 더 상세하게 언급될 것이다.

우리가 자신의 몸을 잘 관찰하고 나면 자기의 신체기관들의 명칭을 말할 수가 있게 된다. 대부분의 신체기관들은 우리가 잘 알고 있는 것들이지만, 일부분은 그렇지 않다. 그러나 많은 지적장애인들이 자신의 몇몇 신체기관에 대해서 전혀 알지 못하고, 심지어는 신체기능들을 인지하지 못하고 있다는 것은 놀라운 일이다. 우리는 자기 몸에서 어떤 부분들을 아름답다고 그리고 어떤 신체부분을 자랑스럽게 생각하는가? 서로가 자신의 신체에 대해 이야기해 보고 아름답고 멋진 부분을 이야기해 본다!

이러한 성교육 관련 놀이의 성공여부는 생활교사의 인식에 달려 있다. 그들이 자연스러운 태도를 취하고 분명하게 행동하면, 특정한 상황에서도 가슴에 대해, 질과 성기에 대해 이야기하는 것은 세상에서 가장 정상적인 일이 되고, 놀이에 참여하고 있는 지적장애인도 그대로 똑같이 반응하게 된다. 생활교사들은 의식적이든 무의식적이든 간에 지적장애인에게 모범적인 역할을 담당하고 있다. 그러므로 이들이 의존하고 있는 생활교사들의 행동이나 태도에 의해 지적장애인은 매우 민감하게 영향을 받는다.

우리는 이러한 놀이과정에서 지적장애인에게 신생아기부터 노인기까지의 발달단계에 따른 남성과 여성사진을 보여 주며 성교육을 할 수 있다. 이때 남성과 여성의 차이에 대해 구체적으로 설명하고 이를 그림이나 사진들과 관련하여 언급한다. 또한 사람들은 변하고, 이러한 변화에 우리도 포함된다는 것을 함께 확인해 본다. 사람들은 정말로 매우 다양하게 보인다! 생활교사는 이것에 대해 지적장애인과 함께 공감해 보고, 각자의 외적인 모습이 서로 다르다는 것은 매우 정상적인 것이고 당연한 것이라는 것을 강조한다.

이러한 과정을 통해서 우리는 자신의 신체와 다른 사람의 신체에 대한 존중심을 형성시키게 된다. 또한 이것은 누군가 자신의 몸에 대해 만족하는 것을 더욱 확대시켜 준다: 짧은 머리를 한 사람과 긴 머리를 한 사람, 뚱뚱한 사람과 마른 사람, 큰 가슴을 가진 여성과 작은 가슴을 가진 여성, 큰 성기를 가진 남성과 작은 성기를 가진 남성 등.

또한 우리는 사진이나 그림자료들을 가지고 지적장애인과 함께 우리 몸의 어떤 부분을 만져보고 싶어 하는지에 대해 이야기해 본다. 우리는 그들과 함께 자신의 몸을 만져보는 것은 멋지고 좋은 느낌을 줄 수 있다는 것에 대해서도 이야기를 나누어 본다. 이때 자위행위와 같은 주제를 언급하는 것도 접근해 본다. 그러나 이 주제를 그룹으로 또는 개별적으로 다룰 것인지에 대해서는 다른 동료 교사들과 미리 의견을 결정하는 것이 바람직하다.

사춘기

우리의 신체는 변화하고, 특히 사춘기 때 그 변화가 가장 크게 나타난다. 우리는 지적장애인과 함께 신체적 성장, 성기관의 변화(성기관의 성장과 음모), 변성, 월경, 몽정 그리고 연령과 인지수준에 따른 자위행위에 대해서도 접근해 볼 수 있다. 지적장애인이 이미 알고 있는 것을 관찰해 보는 것은 흥미로운 일이다(제6.7절 참조). 그리고 자신이 이것을 수용하도록 하는 것을 잊지 말아야 한다. 나는 이 변화들을 어떻게 체험하는가? 또한 사랑에 빠지는 것과 같은 감정들에 대해서 이야기해 본다.

중요한 것은 이 주제를 다루게 될 때에는 정확하고 확실한 사진이나 영상자료들을 활용해야 한다. 개별적인 성교육을 할 경우에는 지적장애인이 스스로 자신의 몸을 거울에 비추어 보도록 한다. 분명히 지적장애인 중에는 아직 한 번도 자신을 거울에 비추어 관찰해 본 경험이 없는 경우가 있다.

어른들 중에는 자신의 외적인 모습에 대해 정말 놀라는 경우가 있다. 또한 많은 비장애인들은 발달 연령단계마다 나타나는 변화의 놀라움을 잘 알고 있다. (한 생활교사는 25살까지 아직도 한 번도 자신의 몸을 관찰해 본 적이 없다고 이야기했다. 그래서 그녀는 매우 부끄러워했고 이제 점점 자신의 몸에 대해서 알아가는 것을 배우고 있다.)

지적장애인의 사춘기는 다르다?

사춘기에는 많은 일들이 일어난다. 사춘기에는 성영역에 따른 많은 일들이 일어나는 유아기와 성인기 사이의 발달단계라는 것은 잘 알고 있는 일이다. 많은 사람들은 이 발달단계에 이르게 되면 많은 배려를 받게 된다. 결과적으로 자신이 누구이고 무엇을 원하는지에 대해 알려고 한다. 사회는 일반적으로 이 발달단계에 대해 그리 너그럽지 않다. 반대로 우리는 사회가 사춘기의 자유분망함에 대해 정말로 너그러운 행동을 하기를 기대하게 된다.

우리는 자신의 사춘기를 어떻게 경험하였는가? 종종 남자아이들은 여자아이에 대해 이야기하고 그리고 그 반대로 서로 이성에 대해 관심을 가지게 된다. 전반적으로 청소년들은 부모에 의해 영향을 받는다(많은 사람들은 이 시기를 제2의 반항기의 형태로 표현한다). 청소년들은 다른 친구들과 함께 공유하게 되는 비밀들을 가지게 된다. 학교에서는 그들의 비밀에 대해 이야기하고, 소곤거리고 그리고 첫사랑 경험을 하게 된다. 많은 청소년은 환상과 꿈을 가지거나 또는 영화, 잡지 사진들과 텔레비전 프로그램에 대해 이야기한다.

일부 청소년들은 이성을 사귀게 되고 그리고 자기역할과 자아상을 그들이 속한 그룹에 적응하면서 형성하게 된다. 이렇게 하여 대부분의 청소년들은 사춘기에 친구들을 통한 잘못된 성에 대한 결핍된 인식을 얻게 되기도 한다. 이러한 모든 활동들은 감정, 환상 그리고 사고의 의미가 충만한 교류를 의미한다. 많은 청소년들은 다른 사람에게서 자신을 다시 인식하고(그들도 나와 똑같이!), 자신이 누구이고 무엇을 원하는지에 대한 모습을 만들려고 한다. 우리가 이러한 방식으로 개방하고 수용하고 있다고 각인된 환경에서 고통을 나누려고 이야기할 수 있게 되면, 우리는 자신의 긍정적인 신체상을 가지게 되고 발전시킬 수 있는 기회는 더욱 커진다.

성교육에 대한 경험의 부족

지적장애인의 발달은 어떻게 진행되는가? 그들의 사춘기는 비장애인처럼 똑같이 진행되는가? 많은 지적장애인에게는 사춘기가 그리 안전하지 않으며, 이들은 같은 연령또래와의 상호작용할 수 있는 경험의 기회도 부족하게(어쩌면 이미 그럴 수도 있다.) 제공될 것이다. 우리가 긍정적인 신체상에 대해 이야기할 때는 이를 지적장애인에게 시도해 보는 기회를 잊어서는 안 된다. 지적장애인은 분명히 부모에 의해 크게 영향을 받는다. 그 영향력은 긍정적일 수도 있지만, 그들이 사춘기에 자아상을 자립적으로 변화시키거나 구별할 수 있는 기회를 거의 제공받지 않았다는 의미이기도 하다. 무엇보다도 부모의 성교육에 대한 인식이 부정적이거나 억압적이었다면 그것은 매우 유감스러운 일이다.

우리가 지적장애인의 서로 다른 발달과정을 직접 경험하게 되면, 성교육과 관련하여 생활교사인 우리의 책임이 얼마나 큰 것인지는 매우 분명해진다. 실제 현장 사례에서는 이러한 책임감을 다시 느끼게 해 준다.

누구나 사춘기를 경험한다.

우리가 성교육을 할 때에는 누구나 사춘기에는 신체적인 변화와 이와 관련된 감정의 변화 등을 경험하게 되므로 우리는 그것에 대해 부끄러워해서는 안 된다는 것을 항상 강조해야 한다. 오히려 반대로 우리는 그것을 즐길 수 있어야 한다. 그러나 우리는 전혀 그러지 못하고 있다(제6.5.5절 참조). 많은 지적장애인은 그들의 주위환경에서 이에 대한 성교육을 받지 못하고 있다. 긍정적인 자아상의 발달을 위해서는 – 신체적인 영역에서도 – 가능한 한 성교육은 일찍부터 시작하는 것이 중요하다. 우리가 성교육을 할 때 신체 변화에 대해 시작하게 되면, 앞에서 언급되었던 것처럼 우리는 점점 성의 체험단계로 나아갈 수 있게 된다. 우리가 이 주제에 대해 평범하고 정상적인 것으로 여기는 태도를 가질수록, 지적장애인도 이를 정상적이고 지극이 당연한 것으로 받아들이게 된다. 성교육을 통해 우리는 지적장애인에게 큰 영향을 줄 수 있다. 우리는 성교육을 할 것인가, 말 것인가? 성교육을 하지 않게 되더라도(그렇게 되면 아마도 부정적인 방식으로) 지적장애인에게는 영향을 미치게 된다.

초경과 몽정은 많은 청소년들을 혼란 속으로 빠지게 하고, 그것은 지적장애인에게도 크게 다르지 않다. 이 시기의 많은 지적장애를 지닌 청소년들은 현재 자신에게 무슨 일이 일어나고 있는지에 대해서 절대로 이해하지 못한다. 그러나 우리가 구체적인 성교육을 하고 누구나 이러한 과정을 경험한다는 것을 중재시켜 주면 이들의 무력감과 혼란스러움을 예방할 수 있게 된다.

초경과 몽정에 대한 대화에서 생명탄생의 주제에 대해서도 이야기해 본다. 우리는 어떻게 임신이 되는지에 대한 설명을 시도해 본다. 이때 우리는 난자와 정자에 대한 설명뿐만 아니라 남녀가 잠자리를 갖는 것에 대해서도 접근해 볼 수 있다. 물론 우리는 사전에 조심스럽게 지적장애인이 이해할 수 있는 범위 내에서 시도해야 한다. 모든 지적장애인이 그것을 이해할 수 있는 것은 아니지만, 비장애인처럼 생각하는 지적장애인이 더 많을 수 있다. 우리는 그들에게 모든 것을 아주 구체적으로 설명해야 한다(성교육 자료준비).

초경, 몽정 그리고 자위행위에 대한 대화에서도 위생에 대한 언급이 필요하다. 예를 들어서 생리대나 탐폰 사용방법은 시각적인 매개를 통해서 하고, 똑같은 방법으로 씻기와 샤워하는 것에 대해서도 언급한다.

사춘기 동안에는 모든 감정유형들이 폭발할 수 있다. 기쁨과 만족, 사랑에 빠지기, 또한 이해하기, 무력감과 혼란감 등이 일어난다. 아마도 우리가 다른 사람을 만지고 있는 것을 보거나 상상해 볼 때 그것은 황홀한 신체적인 느낌이나 편안한 느낌들이다. 그런데 우리는 이러한 감정과 느낌을 성교육에서 어떻게 시작할 수 있는가? 우리는 성교육자로서 이러한 감정들이 지극히 정상적인 것이며, 부끄러워할 필요가 없다는 것을 항상 강조하면서 지적장애인에게 그들의 당황스러움과 불안감을 수용할 수 있도록 안내한다. 지적장애인은 이 모든 것을 주위환경의 태도에 근거하여 매우 긍정적인 것으로 경험할 수도 있으며 그리고 그들은 사춘기 경험을 매우 자랑스러워하게 될 것이다.

6.5.3 다양성이란?

성교육에 참여하고 있는 지적장애인들이 자신의 몸을 아름답다고 생각하는지에 대한 질문을 해 본다. 우리는 그들이 다른 사람들에게서 무엇을 아름답다고 생각하는지에 대해서도 질문해 본다. 그 중 몇 사람은 남성들이, 다른 이들은 여성들이 멋지다고 생각한다. 또한 우리는 이것을 그림책으로 만들어 본다. 이때 그들은 동성, 이성이나 양성애의 느낌을 알게 된다. 이것은 혼란감을 일으키는데, 많은 지적장애인이 교육을 받아 온 과정에서 동성애가 있다는 것을 전혀 경험하지 못하였고, 그들은 그것에 대해 전혀 아무것도 알지 못하기 때문이다. 그러므로 이러한 경우에는 성교육을 통해 충족시킬 수 있는 정보가 필요하다는 것을 알게 된다.

사례

> 에크베르트는 지적장애인 생활시설에서 요리사로 일한다. 에크베르트는 동성애자이고, 종종 꽃다발과 와인을 선물하는 남자 친구가 있다. 이것에 대해 시설에 살고 있는 다른 동료들은 어떻게 반응하는가? 사후질문을 통해서 대부분의 동료들은 그것을 이해하지 못하고 있다는 것으로 나타났다. 한 생활교사는 동성애자(게이)가 무엇인지에 대해 알고 있는지를 한 지적장애인에게 물어보았다. 그러자 그는 "그것은 알몸으로 숲속을 돌아다니는 남자야."라고 대답했다.

우리는 성교육을 하는 사람으로서, 사람마다 다양한 욕구들이 있고 선호하는 것도 다양하다는 것을 지적장애인에게 알려줄 의무가 있다. 이들이 정확하게 알지 못하는 동성애자, 양성애자, 변태적인 사람은 어떤 사람인지에 대해서 이야기해 본다(지적장애인과 함께 이 개념들과 용어사용에 대해 이야기를 나누어 본다). 우리가 성교육을 하는 일에 대해 부끄러워할 필요는 없다. 우리가 자신을 인정하게 되면 다른 사람과의 관계를 형성하는 것이 더욱 쉬워진다.

우리가 사람들 간의 실제적인 차이와 다양성을 제시하면서 이 주제를 훨씬 더 확장시킬 수 있으며, 성발달에 따른 사회성발달에 대해서도 지도할 수 있다. 남성과 여성들이 어떤 역할을 하기를 기대하는가? 여성은 가구제작사나 가게를 운영할 수 있는가, 그리고 남성은 부드러운 태도를 가지고 아이들을 돌볼 수 있는가? 누가 가사를 돌보아야 하고, 누가 밖에서 직장 일을 해야 하는가? 사람들은 이러한 질문에 대해 자기결정을 하고 그리고 자신이 선호하는 것도 매우 다양하게 나타낸다.

6.5.4 규범과 가치

대부분의 사람들에게 있어서 '자신이 어디에 속하는지 그리고 어디에 속하지 않은지'를 결정하는 것은 어려운 일이다. 이것은 지적장애인의 경우에도 마찬가지이다. 그들의 지적 수준이 – 무엇보다도 정서적인 – 낮을수록 적절한 행동을 취하는 것은 더 어렵다. 이러한 행동은 일반적인 각자의 인식에 근거하여 나타나고, 즉 자신이 어디에 속하고 그렇지 않은지에 대해 인식하고 있다는 의미를 지닌다(우리 비장애인이 이러한 생각을 하는지에 대한 여부는 또 다른 문제이다). 이러한 의미에서 우리는 지적장애인의 정서적 수준을 잘 알아야 한다. 이것을 통해 그들의 행동을 더욱 분명하게 해 주고, 주위 환경에서 그들에게 요구하는 것을 인식시켜 준다.

사례

베른트는 몇 달 전부터 장애인 그룹 홈에 살고 있다. 그는 혼자서도 잘 지내며 그리고 오토바이를 타고 혼자 시내에 가기도 한다. 그렇지만 그는 자신의 일상생활에서 질서 있게 생활하는 것에 대한 몇 가지 어려움을 가지고 있다. 그는 밤에 잠을 자지 않고(그는 밖으로 돌아다니는 성향이 있다.), 아침에는 일어나지 못한다. 이러한 습관은 생활교사와의 불협화음으로 이끈다.

베른트는 지속적으로 소녀들을 머릿속에 그리고 있으며, 이제 여자 친구를 사귈 때가 되었다고 생각하고 있다. 그의 아버지도 같은 생각을 가지고 있으며, 자기 아들이 이성관계를 통해서 훨씬 더 규칙적인 생활을 할 수 있을 것이라고 생각하고 있다. 베른트는 기숙사에서 몇 번 여자들에게 집적거렸고, 그것은 그녀들에게 전혀 마음에 들지 않는 행동이었다. 생활교사는 그의 부모와 이야기하면서, 그의 이러한 행동은 부분적으로 이미 오래 전 집에 있었을 때부터 있었던 일이라는 것을 알게 되었다. 베른트는 항상 담 너머로 이웃에 사는 여자아이를 훔쳐보았고, 지나가는 사람들에게 음란한 말을 던지기도 했다고 한다. 부모는 그것에 대해 아들에게 말을 꺼내는 것이 매우 어려워서, 아들의 행동을 그대로 두었다. 베른트는 규칙적으로 거실에서 바지를 벗고 손으로 성기를 만지기도 했다고 한다. 이러한 행동은 그의 부모가 감당하기에 가장 힘든 일이었다.

부모와 생활교사는 베른트가 규범과 가치에 대해 무엇인가 중재되어야 한다는 의견에 일치했다. 그의 생활담당교사는 그에게 자기 방에서만 자위행위를 해야 하고(이것은 그의 방과 샤워할 때를 의미했다.) 그리고 그가 여성들을 어떻게 존중해야 하는지에 대해서도 설명했다. 이러한 대화는 정기적으로 이루어졌고 베른트는 그것을 배워나갔다. 이러한 규칙적인 교육은 필수적이며, 그것은 베른트가 아직 정서적으로 유치원 연령대의 어린 소년의 지적 수준에 있으므로, 작은 범위의 규칙들을 배울 수 있기 때문이었다. 그는 자신의 욕구를 참는 것 그리고 외적인 예의범절 교육을 필요로 했다. 이에 대한 교육지원은 그에게 상세하게 설명하고 교육하는 생활교사에 의해 이루어졌다.

규범과 가치에 대한 주제는 매우 폭넓은 내용영역들을 포함하고 있다. 여기에는 지적장애인이 원하면 다른 사람을 만지고 그리고 그들이 원하는 것을 이루도록 노력하는 내용(이것은 지적장애인에 대해 기억해야 하는 생활교사의 과제이다.)을 포함한다. 그들이 원하지 않는 것은 싫다는 말을 하고, 공개적인 공간에서는 진한 사랑표현을 피하는 것 등을 포함한다. 많은 지적장애인은 특히 신체에 관심이 집중되어 있으며 이것은 무의식적으로 일어나고, 그들 중 일부분은 모든 사람에게 포옹하고 키스하려고 하기도 한다. 우리는 이러한 행동에 대해 인색한가 아니면 그 반대의 반응을 하는가? 지적장애인의 이러한 행동들은 정상인가? 그리고 주위환경에서는 이러한 행동에 대해 어떠한 반응들이 나타나는가? 그러한 행동을 하는 지적장애인에 대해 우리는 어떻게 생각하는가? 일반적으로 우리는 지적장애인의 성에 대한 그러한 행동들이 정상은 아니라고 생각한다. 우리는 그들에게 함께 하는 가까운 이성친구와 키스하는 것과 자신과 관련 없는 사람에게 키스하는 것을 구별해야 한다는 교육을 해야 한다. 또는 이에 대해 지적장애인에게 지도방법은 구체적이고 적절한 성교육 자료들을 가지고 교육해야 한다. 그러나 우리는 대부분의 지적장애인에게 이러한 행동을 설명할 수도 없고 그러한 습관을 버리게 할 수도 없다. 그렇다면 그들에게 있어서 이러한 행동들은 정상적인 것이라고 받아들이고 우리가 그들의 행동에 적절하게 적응하는 노력이 필요하다.

6.5.5 자아상의 형성

지적장애 남성과 여성은 성, 따뜻함, 애정에 대해 어떤 모습으로 그려지는가? 주위환경에서는 그들에게 이 주제를 어떻게 중재하였는가? 이에 대한 모든 긍정적인 사례들은 유감스럽게도 그리 많지 않으며, 현실과는 동떨어져 있다. 허구와 진실은 서로 너무 거리가 멀다. 텔레비전, 비디오, 영화, 잡지들과 다른 방송매체들은 허구를 진짜인양 드러내 보이고, 실제 성교육은 실행하지 않고 있다. 지적장애인은 눈에 보이는 모습에 매우 강하게 반응하기 때문에, 특히 생활교사의 책임감은 매우 크다. 그러므로 책임감, 허구와 진실의 구별을 명확하게 제시해야 한다. 우리가 보고 있는 많은 시각적인 성적 자극들은 실제를 반영하지 못하지만, 많은 사람들(지적장애인)은 그것을 인식하지 못한다.

사례 1

에발트와 아나벨레는 생활교사에 의해 구체적인 성교육을 경험하였다. 어느 날 그들은 생활교사에게 그들이 서로 잠자리를 원한다는 것을 알려주었다. 생활교사는 그것을 알게 되었고, 또한 에발트와 아나벨레의 부모들도 그것을 받아들였다.

최근에 아나벨레는 조금 변했다. 생활교사는 그녀에게 무슨 일이 있는지를 물었다. 아나벨레는 그녀가 매일 저녁 에발트와 함께 잠자리를 하고 싶은데 그것이 정상인지에 대해 물었다. 그러고 나서 얼마 후 이야기할 기회가 있었을 때 에발트는 매일 저녁 아나벨레와 잠자리를 하는 것은 곤란하다고 설명했다. "그것이 그렇게 중요한 거에요?" 하고 그는 항상 그 일에 대해 크게 흥미를 나타내지 않았다. 그는 "벌써 다시 그녀와 잠자리를 해야 하는 건가?" 하고 종종 자문했다. 요약해 보면, 그녀는 항상 그와 함께이기를 원했고, 그는 항상 응할 수 없었던 것이다. 텔레비전의 많은 드라마들로 인해 에발트와 아나벨레에게도 매일 밤 함께 잠자리를 갖는 것은 아름답고 완전히 정상이라는 인상이 심어졌다. "이성관계를 가지고 있다면 함께 잠자리를 하는 거야."라는 인식을 생활교사는 수정해 주려고 시도했다. 즉, 서로 원하게 될 경우에 함께 잠자리를 하고, 그리고 어떠한 경우에도 서로 원하지 않는 것을 행해서는 안 된다는 것을 알려주었다. 이러한 설명에도 불구하고 에발트와 아나벨레의 침실공기는 늘 긴장되어 있다. 또한 성교육을 통해서도 이들의 긴장된 침실문제를 해결하지 못했다. 생활교사는 각자가 다시 개인 침실을 사용하고, 함께 하는 생활은 주말에만 가지는 것에 대해 조언했다. 에발트와 아나벨레는 생활교사의 이러한 해결책에 매우 만족했고, 서로 간의 긴장감은 다시 사라졌다.

사례 2

페트라와 마르크는 항상 '후배위 자세'로만 사랑을 한다고 어느 날 페트라가 생활교사에게 이야기했다. 원래 그녀는 그것을 전혀 아름답다고 생각하지 않았지만, 두 사람은 그것을 영화를 보고 나서 알게 되었고, 그들도 그렇게 모방하게 되었다. 생활교사는 그들에게 그림자료들을 보여 주며 설명하였다. 생활교사는 그림자료들을 보면서 무조건 그것을 따라하는 것보다는 두 사람이 아름답다고 여겨지는 것으로 해야 한다고 강조했다. 그 외에도 생활교사는 페트라와 마르크에게 함께 잠자리를 가지는 것은 성관계 이상의 의미가 있다고 설명했다. 생활교사는 이 두 사람에게 누군가를 쓰다듬고, 애정가득한 말을 하고, 귓속말로 연인에게 속삭이는 것이 어떤 것인지에 대해 이야기를 해 주었다. 연인끼리 주고 받는 것에는 많은 아름다운 것과 편안한 것들이 있으며, 그것을 연인끼리는 서로 이야기할 수 있어야 하고 표현해야 한다. 페트라와 마르크는 이제 사랑하는 마음을 전하려고 노력하고 있으며, 생활교사와도 자신들의 관계에 대해 아주 자주 이야기를 나누기도 한다.

많은 사람들(지적장애인도)이 성영역에서 자신에게 무엇이 마음에 들고 그렇지 않은지를 전혀 물어보지 않는 것은 충분히 있을 수 있는 일이다. 이러한 관점에서 지적장애인은 주위의 개방적인 태도와 생활교사의 모델적인 행동에 매우 의존하고 있다. 대부분의 사람들(지적장애인)은 포르노 영화를 보고 그것을 좋다고 생각한다. 그러나 이것은 지적장애인에게 잘못된 인식을 심어줄 수도 있다. 이것에 대해서는 제6.11절에서 다시 언급될 것이다.

6.5.6 자기방어와 자기경계

사람들은 지적장애인은 성폭력의 '전형적인 피해자'의 대상라고 말하기도 한다(제7장 참조). 구체적인 성교육은 성폭력의 위험을 줄일 수 있다. 그러므로 성교육은 성폭력 예방책의 한 방법이다. 우리가 자기 신체를 인식하는 것을 배우고, 성과 관련하여 말할 수 있는 우리의 주위 환경에 감사하는 것을 배운다면, 분명히 우리를 공격하는 것에 대해 더 잘 방어할 수 있을 것이다. 우리가 최소한 어디에 속하고 그렇지 않은가를 인식한다면, 아마도 우리는 우리의 상황에 적절한 행동을 할 수 있게 된다. 모든 이러한 관점들은 지적장애인을 위한 성교육이 어떤 의미가 있으며 그리고 우리는 어떤 책임감을 가져야 하는지를 나타내 준다.

경계선 존중하기

우리는 지적장애인에게 그림자료와 역할놀이를 중재함으로써 그들이 무엇을 원하는지 그리고 무엇을 원하지 않는지를 파악할 수 있다. 사람들은 길거리에 다니는 사람들과 쉽게 사귀지 않는다. 그리고 누군가 자기 엉덩이에 손을 댄다면 그 사람이 누구인가에 따라 큰 차이가 있다. 그 사람이 남자 친구 또는 여자 친구라면 아무 문제가 안 된다. 그러나 그 사람이 다른 사람이라면 문제가 되는 것이다. 한 대상의 경우는 그럴 수 있는 일이지만 다른 대상은 그렇지 않은 것이다.

우리가 남자 친구나 여자 친구로서 원하지 않는다면 "싫다."라고 말하고, 다른 사람이 원하지 않는다면 우리는 그것을 존중해야 한다. 다른 사람의 경계선에 대해 존중하는 것은 종종 어려운 일이기도 하다. 우리의 모범적인 행동과 구체적인 성교육 자료들을 통해서 서로의 경계를 존중하는 것을 명확하게 교육하는 것은 우리가 지닌 책임감으로부터 벗어날 수 없는 일이다. "싫어."라는 말은 '싫다'라는 것을 의미한다. 우리가 무엇인가를 행한다면 그것은 우리에게 즐거움을 주어야 한다. 우리는 자기의지가 원하지 않는 것은 그 어떤 것도 하지 않는다. 이것은 지적장애인에게도 마찬가지이다.

원하지 않는 것은 "싫어!"라고 말하기

대부분의 지적장애인에게는 "싫어!"라고 말하는 것이 아주 어려운 일이다. 하지만 누군가가 자신을 공격할 때 이를 방어하기 위해서는 "싫어!"라고 말할 수 있어야 한다. 모든 사람은 자기만의 경계선을 가지고 있다.

사례

산드라와 얀은 경도와 중도의 지적장애를 가지고 있다. 그들은 서로 사랑하는 사이이고, 일년 전부터 함께 생활하고 있다. 그들은 구체적인 성교육 시간을 즐겼었다. '즐겼다'라는 표현은 그들이 성교육시간을 항상 기다렸고, 편안하고 재미있는 시간으로 생각했다는 의미이다. 저자는 여러 번 그들과 대화하는 시간을 가졌었고, 한사람씩 또는 두 사람과 동시에 이야기를 나누었다. 이 만남에서 저자는 산드라와 얀이 성에 대해 얽매이지 않고 자유로이 이야기하는 것(신뢰가 형성된 사람과)에 매우 감동을 받았었다. 후에 우리는 그들에게 성에 대해 자유로이 이야기할 수 있도록 한 것은 성교육을 통해 중재되었다는 것이 분명해졌다! 어느날 나는 산드라를 만났고, 그녀는 나에게 솔직히 이야기 했다. "나는 더 이상 그와 성관계를 원하지 않아요."

이 표현은 다양한 것을 의미할 수 있지만, 순간적인 감정으로 말하는 것은 아니었다. 어떠한 경우에도 산드라가 자기만의 경계선을 가지고 원하지 않는 것을 "싫다!"라고 말할 수 있다는 것은 의미 있고 긍정적인 일이다.

성교육을 할 때 우리는 자신의 경계선에 대해 이야기하고, 우리가 좋아하는 것과 그렇지 않은 것, 우리가 원하는 것과 그렇지 않은 것을 중재시키는 것이 중요하다. 누군가가 나를 만지는 것을 우리는 좋다고 생각하는가? 어쩌면 한 번쯤은 그렇고 다른 경우에는 그렇지 않을 것이다. 우리는 이것을 분명하게 해야 한다. 생활교사는 자신의 모범적인 행동과 역할놀이를 통해 지적장애인에게 "싫다!"라고 말하는 것을 가르칠 수 있다. 우리는 그것을 고무시켜야 한다. 지적장애인의 몸은 자신에게 속하고, 다른 사람이 자신의 의지에 반(反)하여 자기 몸을 만지는 경우에는 수용하지 않는 것을 배워야 하고, 그것은 지적장애인 자신의 결정이라는 것을 경험하도록 해야 한다. 이렇게 우리는 서로가 신체적·정신적인 일치적 행동을 보호하기 위해 지원해 줄 수 있다. 무엇보다도 지적장애인은 스스로를 보호하고 방어하는 능력이 부족하므로, 이들의 경계선을 보호하는 생활교사들의 책임이 더욱 크다.

6.6 성교육은 구체적이고 시각적으로!

제6.2절에서 언급된 사례는 성교육의 구체성이 얼마나 중요한지를 잘 제시해 주고 있다. 성교육시 그림자료를 사용하는 것은 말로 하는 것보다 더 구체적이고, 행동은 생각보다 더 많은 것을 말해 준다. 지적장애인에게는 시각적인 자료를 통해서 성교육을 하는 것이 바람직하다. 사람들은 "생각만 하는 것이 아니라, 행하여라." 그리고 "네가 무슨 생각을 하고 있는지 표현해 보아라."라고 말할 수도 있다. 보는 것은 곧 믿음을 준다.

성교육을 위한 그림자료들이나 영화들은 정말 좋은 매개체다. 그러나 잡지책에 있는 사진들이나 텔레비전에서 보는 장면(함께 보게 되는)들은 완화된 분위기에서 설명되고 환상을 가져다 줄 수 있다. 그러므로 텔레비전은 일반적으로 구체적인 사건들을 현실로 가장시켜 현실화시키는 것일 수도 있다. 특별한 성교육 자료들을 가지고 우리는 모든 것을 구체적으로 지도할 수 있다. 그리고 그것은 지적장애인이 필요로 하는 것이다. 이 밖에도 우리는 안전하게 성교육을 해야 한다. 지적장애인을 대상으로 성교육을 할 때 우리는 가능한 한 구체적인 단어를 선택하고, 어떤 단어를 사용할 것인지에 대해서도 사전에 결정해야 한다. 이렇게 해서 다른 사람은 말로 표현하지도 못하는 단어를 성교육시에 사용하기도 한다. 우리는 사생활범위에서는 직장에서와는 완전히 다른 단어들을 사용한다. 중요한 것은 우리가 그것을 의식적으로 적용하는 것이다. 우리가 궁금증을 가지고 있으면 지적장애인을 위한 성교육시 사용할 단어 선택을 정하고, 또한 우리 자신의 경계선을 지켜야 한다. 성교육에 사용하는 단어들은 감정만큼이나 가치 있는 것이다. 우리 개인의 감정들을 거칠게 다루어서는 안 된다.

성교육시 구체적으로 한다는 것에는 단어들도 수많은 의미를 포함하기 때문에 매우 중요하다. 예를 들자면, '사랑하기'와 같은 표현이다. 이것은 무슨 의미를 지니는가? 어떤 사람은 이 단어를 들으면서 성교를 생각하고, 다른 사람은 부드러운 포옹, 쓰다듬기를 생각하기도 하며, 어떤 사람은 키스를 생각하기도 한다. 우리는 바로 자신이 무엇에 대해 이야기하고 있는지를 이미 인식하고 있어야 한다!

'함께 잠자리 갖기'도 하나의 표현이다. 한 생활교사는 신뢰하고 있었던 지적장애인 두 사람이 그들이 함께 잠자리를 가졌다는 것에 대한 경험담을 듣게 되었다. 지적장애인 커플은 매우 아름다운 경험을 가졌고 그들은 정말 멋진 시간을 함께 보냈다고 하였다. 그러나 생활교사가 몰랐던 정보는 실제로는 이 두 사람이 잠옷 바람으로 침대에서 나란히 누워서 잠을 잤다는 것이었다. 어쩌면 우리가 성교육을 구체적으로 하고 있다고는 하지만, 이것은 충분히 구체적이지 않을 수도 있다.

6.7 자위행위

자위행위는 어떻게 지도하는가?

아래에 소개되는 표현들은 매우 구체적인 성교육 설명들이다. "종종 소녀와 소년들은 자신의 성기와 질의 촉감에 좋은 느낌을 가지게 된다. 소녀들은 자신의 질을 쓰다듬고 편안한 느낌을 얻는다. 또한 소녀들은 질 끝분분의 작은 클리토리스를 쓰다듬게 되면 흥분하고 그 느낌은 더욱 커져서 축축해진다. 이것은 소녀가 오르가즘을 얻거나 또는 사람들이 흔히 말하는 '느낌이 왔어.'라고 표현하는 아름다운 것일 수도 있다.

소년들은 자신의 성기를 쓰다듬기도 한다. 성기 끝부분의 귀두는 매우 민감한 부분이다. 귀두의 피부를 위아래로 움직이고 그것을 점점 더 빠르게 움직여 보기도 한다. 그것은 소년들이 '됐어' 하는 것처럼 멋진 순간의 경험일 수 있다. 그리고 나면 성기로부터 액체가 나오게 된다. 그것은 표현하기 아주 어려운 멋진 느낌을 준다."(Rutgers Stiftung/PSVG, 1992, 성교육 지침서)

자위행위에 대해 구체적으로 안내하기 위해서는 과정을 확실하게 볼 수 있는 그림이나 영화로 안내할 수 있다.

자위행위는 영화를 이용하여 직접적으로 잘 설명할 수 있다. 예를 들어 비디오 《너의 몸과 사랑(Lief en lijf)》으로 남자와 여자가 어떻게 자위행위로 만족감을 얻는지에 대해 설명할 수 있다(Klos/Hogeschool Nimwegen, 1994).

비디오 《너와 나(Jij en Ik)》는 지적장애인에게 자위행위를 구체적으로 설명하는데 아주 적합한 자료로 사용할 수 있다. 실제 현장에서 성교육 자료로 사용되었던 비디오 《너의 몸과 사랑》이라는 비디오 자료에 대해서는 긍정적인 반응이 많다. "시리즈 《너와 나》는 지적장애인의 일상생활에 대한 구체적인 체험들을 제시해 주고 있다. 이것에 대해 다음과 같이 표현해 볼 수 있다. 지적장애인을 위한 성교육을 할 때의 의문점들이 분명하게 해결되지 않거나 지속적으로 정보들이 필요하게 되면, 《너와 나》라는 비디오 필름에 대한 반응으로 알아볼 수 있으며, 이 비디오 성교육 자료들이 지적장애인에게 적절하게 구성되었다는 것을 알게 해 준다." "비디오 《너와 나》는 지적장애인을 위해 만들어진 성교육 자료이다. 그리고 여기에 나오는 사례들은 성교육과 관련된 영역들을 기술하고 있다(언어 사용과 사례들이 서로 관련되어 설명되고 있다). 바로 지적장애인을 위해서는 현실에서 가능한 한 반응할 수 있도록 구체적으로 연관하여 표현하는 것이 중요하다."

지적장애인은 일상생활 범위에서 지적연령이 4세에서 6세의 유아발달연령단계에 있다고 할 수 있다.

《너의 몸과 사랑》 시리즈가 성교육의 기술적인 방법을 핵심으로 다루고 있다면, 시리즈 《너와 나》는 주위 환경과 관련된 자기감정에 대한 체험을 다루고 있다. 이 비디오들은 성교육 자료로서 아주 훌륭한 설명 보충자료들이다.

성교육을 할 때 소년과 소녀에게 우리는 자위행위가 의미하는 것을 시각적인 매개자료로서 인공 성기 모형을 가지고 지도할 수 있다.

자위행위는 정상이다.

우리는 성교육시에 자위행위를 즐기고 그것에 익숙해지는 것은 아주 정상이라는 것을 분명히 해야 한다. 우리는 성교육시 지적장애인에게 대부분의 사람들은 자위행위를 한다는 것을 이야기해 줄 수 있어야 한다. 많은 지적장애인들은 그들이 욕구를 느낄 때(가장 중요한 것은 어느 누구도 그들의 개인적 욕구에 강제적으로 무엇인가를 행해서는 안 되며, 그들의 욕구는 도를 지나치지 않아야 한다.) 어떻게 자위행위를 하는지에 대해 모르고 있다. 그들 중 일부는 어떻게 자위행위를 하는지에 대해 알고 있어도, 이 주제는 터부시되기 때문에 그들은 이러한 행위를 창피해한다. 그렇다고 자위행위를 하지 않거나 모르는 것에 대해 부끄러워할 필요는 없다. 이것에 대해 우리는 무덤덤해야 한다.

그러나 마틴은 텔레비전의 케이블방송을 통해 이성의 알몸을 보게 되면, 그는 눈을 돌려 외면한다. 단지 그가 혼자 있을 때에만 그러한 장면에 관심을 두고 본다. 이 주제에 대해 마틴은 가족들과 이야기할 수도 없다.

사례 1

그룹 홈에 살고 있는 38살 미르야는 최근에 들어 생활교사가 "어쩌면 성접촉이 있었던 것인가?"라고 의혹을 가질 정도로 매우 도발적인 행동을 한다. "그녀는 나를 바라보며 소파에 기대어 종종 자기 손을 슬립 안으로 넣는다. 그 행동은 마치 그녀가 자위행위를 하려는 것처럼 보인다." 그녀가 행위를 성공하는지 어떤지, 또는 그것을 즐기는지 어떤지는 분명하지 않다. 생활교사는 미르야가 몇 주 전부터 속옷을 찢고, 그것을 침대 아래로 숨기는 행동이 두드러지게 나타났다고 했다. 그녀의 이런 행동은 무엇을 의미하는가?

교사팀에서는 생활교사가 미르야에게 성교육을 실행하는 것에 의견이 일치했다. 미르야와의 대화에서 그녀는 자위행위가 무엇을 의미하는지를 정확하게 모른다는 것이 바로 분명해졌다. 생활교사는 그녀에게 잡지책의 사진들을 가지고 이를 설명했고, 미르야가 자기모습을 거울에 비추어 보도록 했다. 미르야는 그렇게는 아직 한 번도 자기모습을 본 적이 없다. 그녀는 잡지책에 나오는 여성처럼 자기 몸의 모습이 똑같다는 것에 놀라는 것 같았다.

미르야는 여성도 누구나 클리토리스를 자극할 수 있다는 것을 아직 모르고 있었다. 생활교사의 설명을 통해서 그녀는 오르가즘에 어떻게 이를 수 있는지를 배웠다. 이때부터 미르야는 더 이상 속옷을 찢는 행위는 하지 않았다.

사례 2

라이너(30)는 몇 주 전부터 그룹 홈에 살고 있다. 그는 주위환경에 있는 여성들을 매우 눈여겨 보고 있었고, 그가 마치 많은 성경험이 있다고 사람들이 생각할 정도로 바람둥이처럼 행동한다.

생활교사가 그와 함께 시도한 몇 번의 대화를 가진 후에 이러한 상상은 사실이 아니라는 것이 확인되었다. 라이너가 종종 자위행위를 하는지에 대한 의혹에 대해서는 그를 통해 사실로 드러났다. 그러나 그는 아직 한 번도 사정을 하지 못했고 그것이 어떻게 하는 것인지 모르고 있었다. 그래서 라이너는 완전히 흥분해서 뛰어다니거나 자신의 성적 행위로는 아무것도 시작하지 못한 것이다. 생활교사는 라이너에게 영화자료들을 사용하여 그가 어떻게 자위행위를 할 수 있는지에 대해 설명했다. 라이너는 아직도 항상 여성에게 관심이 집중되어 있지만 그의 행동은 더 이상 '성적인 행동으로' 나타나지 않는다.

자위행위는 어디에서 해야 하는가?

앞에서 지적장애인이 자위행위를 해도 되는지에 대해 언급되었다. 전체적으로 이것은 매우 개인적인 성향이고, 사생활의 한 부분으로 이루어진다는 것이다. 성교육자는 지적장애인에게 분명하게 이해시키고, 가능한 많은 시각적인 자료를 이용하여 교육해야 한다. 그럼에도 불구하고 많은 지적장애인은 이를 이해하지 못할 수도 있다.

사례

> 오이겐은 중증의 지적장애인이다. 그는 규칙적으로 자위행위를 한다. 생활교사들은 그가 자신의 행동으로부터 벗어나도록 하기 위해 커피타임이나 식사와 같이 함께 하는 '사회적인 활동'들을 중재하자는데 의견을 모았다. 그러나 이 방법이 효과가 없게 되면 그는 잠시 동안 자기 방으로 격리되었다.

다른 사람의 도움 없이 오르가즘을 얻지 못할 때는...

이러한 경우는 지적장애인이 흥분하고 있지만 스스로 자위행위를 할 수 없을 때 종종 일어난다. 성교육내용에 포함시켜 교육을 하더라도 그들에게는 이를 성공하기란 쉽지 않다. 그들의 신체적 완숙도나 인지수준의 결핍이 이러한 행위만족을 하기에는 충분하지 않다. 그들은 스스로 이러한 행위의 방법적인 것도 습득하지 못한다. 예를 들면 뇌성마비 지체장애인에게는 이러한 행위가 매우 어렵다. 그렇다면 그들은 어떻게 해야 하는가? 그것은 엄청난 혼동을 가져오는 문제이며, 더 큰 문제는 이러한 의문들이 자주 회피되는 것이다. 왜냐하면 이렇게 함으로써 우리는 더 이상 어떤 해답도 제시하지 않아도 되기 때문이다. 그러므로 우리가 차라리 현실 앞에서 눈을 감고 외면하는 것이 더 편한 것이다. 물론 모든 질문들에 답을 준비해야 하는 것을 강조하는 것은 아니다. 반대로 자위행위에 대한 어떤 일반적인 것들을 종종 직업상 힘들게 말해야 하는 것이 가장 어려운 일이다.

그러나 성적 체험은 아름다운 것이고, 이를 충만시킬 수 있다는 것은 강조할 필요가 있다. 성에 대한 개인적인 표현으로서의 자위행위는 자기발전의 한 형태일 수 있으며, 그것은 즐거움과 좋은 기분으로 이끌 수 있다. 그러한 행위는 우리가 혼자서 자위할 경우에, 욕구, 흥분과 열정이 있더라도 그것이 성공되지 않을 경우에도 당연히 가장 아름다운 것일까? 그렇다면 우리는 주위 사람들의 규범과 가치 그리고 인식에 매우 의존하게 된다. 지적장애인을 돌보고 신뢰감을 주고 있는 사람들은 이 주제를 받아들여야 하고 터부시 하는 것을 깨야 할 책임이 있다. 이들이 이 주제를 다루어야 한다는 것을 인식할 때, 사회는 전문성과 성교육의 가치를 제시하게 된다. 그러므로 관련 전문가들은 이러한 방식으로 지적장애인이 자기의지를 포기하는 것을 예방하고, 자기 위치에서 다른 동료들의 관심들도 대신할 수 있게 된다.

이와 관련하여 자위행위에 대해 다음과 같이 요약해 볼 수 있다. "사람은 누구나 자위행위에 대해 다른 사람의 도움을 받을 권리가 있다." 우리 자신도 이에 대해 의견을 한 번 생각해 보자(우리도 그렇게 생각하는가? 당신은 어떻게 생각하는가?). 그러고 나서 자문해 본다. 누가 그 도움을 주는 사람들인가?

사례

장애인 시설에 살고 있는 한 지적장애인이 규칙적으로 매우 흥분한다는 것이 분명하게 드러났다. 종종 그는 손으로 자신의 발기된 성기를 잡고 장난을 친다. 생활교사들은 그를 관찰하고, 그와의 단순한 대화를 통해 그는 사정을 한 번도 하지 못했다는 것을 알게 되었다. 그렇다면 생활교사들은 무엇을 해야 하는가?

교사지원팀에서는 그 일에 관해 터놓고 논의하였다. 생활교사는 영화를 통해 구체적인 성교육을 시도했고, 그의 행동범위 공간을 더 크게 확대하였지만 효과는 없었다. 이제 무엇을 해야 하는가?

교사팀에서는 그가 자위행위를 시도하게 될 경우에 생활교사가 적절한 간격을 두고 그가 그러한 행위를 하도록 지도해야 한다는 의견에 일치했다. '적절한 간격에 대한 지도'는 예를 들면 다음

> 과 같은 질문에 대한 답을 포함하고 있다. 자신의 성기를 잡고 얼마나 빨리 손을 움직이는가 등에 대한 것이다. 그의 부모에게도 이러한 내용들이 전달되었고, 그들도 교사들의 의견에 동의했다. 교사들은 그 모든 것이 언제 시작되어야 하고, 그의 방에서 생활교사가 어떤 의도를 가지고 지도해야 하는가에 대한 내용들이 중재되었다. 그것은 가능한 한 공개적이어야 하고, 기관도 이 일에 동참해야 한다. 생활교사가 그를 세 번에 거쳐 지도하고 난 후에, 그는 스스로 자위행위를 성공할 수 있었고, 다른 사람의 어떤 도움도 더 이상 필요로 하지 않았다.

이 외에도 NVSH(성개혁을 위해 형성된 네덜란드 연합회)나 성인용품을 파는 가게에서도 자위행위에 도움을 줄 수 있는 성인용 물건들이 판매되고 있다.

자위행위에 대한 도움은 누구에게 받을 수 있는가?

앞에서의 사례는 지적장애인에게 자위행위의 기술적인 것을 가르쳐주는데 도움이 되었다. 그러나 우리가 한 번쯤은 지적장애인이 다른 사람의 도움을 통해서도 자위행위를 성공하지 못한다고 생각해 보자. 그렇다면 누가 도움을 줄 수 있는가? 이에 대한 의견들은 서로 다르고, 어쩌면 어느 누구도 이것에 대해 말하지 않을 것이다. 그러므로 시설장은 이 주제에 대해 분명한 지침을 정하여 명확한 태도를 취해야 한다고 생각된다.

시설에는 실제 지적장애인의 자위행위에 대한 성교육적 도움을 주거나 다른 사람의 성적 행동들을 지도하는데 아무런 문제가 없는 생활지도교사들이 있다. 그것은 다음의 진술내용이 분명하게 제시해 준다. "우리는 함께 옷을 벗었을 때 공동의 목적을 성취하게 된다."(Vink, 1983) 이 진술은 생활교사들이 지적장애인의 성영역에서 정기적으로 도움을 주는 것을 의미한다. 물론 과학적으로 증명된 것은 아니지만, 80년대 초와 현재의 생활교사들을 비교해 보면 지적장애인의 성적 위기에 도움을 주는 것은 예전보다는 그리 어려워하지 않는다는 인상을 받는다. 이것은 성폭력에 대한 많은 보도들과도 관계가 있으며, 이와 관련된 분명한 행동적 규범과도 연관이 있다고 여겨진다.

물론 그러한 지원을 기꺼이 실행하는 사람들도 있지만, 그렇지 않은 경우도 있는데, 이것은 장애인 시설에 어떤 분명한 규칙이 정해져 있지 않거나 또는 시설이 그러한 성교육 유형의 지원에 반대하기 때문이다. 또는 시설에 있는 주위사람들이(직원들, 교사들) 그러한 경우를 알게 되었을 때 어떻게 반응할지 정확히 알 수 없기 때문에 성교육지원을 뒤로 미루고 있을 수도 있다. 주위사람들은 익숙하지 않은 것에 대한 어려움을 가지고 있기 때문이다. "나는 기꺼이 도와주고 싶지만, 자신이 없다."

위 의견과 반대 입장에서 보면 많은 생활교사들은 지적장애인의 신체에 대해 어떤 성적 행동을 나타내지 않는 경우에는 어떤 의도이든지간에 이를 대신하는 대리적 위치에 있다. 우리는 생활교사로서 역할과 감정을 어떻게 구별해야 하는가? 우리의 행동은 어떤 감정들을 불러일으키는가? 우리는 자기만의 경계선을 어떻게 지켜야 하고 그리고 우리는 어떻게 '순수하게' 생각해야 하고 느껴야 하는가? 지적장애인에 대한 폭력은 우리가 그들과 함께 친밀한 관계를 맺고 신체적으로도 그들과 함께 친숙할 때 일어나지 않게 된다(제7.8절 참조). 한 생활교사는 최근에 들어 다음과 같은 말을 했다. "자위행위를 직접 도와준다구요? 우리는 지적장애인을 위해 성관련 물품을 팔지 않아요. 지적장애인은 그것을 다른 곳에서 사야 해요." 핵심 질문은 다음과 같다. "우리는 얼마나 성교육을 깊이 있게 하고 있으며, 지적장애인들과도 스킨십을 얼마나 하는가?"

그리고 지적장애인은 이러한 활동들을 얼마나 체험하고 있는가? 그들에게는 생활교사가 적응할 수 없는 그렇게 많은 유형의 성적 감정들은 일어나지 않는 것인가? 우리는 다른 사람에게 어떤 희망을 주고 있으며,

이는 우리와 어떻게 관련되어 일어나는가?

“가족들은 자위행위에 대해 어떻게 생각하는가? 이 주제는 부모나 가족들에게 그렇게 많은 관심을 가질 어떤 간단한 대화거리가 아니라는 것은 당연하다. 그러나 지적장애 남성이나 여성이 도움을 받는 것을 그들의 가족들이 원하지 않을 경우에 그리고 기관에서 이것에 대해 완전히 다른 의견을 가지고 있을 경우에는 어떻게 해야 하는가?”(Kiers, 1994) 그렇다면 지적장애인의 가족들은 특별히 이 주제에 대해 언급된 제8장을 주의 깊게 찾아보기 바란다.

이 주제는 매우 복잡한 주제이다. 어떠한 경우에도 지적장애인 관련 시설은 기본규칙을 위해 직원들에게 명료성과 명확성을 제시해야 한다고 여겨진다. 그리고 당연히 최대한 개방적인 태도를 배제시켜서는 안 된다. 이 외에도 사전에 이 영역에 대한 의혹이 있더라도 ‘자위행위에 대한 지원대책’은 직접적인 생활교사에 의해서가 아닌 제3자에 의해 진행되도록 하는 것이 바람직하다고 여겨진다. 마지막으로 언급하자면 이 주제를 다루게 되면 어쩌면 지켜야 하는 경계선을 넘어설 수도 있을 것이다. 예를 들면 세 사람 중의 하나는 파트너중개를 위한 네덜란드 협회(즉, 장애인을 위한 파트너중개협회)의 도우미가 도움을 주는 사람일 수도 있다. 제6.10절에서는 이러한 관점에 대해 더욱 상세하게 언급될 것이다. 또한 이 주제에 따른 몇 가지 궁금증에 대한 질문들이 제시될 것이다. 많은 질문들은 답하기 어렵거나 답을 주더라도 충분하지 않을 수 있으며, 어쩌면 우리는 이러한 질문들을 끌어안고 살아가는 것을 배워야 할지도 모른다.

6.8 이성관계

“사람들은 파트너의 한쪽이 외면된다고 느끼지 않도록 서로의 관계를 관리하고 가꾸어 나가는 것이 어렵다고 생각한다. 그렇다면 지적장애인의 경우는 어떠한가?” 종종 이 질문에 대한 이의가 제기되는데 그것은 바로 지적장애인이 통례상 사회능력이 결핍되어 있다는 의미이기도 하다. 그들은 아직 비장애인보다 자기중심적이며(ichbezogene), 이로 인해 그들은 자신의 감정, 체험 그리고 상대파트너가 바라는 것을 어떤 방식으로든 대처하는 것이 상당히 어렵다. “그렇다면 이들은 도대체 어떻게 해야 하는가?”, “그리고 왜?” 등에 대해 질문을 제기하는 사람들의 고민을 듣게 된다. 그리고 나면 “왜 그러지 않으면 안 되는가?”라는 반대질문이 제기된다. “우리가 지적장애인에게 갈등을 견디는 방법이나 양치질은 가르치면서, 그들이 욕구를 나타내고 이를 적절하게 충족시킬 수 있는 능력이 있음에도 불구하고, 그들에게 즐거움을 주는 이성관계를 어떻게 가꾸어 나가야 하는지에 대해서는 왜 안내하지 않는 것인가?” 그들에게 긍정적인 지원을 해 줌으로써 그들은 어려운 이성관계를 충족시킬 수 있는 것으로 받아들여질 것이다.

상호존중

사례

부카르트와 소냐는 지적장애인이다. 부카르트는 인지적·정서적으로 상당히 지체된 수준이며, 이로 인해서 이성관계에서 서로가 지켜야 할 경계선을 넘는 경우도 있다. (그는 말하기를, “무엇보다도 다른 사람들이 나를 잘 보호하고 돌보아 줄 경우에는 사람들과 잘 어울린다. 그리고 나면 나는 나의 인지능력을 그들에게서 시험해 볼 수 있다.”) 그는 30살임에도 불구하고 종종 어린아이처럼 답답하게 행동한다. 부카르트는 소냐를 좋아하고, 그는 자신의 불안한 의지력을 소냐에게 표출시키려는 엄청난 충동을 느낀다.

또한 소냐는 그를 매우 좋아하고, 두 사람은 서로가 연인으로 느낀다. 그들은 생활교사를 통해 성교육을 받았고, 그리고 그들은 성교육을 통해 성, 우정, 연인관계, 자위행위, 잠자리 갖는 것에 대한 모든 것을 경험했다.

생활교사들은 성교육을 위해 비디오테이프(Brongers, 1995; Klos/Hogeschool Nimwegen, 1994)와 "더 이상 아이를 원하지 않아요(Gen Kind meer)"라는 자료를 사용했다. 여기에 나온 문구를 인용해 보면, "함께 잠자리를 갖는 것은 성기를 질속에 넣어 사랑하는 것을 의미한다. 그것은 남성과 여성이 흥분하게 될 경우에 가능하다. 남성은 발기가 되고, 여성의 질은 축축해지며 클리토리스는 더욱 커진다. 두 사람이 좋은 느낌이 생기면 남성은 성기를 여성의 질속으로 삽입한다. 두 사람이 함께 움직이면, 오르가즘에 이르는 좋은 느낌이 생길 수 있다. 남성이 오르가즘을 얻게 되면 그의 성기로부터 정액이 나온다. 이 액체는 여성의 질 속으로 흘러간다. 여성이 오르가즘을 얻게 되면, 그녀는 질 안에 아주 좋은 느낌을 얻게 된다.

두 남녀는 동시에 오르가즘을 얻지 않을 수도 있다. 종종 남성이 성기를 질속에 삽입하기 이전에, 여성의 클리토리스를 쓰다듬을 경우에도 여성은 이미 오르가즘을 느낄 수도 있다. 그것은 그들이 함께 잠자리를 하게 되면 일어날 수도 있지만, 오르가즘을 느끼지 않을 수도 있거나 또는 둘 중의 한 사람만 그것을 경험할 수도 있다.

남성과 여성이 사랑을 나눌 때 종종 여성들은 고통을 느낄 수도 있다. 이것은 무엇보다도 여성의 질이 충분히 흥분되지 않아 질이 축축하지 않을 경우에 일어날 수 있다. 여성은 이럴 경우에 손가락에 침을 묻혀서 타액을 골고루 발라준다. 그리고 나면 여성의 질은 촉촉해진다. 그러나 직접적인 성관계와는 다른 방법으로도 사랑을 나눌 수도 있다. 예를 들면, 몸에 키스하거나 애무하기, 클리토리스나 가슴 또는 성기 애무하기. 이렇게 신체의 부분들을 애무하게 되면 오르가즘을 느낄 수 있다. 남성에게서는 이런 일이 종종 일어난다. 그러고 나면 남성의 성기로부터 정액이 배출된다. 그러나 여성은 오르가즘을 얻는지 어떤지를 겉으로는 알 수가 없다."

'함께 잠자리 갖기'라는 주제에 대해 비슷한 용어표현을 할 수도 있다. 우리는 상세한 그림, 사진이나 영화를 이용할 수 있다. 영화들은 성교육을 설명하는 매우 좋은 자료로 사용할 수 있는데, 그것은 언어능력의 추상적 사고수준능력이 필요하므로 지적장애인에게는 쉽게 오해로 이끌 수도 있다.

앞장에서는 지적장애인의 행동방식의 의미를 이해하는 것이 얼마나 중요한지에 대해 이미 언급되었다. 남녀가 사랑할 때 여성이 흥분하지 않는 것은 그녀가 단순히 사랑할 마음이 없거나(이럴 경우는 무조건 진지하게 수용해야 한다.) 또는 성관계에 대한 두려움이 있기 때문이다. 그러므로 우리는 이러한 경우에 그 원인을 찾아야 여성을 흥분시킬 수 있게 된다.

이성관계를 가꾸어 나갈 때에는 우정, 이성관계 그리고 잠자리 갖는 것 사이의 차이를 지적장애인에게 분명히 하도록 노력하는 것을 알려준다. 이 외에도 지적장애인과 서로의 경계선을 지키는 것에 대해서도 이야기를 나눈다. 누군가와 함께 잠자리를 가질 경우에는 정말로 서로 원해야 하고, 만약 그럴 기분이 아니거나 다른 것을 원할 경우에는 말로 표현해야 한다. 중요한 것은 다른 사람의 경계선을 지키고 존중하는 것이다. 모든 사람은 자기만의 개인적인 경계선이 있고, 이 경계선을 존중하는 것은 다른 사람을 동등한 가치를 지닌 인격체로서 존중하는 것을 의미한다.

사례 1

앞에서 언급되었던 부카르트와 소냐의 이야기를 다시 시작해 본다. 부카르트는 상당히 지배적이고, 그는 항상 자기 의지를 관철시키려고 하며, 그것은 성영역에서도 마찬가지이다. 소냐로서는 싫다고 말하는 것이 쉽지 않다. 그녀는 부카르트를 모욕하지만 그를 '최악의 상태'로 잃어버릴까봐 두려워하고 있다. (우리도 솔직히 말한다면, 얼마나 많이 이와 비슷하게 행동하는가?)

생활교사는 항상 서로가 존중해야 하고 다른 사람의 입장을 고려해야 하며(부카르트에게), 그리고 원하지 않을 때에는 '싫다'라고 말하는 것(소냐에게)을 배워야 한다고 그들과의 개별적인 대화를 통해 강조했다. 처음에는 많은 공동의 대화가 이루어졌고 함께 영화도 보았다. 이러한 대화의 결정적인 전달메시지는 '억압하지 않기'이며, 서로를 존중해야 한다는 것이었다.

사례 2

얀과 지나는 서로를 매우 좋아한다. 그들은 서로가 떨어지지 않고 붙어 있으며, 생활교사를 통한 성교육 후에도 마찬가지이다. 그들은 연인이고 소파에 앉아서 편안하게 서로에게 기대기도 한다. 그들은 자주 입맞춤을 하지만, 실제로는 그 이상은 시로가 원하지 않는다. 그러나 이들의 관계에서는 아무런 문제가 없다.

사례 3

또한 마르셀과 프리데리케도 연인이다. 이 두 사람은 함께 잠자리를 가지는 것을 좋아한다. 프리데리케는 물론 부모로부터 결혼 전에 조신하게 예의를 지켜야 한다는 것을 배웠다. 그녀의 부모생각으로는 성서말씀은 분명한 지침을 주는 것이며, 프리데리케가 이 지침들을 잘 지키는 것이 아름답다고 생각한다. 프리데리케는 이를 수용했으며, 그래서 그녀가 마르셀과 성관계를 가지기 전에 먼저 결혼하고 싶어 한다. 그리고 그 일은 실제로 이루어졌다.

사례 4

에바와 그녀의 부모는 부부가 되기 전의 성관계를 종교적인 이유로 반대한다. 그러나 그녀의 부모는 결혼에 대해서는 어떤 것도 경시하지 않는다. 또한 에바는 필요하지 않다고 생각하지만 그녀는 실제로 남자 친구인 페터와 기꺼이 잠자리를 갖고 싶어 한다(제8장에서는 부모의 역할에 대해 상세하게 언급될 것이다).

연인관계에 대한 관점

우리는 좋은 연인관계를 서로 이해하고 상대방의 감정에 관심을 가지고, 억압이 없는 이성관계라고 묘사할 수 있다. 지적장애인의 상대파트너가 (우정, 이성적 또는 성적) 어떤 형태의 방식으로 서로에게 이끌리는지에 대해 생활교사는 감을 잡아야 하고, 이것은 이들을 돌보고 보호하는 업무의 한 부분이다. 부카르트와 소냐의 경우도 생활교사의 과제이다. 우리는 부카르트에게 상대파트너인 소냐가 원하는 것과 경계선을 존중하는 것에 대해 가르치고, 소냐는 자신을 표현하기 위해 더 많이 노력하도록 안내해야 한다.

사례 1

마우데와 안톤은 연인관계이며, 안톤은 자신이 (성적) 원하는 것은 관철시킨다. 생활교사와의 대화에서 마우데는 남자 친구 안톤이 자신의 의지와는 관계없이 잠자리를 반복해서 가지려고 한다고 말했다. 마우데는 이로 인해서 긴장하고 두려워하고 있었다. 이러한 상황에서는 성폭력에 대해서도 의심해 볼 필요가 있다(제7장 참조). 우선적으로 생활교사는 상황을 살펴본 다음, 안톤에게 그가 원하는 것이 잘 진행되지 않을 때에 할 수 있는 다른 행동들을 가르치려고 노력했다. 마우데는 이로 인하여 그와의 관계를 끝내려고 한다. 그녀는 그와의 이별 생각으로 한동안 시간을 보냈다. 그녀에게는 이제 생활교사의 도움만 남았다.

사례 2

얀과 마틴은 모두 남성으로서 성적욕구를 가지고 있다. 그들은 함께 그룹 홈에 살고 있다. 그들은 정기적으로 잠자리를 같이 하고, 조심스럽게 교사팀에 의해 성교육을 받았다. 이 밖에도 성교육지원팀에서는 두 남성이 이러한 상황에 만족하는지 어떤지 또는 얀이 너무 많은 압박감을 느끼지는 않는지에 대한 질문들이 언급되었다. 가까이에서 보면(대화를 하고 마틴을 관찰하고 나서) 이 두 사람의 경우는 그렇지 않은 것으로 보인다. 이들의 모든 행동과 활동들은 어느 정도는 교육되어 있고, 그들의 성관련 행위는 사생활공간에서 이루어져야 한다는 것을 전제로 하고 있는 것이다.

6.9 콘돔과 피임법

임신이 되지 않게 하려면 임신을 예방하는 피임방법들을 알아야 하지만, 지적장애인이 아이를 원할 수도 있다. 이것은 다른 윤리적인 문제들에 부딪히게 된다. 하지만 이런 경우에는 지적장애인이 아이를 원하지 않을 경우로 가정해서 생각해 본다. 이러한 경우에는 다양한 피임방법들이 있다. 예를 들면, 먹는 피임약, 정기적인 주사투입 또는 불임수술 등. 원하지 않는 임신을 피하려는 걱정은 매우 클 수 있으며, 그것은 불임수술이 가장 효과적인 방법일 수도 있을 것이다.

그러나 그것은 정상적인 기능으로 다시 되돌릴 수 없는 영구적인 피임법이므로, 이러한 방법은 충분히 숙고해야 한다. 그리고 지적장애인, 부모 그리고 성교육팀의 의견도 고려되어야 한다.

복용하는 피임약은 호르몬의 부작용이 나타날 수 있으며, 지적장애인들이 복용하는 피임방법을 규칙적으로 사용할 수 있는지에 대해 숙고하는 것이 필요하다.

제6.2절에서는 성교육의 두 가지 사례에서 우리가 지적장애인에게 가능한 한 콘돔 사용 방법을 구체적으로 가르쳐야 한다는 것을 제시하였다. 지적장애인은 실제로 그것을 사용하는 방법을 경험할 수 있어야 한다. 이에 대한 구체적인 성교육은 죽음을 가져오는 에이즈나 다른 성병을 예방하기 위해 콘돔 사용이 필수적이라는 것을 실제적으로 실행하게 될 경우에 그 의미를 성취하게 된다.

에이즈

지적장애인은 성폭력의 피해자로 쉽게 노출되어 있다(제7장 참조). 이것은 에이즈를 일으키는 바이러스(HIV)가 있는 보균자로부터 성폭력이 일어나면 위험성은 더욱 높아진다. “누군가가 성폭력을 당하였고 콘돔이 사용되었다면 그 위험성은 실제적으로 낮게 된다. 지적장애인이 아니더라도 이러한 위험성에 대한 성교육이 제대로 이루어지지 않았다면, 콘돔 사용에 대한 인식은 부족할 것이다. 이에 대한 무지는 에이즈 감염의 위험이 있는 현대 사회에서 정말로 문제가 될 수 있으므로 콘돔 사용을 교육해야 한다."

비디오 필름 《너의 몸과 사랑》 그리고 사진자료 《더 이상 아이를 원하지 않아요》는 다행스럽게도 콘돔 사용법을 구체적인 비디오 자료를 통해 제시해 주고 있다. 비디오 필름 《안전하게 함께 사랑하기》는 콘돔 사용에 대한 상세한 정보들을 중재해 주고 있다(Klos-TV, 1991). 또한 사람들이 에이즈에 어떻게 감염될 수 있는지에(남성이 성관계를 가졌을 때 성기로부터 나오는 정액을 통해 감염) 대해 상세하게 설명하고 있다. 그리고 에이즈는 치료될 수 없다는 것도 제시해 준다. 이 영화는 콘돔 사용에 대해 매우 상세하게 제시하고 있으면서 동시에 성교육 자료로 활용될 수 있다. 자위행위, 성교, 성교의 유형 등과 같은 주제들은 안전을 위해 성교육의 마지막에 논의될 수 있다. 또한 이성관계의 다양성도 이야기되고, 실제로 다양한 사랑하는 연인들에 대한 사례들이 제시된다.

비디오를 보는 중간 시간에 다른 사람들과 함께 시청한 내용에 대해 이야기를 나누어 보고, 궁금한 것에 대해 질문하고 답해 보는 시간을 위해 비디오기기를 잠시 중단시킬 수도 있다. 이러한 과정에서 성관계시의 콘돔 사용이 얼마나 중요한지가 더욱 명확해진다. 비디오 필름에는 사람들이 콘돔을 얼마나 조심스럽게 사용하고, 사용 후에도 왜 조심스럽게 다루어야 하는지에 대해 자세하게 묘사되어 있다. 즉, 사용한 콘돔은 잘 봉하여 쓰레기통에 버려야 한다. 이것을 위해 우리는 인공적으로 만들어진 교육용 성기모형을 사용하여 교육할 수 있다.

영화들은 매우 재미있게 만들어진 것이고 부담으로부터 자유롭게 해 준다. 이 영화에서는 콘돔 사용에 대해 많은 것을 알고 있는 '콘돔전문가'가 등장한다. 그리고 어떠한 콘돔도 사용하는 것을 원하지 않으며, 그러한 방법을 사용하는 사람을 매우 어리석은 것으로 여기는 사람들도 등장하게 된다.

6.10 네덜란드의 파트너중개협회

네덜란드에서는 지적장애인들 중에 파트너중개협회(Stichting Alternatieve Relatiebemiddeling, SAR)를 이용하는 경우가 있다.

이 협회의 목적은 다음과 같다.

1. 성에 대한 서비스 중개하기
2. 사회에서의 지원 확대 준비를 위한 자치단체 발전시키기
3. 자체지원에 드는 비용의 구조적 재정기금 조달하기(Schreuder-Kniese, 1994).

"이 협회의 지원대상은 중증의 신체적 장애 또는 지적장애를 지닌 사람들이다."

"이 협회는 이성관계를 자율선택을 통해 제공하는 것을 분명하게 해야 한다는 의미에서 '가명'으로 한다."

"지원대상 장애인과 성지원 도우미는 서로 잘 이해해야 하는 관계를 유지하는 것이 이 협회 지원을 받기 위한 전제조건이다. 상호간의 우정관계 형성을 위해 방문하는 동안에 성적 접촉은 일어날 수 있으며, 원칙적으로 지원대상 장애인은 이에 대한 요청을 할 수 있다. 그러나 이러한 요구는 지원대상자의 욕구와 성지원 도우미가 원하는 것이 일치하는지의 각각의 상황에 의해 제한된다. 지원대상 장애인이 다른 성지원 도우미를 요청할 경우에는 그렇지 않아도 된다."

"지원과정은 장애인이 원하는 내용에 따라 진행되며, 과정 중에는 거의 불평이나 이견이 없어야 하며, 또한 이것은 성지원 도우미의 측면, 지원을 받는 사람이나 이를 지원해 주는 협회 관련 입장에서도 똑같이 적용된다."

저자는 이 협회에서 일하는 도우미사람들과 만남을 가진 적이 있다. 그녀의 이름은 마이케였다. 마이케는 몇 년 전부터 이 협회에서 성지원 도우미로 일하고 있으며, 그녀는 매우 헌신적인 마음으로 일하였고, 그녀에게는 많은 기쁨을 주는 일이었다. 그녀와의 대화 마지막에 마이케는 "이 일은 나를 변화시켰고, 나는 나 자신에 대해 긍정적으로 생각하게 되었고, 나의 몸을 더 잘 받아들이게 되었으며, 형식보다는 따뜻함에 대해 더 많은 것을 깨닫게 해 주었다. 나는 이 일에 매우 만족하고, 나 자신을 항상 장애인들과 함께 더 많이 발전시키게 되었다. 나는 또한 매우 인정받는 사람이 되었다."라고 말했다.

물론 이것은 마이케의 개인적인 입장에서의 이야기이다. 이 협회의 다른 도우미 동료들도 물론 개인 성격이나 개별적인 경계선에 따라 자기만의 이야기들을 가지고 있다. 마이케는 그녀가 지니고 있던 성에 대한 경계선이 상당히 변화하였다고 설명했다. "나는 지금까지 다양한 장애를 가진 사람들이 원하는 모든 것에 크게 노력하지 않고도 적절하게 적응할 수 있었다."

저자는 그녀가 이 직업을 가지게 된 배경에 대해 질문했다. 그리고 마이케가 어떻게 이 협회에 오게 되었는지에 대해서도 호기심이 일어났다. "나는 수 년 동안 장애인단체에서 생활교사로 일했었어요. 그리고 그 일은 너무 장애인들을 보호하는 일에만 집중하여 나를 지배하고 있는 구조적인 제도에 대해 화나게 만들었구요. 그리고 이 문제를 해결하게 되었지요. 그러한 것이 모든 장애인 기관들의 똑같지 않다는 것이었고, 나는 아주 놀랄 일을 체험하게 되었지요. 예를 들면, 내가 한 장애 노인의 잠자리를 도와주게 되었을 때, 그는 정기적으로 사정을 하였어요. 이 일은 사실은 사람들에게 전해져 매우 경멸적으로 이야기되었어요. 그러나 그 일은 사실이었지만, 사람들은 뒤에서 수군거리고 평가하였답니다. 내가 그것에 대해 이야기 했을 때, 내가 정상으로 받아들여지지 않았구요. 마이케는 기관에 있는 우리한테 화가 났다고 말했지요. 다른 사례로는 4살 때부터 장애인 기관에 살고 있는 약 20살 가량의 한 청년은 거의 옷을 입지 않은 여성의 멋진 포스터를 자기 방에 걸어놓았습니다. 그것에 대해 시설의 교사팀은 두 번의 교사 회의를 개체하였답니다." 마이케는 이것에 대해 완전히 분노한 것은 아니었다. "그리고 그 포스터는 사라지게 되었는데, 이것을 이해할 수 있나요? 나의 아이들도 그러한 포스터를 자기 방에 걸어놓고 있지요. 그것은 지극히 정상적인 일이에요!(마이케는 바로 사춘기에 들어선 4명의 아들을 두고 있었다.) 내가 무엇을 생각하는지 이해하세요? 장애인들의 정상적인 성에 대한 관심과 행동에 대해 너무 배려심이 적다는 겁니다."

그리고 그녀는 마지막으로 말하였다. "나는 이 사회의 구조 속에서 만족하지 못했고, 무엇인가 긍정적인 일이 일어나도록 이에 대항하여 방어할 수도 없었어요."

"즉, 내가 제대로 이해한다면, 우리 사회의 구조적인 부분에 대한 저항감으로 당신이 이 직업을 가지게 된 동기였나요?" 하고 나는 물었다. "그것이 가장 중요한 요인이었지만, 당연히 나는 그 일을 경제적인 이유로 하였어요." 우리 모두가 확신하는 것처럼 이 직업으로 사람들이 부유해질 수는 없는 일이다. "나는 그것으로 살아가야 했지요. 많은 사람들은 그것을 '몸을 파는 사랑'이라고 이야기를 하지요. 나는 그것이 말도 안 된다고 생각합니다. 생활교사와 간호사들은 경제적인 수입을 위해 일하게 됩니다. 나는 그들의 직업이 인간적인 따뜻함을 자신에게도 주기를 희망하고, 실제 그렇게 하는 사람들을 많이 알고 있어요. 그것은 자신에게는 만족감을, 다른 사람을 행복하게 한다는 성취감을 준답니다. 나에게 던져지는 소망들을 나는 채워나가는 것이지요. 이것이 나에게 충만감을 줍니다."

"마이케 당신은 이 일이 즐겁나요?"

"당연하지요. 나는 신체적으로 움직여 일하는 것이 정말 멋지다고 생각합니다. 이것 말고도 사랑과 따뜻함을 누구에게인가 선사할 수 있다는 것은 환상적인 일입니다."

'정상적인 이성관계'(협회 성지원 도우미의 이야기)

"해마다 나는 항상 장애인에게 더욱 끌리는 것을 느낀다. 그들은 자신의 행동을 나에게 맞추고 그리고 나의 행동은 그들에게 맞추는, 정확하게 말하자면 일반적인 이성관계와 같은 것이다. 그것은 또한 지적장애인과도 가능하며, 그것은 때로는 훨씬 더 쉬운 일이기도 하다. 나는 나만의 언어를 말하고 그리고 그들은 나를 이해한다. 그들에게 나는 단순한 모습으로 만나게 되고, 그들은 나를 자연스럽게 대한다.

지적장애인은 그들이 텔레비전, 영화와 포르노에서 본 장면들을 이야기하는 것을 매우 즐겨한다. 그리고 나면 그들이 생각하는 것은, '나도 그것을 해 볼 거야', 그리고 그들은 모든 가능한 설정들을 시도하려고 한다. 무엇보다도 자신의 삶에서 경험이 적은 남성 지적장애인의 경우가 더욱 그렇다. 그들은 자신이 할 수 있는 최선을 다하고, 모든 남성 지적장애인들은 지금까지의 몇 사람을 제외하고는 영화 장면의 여성들이 자신의 진짜 애인이 아니라는 것을 자신에게 합리화시키려고 한다. 나는 그들에게 온정과 사랑하는 마음이 직접적인 성관계보다도 더 아름답다는 것을 이야기해 준다. 현재 자신이 있는 위치가 가장 멋지고 정말 아름다운 것이다. 그러나 그것이 핵심은 아니다. 내 마음에 밀려오는 욕구만

이 가장 중요한 것은 아니다. 나는 그들에게 다른 중요한 일들을 즐길 수 있도록 중재시켜 준다. 편안하게 잠들기, 자기의 몸 전체를 쓰다듬어 보기, 자신을 다른 사람과 함께 나누기."

'두 사람을 위한 탐색여행'(협회 성지원 도우미의 이야기)

"나는 대부분의 장애인에게서 조금 당황하게 되는데, 그것은 아마도 첫 번째 만남에서 짧은 시간이지만 그들은 내가 왜 왔는지에 대해 정확하게 알고 있다. 그들은 상황을 빨리 파악하고, 나는 그들이 먼저 모든 것을 스스로 시도해 보도록 한다. 그리고 나면 우리는 함께 협력작업을 하게 되고, 근본적으로 우리 두 사람을 위한 탐색여행이 전부가 된다. 성적 지원을 받는 장애인은 모든 것을 탐색하려고 하고, 대부분 그들은 억압감을 거의 가지지 않는다. 대부분의 장애인은 심지어 여성의 질 내부가 어떻게 보이는지 나의 성기관을 살피기도 한다.

지적장애인의 많은 경우가 누군가와 잠자리를 가지려고 하는 것은 아니다. 내 경험으로는 많은 지적장애인이 스스로 성적 행위를 하려고 하지 않는다는 것이다. 이들 대부분은 누군가로부터 관심을 받거나 또는 다른 방법으로 만족감을 얻는 것을 아름답다고 생각한다. 그것이 성행위 자체는 아니다. 지적장애인은 성적 놀이를 좋아하지 않으며, 보호받고 있다는 것을 좋아하며, 무엇인가 함께 아름다운 것을 체험하는 것을 좋아하는데, 이것이 그들에게는 중요한 것이다. 한 사람은 단순히 내 품에 안기는 것을 좋아하고 그리고 다른 사람은 어린아이처럼 상대의 엄지손가락을 빠는 동안에 안겨 있기를 좋아한다. 중요한 것은 누군가가 있다는 것만으로도 욕구가 충족되고 그리고 이들은 자신을 표현하고 싶어 하는 기회를 얻은 것이다."

'억압하지 않기'(협회 성지원 도우미의 이야기)

"지적장애인의 대부분은 아직 어떤 성적 경험도 없으며, 그들은 그것에 익숙하지도 않으며, 누군가로부터 쓰다듬어 본 경험도 거의 없다. 나는 65세 된 지적장애 남성을 만나게 되었다. 그는 성에 대한 관심을 나타내는 것이 포르노 영화를 보는 것이었다. 그가 그러한 신호를 나타내면, 시설에서의 생활교사들에게는 바로 비상이 걸리게 된다. 우스운 일이지 않은가? 만약 젊은 남성이 성인영화를 보았다면 그것이 특별히 놀랄 새로운 일일까? 이러한 신호는 건강하다는 표현일 수도 있다. 이러한 사람들에게는 최소한 그들이 억압받지 않고 살고 있다는 것이다. 생활교사는 종종 장애인 누군가가 성인영화에 대해 그런 유형의 관심을 드러내게 된다면 끔찍한 반응을 할 것이다. 그러나 나의 경험으로 현실에서는 정확하게 그 반대이다. 대부분의 사람들은 바로 장애인들을 잘 통제하고 있기 때문이다. 내가 확신하건데 이해능력이 큰 사람일수록, 더 동물적이다."

깨달음

"경도 지적장애를 지닌 한 남성은 나에게 말했다. '당신이 특별히 나를 위해 온다는 것이 나에게 얼마나 중요한지에 대해 상상도 할 수 없을 겁니다.' 이 말은 나에게 매우 인상적으로 남아 있다. 그 남성은 오랫동안 울적해 했고, 다시 일어서려고 했다. 나는 다른 한 지적장애인에게서 우리의 관계에 항상 더 많은 애정이 존재한다는 것을 깨달았다. 그는 나에게 호의를 가지고 대하는 것을 배웠다. 이전에 그는 여성에게 손을 대는 것에도 엄청난 노력이 필요했고, 이제 그는 훨씬 더 예의바르게 행동한다. 지적장애인들은 이성관계를 가지는 것을 기뻐한다. 그것은 자신에게 누군가가 특별하다는 의미이기 때문이다.

이전에 다른 누군가에게는 분명히 불쾌하게 했음에도, 많은 사람들이 나에게는 잘 대해 주었다는 것을 알 수 있었다. 누군가가 불쾌함을 받아야 했다는 것은 정말로 안타까운 일이다! 내 경험으로는 많은 사람들은 욕구를 가지고 있고, 이 욕구는 장애인들에게 귀를 기울이게 될 때 최고점이 된다."

파트너중개협회가 풀어야 할 것은 유감스럽게도 다른 재정적인 부분이 그들이 제공하는 서비스보다도 더 크다는 것이다. 네덜란드의 장애인공동체시설들은 이 협회의 방문을 모두 시작했거나 또는 대부분이 그렇게 하고 있다. 그러나 이 협회를 위한 구조적인 사회적 지원은 없고, 서비스를 받는 장애인들에 대한 지원금도 전혀 없다(약 1/4시간에 70유로 정도이다). 그렇다고 유감스럽게도 지원받고 싶어 하는 모든 사람들이 그러한 성 도우미 지원을 받는 것은 아니라는 것이다.

6.11 포르노그라피

포르노그라피, 이것은 강도가 약한 것이든 강한 것이든 많은 사람들은 이것을 매우 수준 낮은 것으로 평가하지만, 비디오가게에서의 대출 횟수는 사람들이 이것에 대한 궁금증이 매우 크다는 것을 나타내 주고 있다. 많은 사람들은 특정한 방식으로 성을 체험하기 위해 매우 흥분시키고 자극시킬 수 있는 포르노 영화를 본다. 이것은 대부분의 지적장애인의 경우에도 마찬가지이다.

제5.4절에서 발터와 프랑크의 이야기가 언급되었다. 발터는 모든 성적 자극들을 품고 있었지만, 그것을 발산하는 방법을 잘 몰랐다. 발터와 그의 주변환경에서는 그를 지원하였다. 발터와는 반대로 프랑크는 그가 지원을 받게 되면 그는 성적 자극들에 대해 책임감 있게 잘 통제하였다. 그래서 생활교사들은 성교육내용을 너무 제한시켜 실행하지 않아야 한다. 성교육에서 포르노그라피를 다루는 것은 개별적인 개체와 그의 사회적 생활범위에서 (불)가능한 것에 따라 다루어져야 한다.

이것은 우리가 지적장애인들과 함께 포르노 영화를 볼 수 있어야 한다는 것을 의미하고, 그리고 위험한 상황에 대해서도 보호되어져야 함을 의미하며, 우리는 이 모험을 감행해야 한다. "지적장애인들은 에로장면과 성교장면이 나오는 영화를 본다. 그것은 무엇 때문에 하는 행위인지에 대해 이야기하고 설명하는 것은 네덜란드의 Rutger협회가 항상 중요하게 강조하는 것이다."

왜 그럴까? 그것은 우리가 종종 생활교사로서 지적장애인들이 관람했던 포르노 장면들을 적절하게 끊어서 설명해 주고, 그들에게 이상한 상상이 일어나지 않도록 책임을 갖고 있기 때문인가?

지적장애인이 시청한 장면들은 어떤 측면에서 그들을 일깨우는가? 그가 이성과 연인관계에 있든 아니든 간에 관계없이 자신의 성과 이성에 대해 그가 상상하는 모습들에 어느 정도 영향을 미치는가? 어떤 사람은 포르노그라피를 긍정적으로 경험하게 되고, 어떤 사람은 그렇지 않다. 대부분의 지적장애인은 현실에 대한 허구를 구별할 수 있으며("나는 포르노그라피를 적절한 방식으로 건강하게 욕구를 만족시키기 위해 사용한다."), 일부 다른 지적장애인들은 허구와 현실이 같은 것으로 받아들인다("나는 주위환경에서 일어나고 있는 일들을 영화 장면들을 통해서 간접적으로 전달받는다."). 이것은 지적장애인에게 부정적으로 작용할 수 있는데, 그것은 여성 또는 남성은 그들이 원하면 언제든지 빨리 차지할 수 있다는 인상을 받을 수 있기 때문이다(이것은 여성 또는 남성이 단지 흥미 목적으로만 여겨지는 것에 대한 인상을 의미한다). 또한 지적장애인은 가장 작은 암시에도 항상 곧바로 다른 사람들과 잠자리를 원한다고 생각할 수도 있다. 이러한 상상에 대한 인식을 올바르게 심어 주기 위해서는 성교육의 실제적인 요소들로 이루어져야 한다.

사례 1

카알은 가끔씩 포르노 영화를 보는데, 그는 그것을 오로지 자기

방에서만 허용된다는 것을 잘 알고 있다. 영화 장면들은 그를 흥분시키고, 그것은 그가 가능한 한 편안하게 자기 방에서 자위행위를 하는 데 도움이 된다.

어떤 사람들은 포르노그라피 없이는 더 이상 살 수가 없을 정도로 완전히 빠져 있는 것이다. 이러한 행동은 무엇을 의미하는가? 그것은 지적장애인에게 어떤 역할을 하는 것일까? 우리는 이에 대한 근본적인 배경을 탐색해 보아야 한다.

사례 2

마르셀은 휴식시간에도 지속해서 포르노 영화를 시청한다. 그에게 이것은 무엇을 의미하는가? 교사팀에서 이 의문들이 언급되었다. 한 생활교사는 누군가 그것을 원하게 될 경우나 그것에 대해 흥미를 가질 경우에 우리는 그것을 방해할 수는 없다고 말했다. 지적장애인의 성 관련 체험은 결국 중요한 핵심 주제가 되고, 마르셀은 자신에게나 다른 사람에게도 해를 끼치지 않는다는 것이다. 그렇지만 다른 교사는 마르셀의 이러한 행동이 얼마나 심하게 나타나는지, 순간적으로 일어나는 것인지 어떤지에 대해 질문했다. 그는 항상 어떻게 해서든지 자신의 인식과 관련된 모든 것에 대해 매우 집중하고 있다. 그는 자기의 주위환경을 더 이상 수용하지 않고 있으며 성적 영역에서 완전히 이성을 잃어버리고 있다. 또한 다른 지적장애인 동료들과의 관계도 거부되고 있다고 했다. 한 인간은 단순히 성적 존재 그 이상이 아닌가? 개인을 강제적으로 방해하는 것처럼 우리는 경계선을 긋고, 교사들은 기관의 목적과 제도안에서 일이 처리되는 것을 인식하는 것이 중요하다고 언급한다. 마르셀과 대화를 하고 난 후에 그가 집중해 있는 성적 행동들에 대해 성교육적 중재가 이루어졌다. 그는 다시 정기적으로 다른 활동들에 참여하게 되었다.

포르노 영화 시청 여부는 지적장애인의 사생활에 속한다. 그러한 행동 자체 또는 그들의 이성친구와 함께 자신의 개인 공간인 방에서 그러한 행동을 해야 하고, 공동으로 사용하는 거실에서는 그러한 행동을 하는 것이 아니라는 것을 생활교사들이 지적장애인들에게 성교육에서 해야 한다고 본다. 그리고 나면 성적인 위험한 상황에 대해 어떻게 방어하고, 어떻게 자신의 모습을 가꾸어갈 수 있는지에 대해 이야기해 볼 수 있다.

6.12 '개방'의 의미

첫 번째 인용문

"성에 대한 지원과 성교육은 많은 기관에서 아직 큰 문제로 나타난다. 사랑과 성에 대해 개방적으로 이야기하는 것은 기관과 많은 교사들에게 아직 터부시되고 있다. 모든 생활교사들은 실제로 그것에 대해 이야기하려고 하고, 그것도 아주 개방적으로 하고 싶어 하지만, 그것은 겉으로만 맴돌게 된다."(Vink, 1991)

두 번째 인용문

"성과 같은 어려운 주제를 대화로 이끌어 내기 위해서는 다른 사람의 규범과 가치를 알고 배우려는 시도가 그룹 홈이나 장애인 기관에서는 매우 중요하다. 그러나 대부분의 기관에서는 이러한 일이 일어나지 않는다. 만약 성에 대한 대화가 이루어진다면, 성과 관련된 문제들을 더 이상 비밀로 감추지 않게 된다. 폭력이나, 성폭력, 근친상간, 공적인 장소에서의 자위행위 등. 그리고 나면 이 문제들의 해결책에 대해 주도적으로 이야기를 나누게 된다. 시설의 그룹리더의 규범이나 가치 기준은 논할 거리가 될 수 없으며, 그들이 지적장애인을 돌보는데 가장 큰 역할을 할 수 있는 개인적 경험들은 더 이상 중요한 것이 아니다. 또한 성의 아름다운 측면도 다루어지고, 지적장애인의 담당교사가 지적장애인에 대해 가질 수 있는 혼란스러운 성적 감정들도 그만큼 다루지 않아도 된다."(ebd.)

지적장애인들이 비장애인의 행동에 의존하고 있다는 관점은 슬픈 표현이다. 생활교사는 성과 성교육에 대해 개방하여 실행해야 한다. "성교육은 지적장애인을 위한 하나의 가능성이라고 본다. 장애인 관련 현장에서는 생활교사들이 이들에게 적절하게 그리고 당연히 성교육을 할 수 있도록 자기 그늘에서 나와야 한다고 본다. 이것은 종종 경계선에 대한 질문으로 언급되기도 한다. 우리 각자가 가지고 있는 경계하는 마음은 변해야 한다. 이것은 지적장애인이 원하는 것이기도 하고, 그리고 그들 스스로 변하는 것에 대한 권리를 가지고 있다."(Bosch, 2000)

제6.3절에서는 이미 성교육의 상황에서 지적장애인들에게 방향을 안내를 하기 위해 대화를 전문적이고 편안하게 이끌 수 있는 촉매역할교사를 활용하는 것이 얼마나 실제적이고 중요한지에 대해 제시했다. 우리가 속해 있는 문화는 잠재되어 있는 소망들을 일상 속에서 지원 요청하고 그것에 반응할 수 있도록 변화해야 한다.

성교육은 명확한 관련 범위에서 이루어져야 한다.

성교육을 개방적으로 하기 위해서는 배려하는 마음을 인식해야 한다. 그것은 장애인 기관에서 실행해야 하는 성교육 지도내용 영역의 중요한 과제이다. 기관의 운영자는 성교육에 따르는 개방된 공간을 마련해야 하고, 이것은 지적장애인의 권리이기도 하다. 성교육 실행은 지적장애인의 성과 이성관계와 분명하게 관련된 범위에서 이루어져야 한다. 이것은 큰 책임감이고 그리고 모든 것을 다른 사람에게 의지하고 있는 지적장애인에 대한 명확한 인식을 필요로 하는 일이다. 우리는 이와 관련된 범위에 따르는 폭넓은 기초를 마련해야 한다. "결국 생활교사, 시설장, 가족구성원들, 그룹책임교사 그리고 모든 다른 사람들이 공동의 책임자 범위에 속하게 된다. 우리는 인식변화와 발전을 위해 충분한 시간적 여유를 가져야 하는데, 이것은 관련된 모든 사람들의 질적인 부분이 지적장애인과의 만남에 맞추어져야 하기 때문이다."(Bosch, 1994c) 우리가 공동으로 성교육의 모든 과정에 대해 충분히 숙고하였고 그리고 이에 동참하였다면, 우리는 이후에도 이와 관련된 사항들을 수용할 수 있게 된다.

성교육 지도영역은 관련 범위가 제한된다는 것에 대해서도 고려해야 한다. 성교육은 이미 계획된 방향에 맞추기 위해서는 필요할 경우에, 정기적으로 실행하는 것을 통제하고 평가해야 한다.

성과 이성관계 영역에 따른 성교육 진행방법들에 대한 관련 범위들을 성취하기 위한 성교육 지도가 소홀하게 되었을 경우에는, 생활교사들은 자주 성교육 관련 주제에 대해 침묵하게 되고, 이것으로 인해 많은 괴로운 일들이 일어날 수도 있다.

성과 이성관계에 대한 성교육 실행을 개방하는 것은 성폭력의 위험을 최소화시키기 위한 필수적인 전제조건이다. 이 주제는 다음 장에서 더욱 상세하게 다루어질 것이다.

6.13 토론주제

1. 지적장애인과 관련 기관의 생활교사나 특수교육교사는 어느 정도는 자신이 가지고 있는 긍정적인 신체상을 그들에게 신뢰하는 사람에게 중재시켜 준다(성교육은 내면적인 행동이다). 당신

은 토론그룹에서 성과 이성관계에 대해 어떻게 교육받았는지를 이야기해 보고, 지적장애인은 이를 어떻게 느끼는지를 이야기해 본다. 당신은 또한 사춘기 때 얼마나 많은 배려를 받았는지에 대해서도 이야기해 본다.

2. 베른트는 장애인 그룹 홈에서 살고 있다. 그는 종종 성적으로 흥분하지만 혼자서는 자위행위를 할 수 없다. 당신이 속해 있는 성교육 교사팀은 그가 이에 대해 만족감을 얻을 수 있도록 도와주는데 책임을 가지고 있다. 당신은 어떻게 반응하겠는가?
3. 당신이 성교육을 한다면 몇 살 때 그리고 어떤 발달단계에서 시작하겠는가?
4. 당신이 성교육을 할 때 사용할 용어에 대해 이야기해 본다. 당신은 어떤 용어를 사용할 것이며, 그 이유는 무엇인가?
5. 당신은 네덜란드의 '파트너중개협회' 활동에 대해 어떻게 생각하는가? 당신은 이 협회의 도우미로 일할 수 있다고 생각하는가?

   한 남성 생활교사는 다음과 같이 언급하였다. "신체적으로 나누는 것이 무엇인지, 다른 사람과 성적인 것을 체험하는 것이 무슨 의미인지를 이들에게 가르쳐 주기 위해서는 이러한 활동들은 더 많이 더 자주 일어나야 한다. 이를 통해서 지적장애인들은 자기 몸에 대해 더 잘 알게 되고, 이를 배우게 된다. 그것이 바로 순수한 성교육이다!"

   당신은 이 의견에 동의하는가?
6. 당신은 제시된 문장에 대해 생각해 본다:

   "포르노그라피는 사람들(지적장애인도)에게 있어서 하나의 긍정적인 삶의 활력소가 될 수 있다."

7. 다른 논의주제

   "지적장애인의 성과 이성관계에 대한 주제를 다루어야 할 경우에는 실제 이들과 함께 생활하고 있는 현장에서는 이 주제를 개방하는데 매우 인색하다. 그러므로 우리 교사들은 그저 가만히 있을 수밖에 없다. 당신은 이 논제에 동의하는가?"

8. 에릭과 마틸데는 그룹 홈에서 살고 있다. 최근에 그들은 서로 간에 매우 많은 만남과 접촉이 있었고, 그것은 그들이 이미 신체적으로 서로 매우 끌리고 있다는 것을 의미한다. 그렇지만 그들은 아직 한 번도 성교육을 받은 적이 없다. 당신은 이들과 함께 단계적인 성교육 프로그램을 만들어 본다. 당신은 그들의 부모에게 연락하여 성교육의 목적과 이 프로그램의 내용을 설명한다.

9. 베른트(제6.5.4절 참조)가 지닌 규범과 가치가 바로 성교육 교사팀의 토론에서는 핵심 주제이다. 이 토론의 장에는 기관장, 두 명의 생활교사, 치료교사 그리고 베른트의 부모들이 참석하게 된다. 당신은 기관장으로서 참여자들 간의 동의를 구하고자 노력한다. 토론의 마지막에는 베른트를 위해 성교육이 어떻게 실행되어야 하고, 누가 어떤 일을 맡아야 하고, 왜 그렇게 해야 하는지에 대한 내용들이 명확하게 제시되어야 한다. 나중에는 적절한 시점에서 베른트도 자기 의견에 대해 질문을 받을 수 있을 정도로 토론의 장에 참여시킨다.

제 7 장

성폭력

7.1 개요: 성폭력은 정말 존재하는가?

대부분의 사람들은 성폭력이 실제로 일어난다는 것에 대해 거의 상상할 수 없는 일이라고 생각한다. 특히 지적장애인에 대한 성폭력은 거의 생각조차 할 수 없는 일이다. 대중매체가 이 주제에 대하여 점점 더 강도 있게 다룬다 하더라도 사람들의 이러한 일반적인 인식은 더 크게 자리 잡혀 있다. 한 상담사는 이 주제에 대하여 언급하기를 "대부분의 사람들이 상상조차 하지 못하고 있는 것이 바로 문제이다. 정말로 성폭력은 끔찍하기 때문에 우리 사회는 그 사실을 부인하려고 한다. 하지만 내가 실제로 상담을 통해 경험한 바로는, 이것이 더 이상 놀랄 일이 되어서는 안 된다는 것을 강조하고 싶다. 예를 들어, 불과 몇 개월밖에 안 된 어린 아기는 구강을 통해 쾌락의 성욕구를 충족시키려 했던 한 남자에 의해 성폭력을 당했었다. 내가 더욱 충격을 받은 것은 지적장애아의 부모들이 자신의 장애자녀를 성폭력하는 것 또한 더 이상 상상 못할 일만은 아니라는 것이다."(Smit, 1990)

성폭력은 우리가 생각하는 것보다 훨씬 많이 일어나고 있다. 저자는 장애인 기관에서 생활하고 있는 지적장애인의 반 이상이 성적 노리개의 대상이 되었던 한 장애인 시설에 대해서 알고 있다. 먼저 우리 자신이 성폭력을 당했다고 상상해 보자(왜냐하면 우리 대부분은 성폭력이 다른 사람에게만 일어난다고 생각하기 때문이다).

지적장애인의 성폭력에 대한 연구보고서 「성폭력의 발생범위, 성폭력의 형태 그리고 예방대책」(Van Berlo, 1995)에 대해 연구 발표한 네덜란드 성연구소의 연구 결과는 끔찍하고 매우 인상적이었다.

성폭력에 대한 통계 결과는 다음 사항들을 명확하게 증명했다. 성폭력의 범위와 관련 사항들은 다음과 같은 결과로 나타났다. "연구에 참여한 참가자들은 지난 2년 동안에 지적장애인의 1~2%가 성폭력의 피해자로 나타났고, 이들의 1~3%가 성폭력 피해의혹을 보였다. 이를 장애인 시설에서 살고 있는 지적장애인의 전체 수에 대해 환산해 보면 지난 2년 동안에 약 1,100명의 지적장애인이 성폭력 피해를 당했으며, 약 1,200명이 성폭력 피해의혹이 있다는 것이다. 성폭력 피해자의 4/5는 여성들이며, 가해자는 거의 남성들로 나타났다. 피해자의 연령층은 17세에서 30세가 가장 많았다. 대부분의 피해자는 경도 또는 중도의 지적장애가 있었다. 그렇다면 중증의 지적장애인에 대한 성폭력은 일어나지 않은 것인지 또는 중증 지적장애인에게서 성폭력의 발생여부가 발견되지 않은 것인지에 대해 의심해 보아야 한다. 성폭력의 가해자는 무엇보다도 다른 동료 지적장애인, 시설에 종사하고 있는 사람들 그리고 적은 수치이지만 교사로 나타났다. 그리고 성폭력의 그 다음 가해자들은 그 지역에 살고 있는 일반 주민이나 술집 손님들로 나타났다."(Van Berlo, 1995)

장애인 기관에서 살고 있는 장애인이(남성이든 여성이든) 성폭력을 당했다는 것이 확인되면, 그것은 엄청나게 많은 감정들과 질문들을 일으키게 된다. 어떻게 그런 일이 일어날 수 있었던가? 더욱이 그 가해자가 바로 같은 곳에 살고 있는 동료라고 생각해 보자. 경악과 분노, 불쾌감, 끔찍함, 부정하고 싶은 심정, 증오심, 불신과 다른 복잡한 감정들이 일어난다. 우리가 지금까지 따뜻함을 나누고, 친숙하고, 성(性)과 죽음과 같은 지극히 사적인 것에 대한 모든 것을 함께 이야기를 나누었고, 우리가 믿었던 그런 동료가 어떻게 그런 일을 할 수 있다는 것인가? 물론 피해자도 상당히 끔찍한 충격을 받았을 것이다. 우리는 과연 그들을 어떻게 대해야 하고 그리고 피해자의 부모는 어떻게 대해야 하는가?

이러한 것들은 '성폭력'이라는 주제에서 제기할 수 있는 단순한 몇 가지 질문들이다. 그러나 이 질문들의 몇 가지는 반드시 언급되어져야 한다. 그러므로 이 장에서는 저자가 지적장애인들을 돌보아야 했던 씁쓸한 경험들과, 이 주제에 대해 선별한 참고도서들을 부가적으로 제시하려고 한다.

제7.3절에서 '성폭력의 개념'에 대해 언급하기 전에 제7.2절에서는 아직도 이 주제가 터부시되고 있는 현실에 대해 언급하려고 한다. 또한 '침묵의 공모'에 대해 언급하고, 특히 지적장애인이 성폭력의 '전형적인 피해자'라는 것에 대해 기술하려고 한다. 또한 이것은 성폭력에 대한 복종의 갈등이라는 관점에서 논의될 것이다. 그리고 제7.3절에서는 성폭력의 전조현상에 따른 '성폭력의 개념과 암시적 신호'에 대해 언급하게 될 것이다.

마지막으로 성폭력 피해자에 대한 보호(제7.4절)와 성폭력 피해자에 대한 조치(제7.5절)에 대해 언급될 것이다. 제7.6절에서는 생활교사팀에서 해야 할 과제에 대해 다루게 될 것이며, 제7.7절에서는 피해자의 부모에 대한 보호와 조치에 대해 기술된다.

지적장애인과 함께 하는 동안에 생활교사와 그들 간의 관계는 점점 친숙해지고, 사적인 상황으로 이어질 수 있다. 가끔씩 스킨십과 신체적인 영역의 신뢰 있는 행동들은 상호간의 관계를 발전시키는데 중요한 역할을 한다. 그렇다면 생활교사로서 우리는 어떻게 이 주제를 다루어야 하는가? 이 질문들과 관련하여 우리의 경계선을 지키고 이를 다루는 것에 대해서는 제7.8절에서 기술될 것이다.

제7.9절에서는 성교육에 대한 의미가 다루어질 것이다. 성교육을 통해 지적장애인이 마음의 문을 열고, 그들이 받게 되는 고통을 감소시킬 수 있다. 제7.10절에서는 장애인 기관에서 성폭력을 다루는데 있어서 명확한 성교육 지침들이 얼마나 중요한지에 대해 언급될 것이다. 성폭력의 사례에서 이에 대한 철저한 성교육 실행은 성폭력 발생을 질적으로 보호하기 위한 필수불가결한 도구이다. 제7.11절에서는 성폭력에 대한 주제토론이 이어지고, 이에 대한 질문과 관심을 줄 수 있는 주제 토론의 장이 기술된다.

7.2 침묵의 공모

많은 사람들에게는 성에 대해 언급한다는 것이 쉽지 않은 일이다. 하물며 성폭력에 대해 그리고 바로 지적장애인에 대한 성폭력에 대해 말한다는 것은 매우 어려운 일이다. 이것은 폭력을 언급하기 어려운 주제로 만들기도 한다. 그러므로 오로지 성폭력에 대해 공개하고 개방하는 것만이 이 주제를 언급하는데 도움이 될 수 있다. 만약에 당신이 일하고 있는 곳에서 생활하고 있는 지적장애인이 성폭력을 당했다는 의혹이 있다고 상상해 보자. 그러면 당신은 이것을 언급할 수 있는가? 그것은 일반적으로 개인의 성격과 직장분위기에 따라 매우 좌우될 수 있다. 사람들은 '**침묵의 공모**(conspiracy of silence)'에 대해 이야기할 수 있는가?

"이것은 폭력을 행사한 동료를 보호하기 위해 폭력의 의혹이 있어도 발설하지 못하는 동료우정에 대해 이탈적인 형태의 모습이다. 그러므로 동료우정을 깨뜨리기가 매우 어려워 성폭력발설을 숨기는 것을 자기 의지와는 관계없이 침묵의 '공모'를 하게 된다. 우리는 성폭력에 대해 안내할 때 주의해야 하는 것은 이 주제가 직원들의 매우 중요한 과제라는 것을 잊어서는 안 된다. 장애인 시설에서는 성폭력과 관련하여 사건이 발생하였을 경우에는 반드시 신고할 의무를 가지도록 지침을 마련해야 하고, 우연하게 접한 성폭력 발생의 의혹적인 암시적 신호는 항상 기관에 보고될 수 있도록 명확하게 지침을 정하여 실행해야 한다. 이 규정을 따르지 않는 것을 허용해서는 안 되며, 성폭력의 의심을 말했던 동료는 어떠한 죄책감이나 부당한 이익이 없도록 해야 한다." 이 부분에 대해서는 제7.10절에서 언급될 것이다.

우리는 성폭력이라는 주제에 대해 어느 정도로 개방적인가? 아직도 '가장 가까운 사랑의 가운으로 덮어주기'의 시설들이 얼마나 많이 존재하고 있으며, 무엇보다도 어떤 더러운 옷도 빨아서는 안 되는 것인가? "바로 우리에게 그러한 일들이 일어나지 않는다."라는 태도는 우리 자신을 다치게 할 수 있으므로, 성폭력에 대해 개방하여 이야기 할 수 있게 됨으로써 장애인 시설의 질을 높이고, 가능한 한 성폭력 범죄의 반복적인 발생을 예방할 수 있도록 해야 한다.

전형적인 성폭력의 피해자

성교육에서 개방적인 태도는 매우 중요한데, 이것은 지적장애인이 성적 침해의 '가장 전형적인 피해자'가 될 수 있기 때문이다. 그러므로 '침묵의 공모'는 더욱 좋지 않은 것으로 보여진다. 지적장애인은 비장애인이나 다른 장애를 지닌 사람들보다도 더 많이 성폭력의 피해자가 된다. 이러한 배경에는 다양한 요인들이 관련되어 있다.

지적장애인은 크든 작든 간에 그들의 담당교사, 돌보아 주는 사람 그리고 생활교사들에게 의존하고 있다. 그들은 장애로 인해 성폭력에 대해 인식하지 못하고, 스스로 자신의 주위환경을 인지하는데 어려움이 있다. 종종 그들은 자기 신체에 대해 인식하지 못하고, 자신이 어디에 속해 있는지 그리고 자신에게 속하지 않은 것은 무엇인지에 대해 정확하게 인식하지 못한다(성교육의 중요성에 대한 의미!). 지적장애인들은 더 쉽게 상처받고, 비교적 자신감이 없는 것으로 보여지고, 사회적으로 고립되어 있다.

우리는 일반적으로 지적장애인의 의존성에 대해 이야기해 볼 수 있다. 그들의 주위환경은 그것이 올바른 것이든 아니든 간에 많은 것들이 그들을 대신하여 결정된다. 이것을 통해서 비장애인보다도 더 많이 지적장애인에게 권력들이 행사될 수 있다. 생활교사들은 지적장애인들이 잠자리에 들 때, 목욕할 때 그리고 정말로 아주 사적이고 개인적인 다양한 상황에서 필요할 때에는 그들을 지원해 준다. 사람들은 그러한 상황에서 더욱 가까워지게 되고, 개인적이고 사적인 순간을 함께 나누게 된다. 그것은 지극히 정상적인 일이며, 이것은 상호간의 신뢰를 통해 드러나는 관계에서는 그러한 것을 기대하기 때문이다. 편안하고 진실한 관계는 자기 신뢰감을 형성하고 내면적으로 성장하는데 필수적인 요소이다. 지적장애인이 안전하게 느끼기 위해서는 신뢰감이 필요하고, 다른 일들에 헌신하고 스스로를 발전시키기 위해서는 안전한 느낌을 갖는 것은 필수적인 요소이다. 그러나 이러한 신뢰하는 관계에서도 폭력은 일어날 수 있다. 폭력을 시도하는 가능성들은 가까이에 있는 것이다.

이 외에도 "지적장애인이 많은 생활교사들과 함께 한다는 것은 단점을 가져올 수 있다. 지적장애인의 삶은 대부분이 그들의 일상적인 생활의 '단편'만 보고 있는 생활교사를 통해서 호기심들이 일어난다. 요약하면, 지적장애인들은 상처받을 수 있는 그룹이다!"(Olde Loohuis, 1994)

상처받는 것과 의존성은 일반적으로 지적장애인의 의사소통방식이 신체적인 행위중심으로 집중되어 있기 때문이다. 그들은 일반적으로 더욱 자연스럽게 행동하고, 우리보다도 일상생활에서의 언어적인 표현에 약하며, 더욱 신체적인 영역에 의존성과 애착을 나타낸다.

사례 1

25살의 예쁜 외모를 가진 마리아는 장애인복지기관에 살고 있다. 그녀는 가끔씩 생활교사인 요한의 무릎 위에 앉기도 한다. 요한은 마리아가 신뢰하지 않는 사람들과는 다르게 그녀가 유일하게 믿는 사람 중의 한 사람이다. 그녀는 요한의 몸에 바짝 붙어서 그에게서 편안하고 안정감을 느낀다.

사례 2

아니카는 사람들의 목에 매달리는 경향이 있다. 아니카는 그녀의 부모, 생활교사, 우체부 그리고 창문 청소부에게까지 상당히 즉흥적으로 행동하는데, 그것은 그녀가 말로 표현할 수 없기 때문에 많은 것을 신체적인 언어로 표현하는 것이다.

신체로 표현하는 것은 정확하게 무엇을 표현하려는 것일까? 이러한 행동이 나타나는 환경에서는 무엇을 추측할 수 있으며 그리고 이러한 행동은 주위환경에서 어떤 느낌을 갖게 하는가? 대부분의 이러한 신체적인 외형적 표현들은 다음의 사항들에 대한 신호이다. "나는 보호받고 싶어요." "나는 너를 좋아해." "나는 너와 함께 장난치며 노는 것을 좋아해." "이것은 너의 관심을 끌기 위한 나만의 방식이야."

그러나 주위환경에서도 지적장애인들처럼 그렇게 이해하는가? 가끔씩 그러한 표현들이 의미하는 것은 다음과 같이 이해된다. "난 너에게 매우 관심을 가지고 있어." "난 너를 사귀고 싶어." 그렇다면 주위에서는 어떻게 반응하는가? 언제나 나타나는 반응들처럼 이러한 방식으로 의사소통하는 것은 지적장애인들에게 더 큰 상처만 주게 된다.

복종에 대한 갈등

어린이들(장애 정도에 관계없이)에게는 부모의 사랑과 양육이 매우 중요하다. "우리는 자기 부모와 충돌하지 않으려고 하고, 부모를 탓하지도 않는다. 우리에게 부모가 없었다면 어떤 일이 일어날까? 그렇다면 우리는 따뜻함과 안정감을 그리워할 것이다."(Olde Loohuis, 1994) 권력과 사랑 이 두 가지가 얼마나 중요한지를 언급하였다.

학대경험이 없는 어린이가 학대받은 어린이들보다 부모에게 무조건 복종하지 않는다는 것은 임상학적으로 드러난 사실이다. 그것은 '나쁜' 부모에 의해 '나쁜' 자녀가 되는 것은 전혀 아무런 존재가 아닌 것보다 더 나으므로 복종한다라는 의미를 내포하고 있다. 우리의 주위환경은 오해할 여지가 없는 이 엄청난 자녀의 충성과 복종을 학대하고, 이것은 다시 권력을 휘두르는 위협으로 굳어진다.

사례

> 로버트는 약 1년간 장애인 그룹 홈에서 두 여성을 성폭력했다. 그는 이들 중 한 여성에게 정기적으로 그들이 무엇을 했는지에 대해 발설해서는 안 된다는 것을 위협적으로 말했다. 로버트는 이미 결혼했었고, 두 명의 자녀를 두고 있었다. "내가 나의 아이들에게 외면당한다고 한 번 상상해 보아라. 그렇다면 그들에게 그리고 나에게 어떤 일이 일어나겠는가?"

7.3 성폭력의 개념과 암시적 신호

우리는 '권력'의 정의를 앞에서 언급하였다. 우리는 그것을 성폭력의 정의에서 다시 숙고해 볼 수 있다. "성폭력은 피해자의 의지에 반해 일어나거나 또는 성적 접촉에 방어할 수 없는 대상인 가족구성원(혈연관계), 생활교사, 동료 또는 모르는 사람들에 의한 강제적인 성적 접촉을 의미한다. 그것은 신체적 폭력이나 또는 심리적 그리고 정서적 억압과 강제성으로 이어지는 권력관계의 범위에서 성접촉이 일어난다. 그것은 아는 사람(모르는 사람)을 통한 성폭력뿐만 아니라, 가족구성원(근친상간)을 통한 성폭력으로 일어날 수 있다. 또한 상대방이 원하지 않는 사적인 범위를 침범하는 것은 성폭력이다."(Van Kooten Niekerk, 1991)

권력관계에서의 불평등은 폭력상황에서 항상 재연된다. 이에 대해 Ploetz(1988)는 "근친상간은 어긋난 권력관계와 관련이 있다. 어린 아이는 부모에게 의존하고 있다. 어린이는 온정과 사랑에 대한 욕구를 가지고 있으며, 그리고 본래부터 어린이는 항상 부모에게 그들의 정당함을 부여하고, 이로써 부모의 온정과 사랑을 받으려고 한다. 바로 근친상간 가해자는 그들의 권위적인 위치를 악용하는 것이다."라고 언급하였다.

Olde Loohuis는 성폭력이 일어날 경우에 성에 대한 권력의 관점이 중요하게 작용한다는 것을 제시했다. 이러한 그의 관점은 다음과 같이 결론지을 수 있다. "나는 권력을 악용한 폭력의 형태 중 첫 번째가 성폭력으로 본다. 가해자가 의식적으로든 무의식적으로든 원하는 것을 성적인 권력을 악습함으로써 피해자에게 권력을 행사하는 것이다. 두 번째로는 완전히 성적인 것 전체이다. 가해자는 그가 자신의 힘을 행사할 수 있는 대상을 찾게 되지만, 어떤 때에는 유감스럽게도 성적으로 마음을 끄는 누군가를 찾지 못하게 된다. 그것은 이러한 위험을 시도하기 위해서는 대상이 젊고 예뻐야만 한다는 성폭력에 대한 많은 미신들 중의 하나이기 때문이다. 그러나 지적장애인에게도 이러한 위험이 일어나게 된다."(Olde Loohuis, 1994) 저자도 지적장애아가 성폭력을 당한 경우를 알고 있다. 궁금한 것은 Olde Loohuis도 그렇게 보고 있는가이다. 그녀의 글을 다음과 같이 인용해 본다. "정말 중요한 것은 성폭력 피해자의 상처범위이고 가해자가 이 부작용을 어떻게 추측하는가이다. 지적장애인이 다른 사람의 도움을 바라고 더 많은 관심을 받기를 원한다는 특징에 근거하여 매우 상처를 받는다고 생각한다면, 지적장애인은 특히 가해자들에게 적합한 폭력대상이다. 지적장애인은 바로 경계선을 가지는 것에 어려움이 있고, 종종 무력한 상황에 놓이게 된다. 그들의 인지능력의 결함은 이들이 '두 배'의 의존적인 위치에 있기 때문에 권력을 실행하는 것을 강화시킨다. 그것은 성폭력을 설명할 수 있는 부가적인 원인이며, 그리고 우리가 가능한 한 서로를 개방해야 되는 당위성의 원인이기도 하다."

암시적 신호

성폭력이 있었는지 어떤지를 알아내기 위해서는 암시적인 신호가 올바르게 해석되어야 한다. 그러므로 성폭력을 증명할 수 있는 암시를 올바로 인식하는 것이 필요하다. 매일 일상을 지적장애인과 함께하고 있는 사람들은 성폭력에 대해 실제로 충분한 지식을 가지고 있는가? "생활교사는 종종 이 일의 요지가 무엇인지를 너무 늦게 인식하기도 하고, 그들은 이에 대해 그리 관심을 가지지 않으며, 그리고 전혀 이러한 일을 상상하지도 못한다. 성폭력은 실제 피해당사자의 암시적 신호가 외면당하지 않거나 잘못 해석되지 않는다면 훨씬 일찍 발견할 수 있을 것이다. 또한 그룹책임자는 정말로 지적장애인의 이상한 태도에서도 어떤 의심을 품지 않는다."(Ter Haar, 1990) "그룹 지도자의 태도는 대부분의 사례에서 다른 사람들에게 관심을 두었어야 하며, 이러한 암시적 신호를 인식하는 태도가 무엇보다도 격리되고 폐쇄된 상황들에 있는 지적장애인과의 한계로부터 벗어났기 때문이다."(ebd.) 성폭력에 대한 암시를 인식하는 것에 대해 Van Berlo(1995)는 다음과 같이 묘사하고 있다. "성폭력에 대한 연구조사에 의하면 응답자의 대부분이 밝힌 것처럼 성폭력의 암시적 신호에 대해 많은 연구논문들에 상세하게 알려져 있음에도 불구하고, 성폭력에 대한 암시적 신호에 대한 충분한 지식을 가지고 있지 않다고 한다. 심리학자/교육자들은 그룹책임자나 구체적인 경우나 의심의 사례들과 관련하고 있는 사람들보다도 더 많은 암시적 신호를 알아챌 수 있으며, 성폭력과 관련된 상담경험이 없는 사람들보다도 더 많은 암시적 신호를 제시해 줄 수 있다."

또한 우리는 성폭력 발생에 대한 추측은 많은 암시적 신호가 될 수 있다는 사실을 인식해야 하고, 그 추론들은 다른 토대에 의한 정신적인 문제에서도 똑같이 나타날 수 있다.

어떤 경우에는 성폭력이 상당히 분명하게 드러나 명확하게 다룰 수도 있지만, 어떤 경우에는 매우 어려운 경우도 있다. "이것은 그룹 홈에 살고 있는 지적장애인의 경우가 상당한 포함범위에 해당한다. 그러므로 연구논문들에 의해 성폭력의 암시적 신호를 제시한 많은 경우들은 장애로 인하여 나타나는 결과들일 수도 있다. 예를 들어 자해행동을 하거나 섭식장애가 있고 청결하지 않으며, 사회활동에 참여하지 않으며, 낯선 사람들이나 신체적 접촉에 대해 두려워하고, 과잉행동을 나타내고 또는 일상에서 통제되지 않는 성적 행동을 하는 사람들을 생각해 보자. 무엇보다도 인지발달이 낮은 수준에 있는 사람들에게서 이러한 특징들이 나타난다."(Kroef, 1989)

성폭력에 대한 암시적 신호들은 "성폭력을 예방할 수 있지만, 그것은 동시에 많은 이런 위험도 내포하고 있다. 증명된 암시적 신호들은 성폭력이라는 결과를 가져올 수 있지만, 그것은 또한 다른 원인들이 될 수도 있다. 성폭력의 특정한 암시적 신호를 실제로 인식하게 되면, 성폭력이 일어날 수 있다는 것을 생각해야 하지만, 이어지는 위험한 부작용들도 경계를 해야 한다."(Van Kooten Niekerk, 1991)

성폭력에 대한 암시적 신호들을 Olde Loohuis가 언급한 인용들에서 알 수 있는 것처럼 이에 대한 어려움과 불확실한 신호들도 있다. Olde Loohuis는 Woelinga(1988)와 Van Kooten Niekerk(1991)의 연구에 근거하여 성폭력에 대한 암시적 신호에 대해 제시하였고, 그녀의 개인적인 경험을 보완하여 이에 대해 연구하였다. Woelinga와 Van Kooten은 정상적인 어린이와 성인들에 해당되는 성폭력의 암시적 신호들에 대해 연구하였고, 그의 이론들을 지적장애인에게 적용하였다. Olde Loohuis의 개인적인 경험들은 지적장애인과 함께 생활하고 그들을 돌보는 일을 하면서 체험한 것들이다. 그녀가 경험한 지적장애인에 대한 성폭력 관련 암시적 신호들은 현장에서 일하는 사람들에게 많은 도움이 된다.(Van Kooten Niekerk, 1991 참조)

1. '불결한', '나쁜', '다르다'라는 것에 대한 감정: 이 세상에는 어떤 다른 것도 이것처럼 끔찍한 것은 없다; 자신이 폭력의 대상이 되고, 다른 영역에서도 마찬가지로 학대의 대상이 되는 것.
2. 인간관계에서의 문제점: 어떤 좋은 관계를 맺을 수 없는 것, 고립을 확대시켜서 부정적인 반응들을 일으키게 하는 이상행동, 외로움, 등교 거부하기, 도피하기, 집에서 가출하기, 한쪽 구석에서 멀리 서 있기(종종 비밀스러운 행동과 관련됨), 집중력의 문제
3. 학습된 무기력: 자신을 지나치게 무력하게 느끼는 것, 피해자 역할로 머무르기, 열등감, 죄책감, 부정적인 자아상, 인지적 수준에 비해 낮은 자존감, 우울함, 혼란스러움, 기숙하고 있는 장애인을 집으로 보낸다고 위협함, 그룹지도교사에 대한 강한 의존감.
4. 지나치게 억제하는 태도: 감정을 무덤덤하게 말하기, 모든 표현과 감정들을 억제하기, 자기감정에 대해 낯설어하기, 항상 경계하기, 일어난 일에 대해 지나치게 통제하기.

5. 부정적인 신체적 경험: 긴장된 신체적 행동, 판자처럼 굳어 있기, 스킨십에 대한 불안감, 자신을 숨기기, 옷을 벗지 않으려고 하는 것, 옷 갈아입는 것에 대한 두려움.
6. 지속적인 신체적 통증: 수면장애, 피로, 두통, 복통, 생리통: 섭식문제: 구역질하기: 토하기. 자주 나타나는 방광염, 요도감염(전염), 이불에 오줌 싸기.
7. 자해행동: 자살기도, 자기자해, 긁기, 느끼지 못하는 것, 통증도 느끼지 못함, 중독(담배, 알코올, 마약 또는 신경안정제), 파괴충동
8. 두려움: 공포증, 의심하기, 불신감, 환상, 다른 사람들이 한 개인에 대해 말한다고 느끼거나 또는 어느 누구도 신뢰할 수 없다는 느낌, 어느 누구에게도 소속되어 있지 않다고 느낌, 관계에 대한 불신. 남자에 대한 두려움, 악몽부터 절도행위까지 모든 생활영역에서 갑자기 나타나거나 또는 설명할 수 없는 행동의 변화. 귀가하지 않으려고 함, 종종 광란의 주말보내기.
9. 성체험에 대한 문제: 사랑이나 애정행위를 수용하는데 어려움이 있음, 성관계에서 자주 고통을 느낌. 성관계를 종종 관심과 온정을 얻기 위한 유일한 방식으로 여김, 성적인 행동에 습관화되어 있거나 또는 지나치게 이에 대해 무력한 상태.
10. 두드러진 여성병의 고통이나 상처가 있음: 성병, 30대 이전의 잦은 낙태.(Olde Loohuis, 1994)

위에서 언급된 신호들이 종종 성폭력을 암시하지만, 또한 다른 방해작용이나 외상을 만드는 요인이 될 수 있다. 특정한 암시적 신호들은 성폭력의 의심으로 이끌 수 있다. 의혹이 가는 경우에는 생활교사들의 관심과 전문적인 관찰과정이 필요하다.

사례 1

페터는 몇 년 전부터 장애인 그룹 홈에서 살고 있다. 처음에 생활교사에게는 페터의 신뢰감을 얻는 것이 매우 어려웠다. 페터는 사람들에 대해 매우 불신감을 가지고 있었고, 부정적인 자아상을 가지고 있었다. 눈에 띄는 것은 그가 여성 장애인에게 욕하고, 상스러운 성적인 말을 하는 것이었다. 그녀들은 그를 더 이상 감싸주지 않았다. 그녀들이 그에게 가까이 가면 페터는 공격적이거나 아주 의기소침한 태도로 대했다. “그녀들이 나에게 손가락 끝도 건드려서는 안 된다, 그렇지 않으면 나는 그녀들의 뺨을 때릴 것이다!” 여성 장애인들은 다른 남성 장애인들과 마찬가지로 더 이상 페터와 함께 놀 수가 없었다. 생활교사와 페터는 얼마의 시간이 흐른 후에 대화할 수 있는 좋은 관계가 되었다. ‘신뢰감’이라는 용어는 그렇게 꼭 적절하지는 않지만, 페터의 생활교사에 대한 믿음은 그를 편안하게 느끼게 해 주며 그리고 더 이상 긴장하지 않게 한다는 것이 분명해졌다. 몇 년이 지난 후에 페터는 생활교사에게 자신이 거의 9살 때부터인가 매일 밤 자기 엄마로부터 폭력을 당했다고 고백했다.

사례 2

안나는 장애인 그룹 홈에 살고 있다. 얼마 전부터 그녀는 주위환경에서 이해할 수 없는 행동들을 나타내기 시작했다. 그녀의 행동은 무엇을 말하려고 하는가? 안나는 상당히 부정적인 자아상을 가졌고, 가끔씩 무엇인가에 매우 억압받고 있으며, 그리고 그녀가 스킨십에 대해 매우 격렬한 반응을 한다는 것은 생활교사들도 이미 잘 알고 있다. 이제 그녀는 유리조각으로 자기 몸을 그었고, 팔을 물어뜯으며, 그리고 자신의 목숨을 끊으려는 위협적인 행동을 한다. 그녀는 자신을 증오하고 있다.

처음으로 안나가 자신의 가족들에 대해 사적인 일을 이야기하면서 감정을 폭발시킨 후에 생활교사들은 그녀가 최소한 2명의 가족구성원들에게서 성폭력을 당했다고 추측하게 되었다. 생활교사들은 이 가해자들이 성폭력의 가해자들로서는 상상할 수 없는 끔찍한 일을 안나에게 행했다는 인상을 받았다. 그녀의 이야기를 통해서 가해자들은 규칙적이고 반복적으로 그녀의 질 속에 와인병의 목부분을 끼우려고 했다는 행동들만 보아도 충분히 그 끔찍함은 알 수 있었다.

안나는 자신의 경험에 대한 엄청난 두려움으로 다른 사람들을 거부하고, 최근에는 상당한 불안감으로 인해 지속적으로 반복적인 악몽을 꾸었다고 한다. 그녀는 악몽에서 그녀의 아버지가 '육중한 걸음으로' 이층 계단을 올라왔다고 한다. 그리고 그는 그녀에게 "나는 너에게 이불을 덮어주려고 왔단다."라고 말했다고 한다.

7.4 피해자에 대한 보호

우리가 앞에서 언급된 성폭력에 대한 암시적 신호들에 대해 어떠한 경우에도 과장된 예로만 지나치지 않는다면, 성폭력을 알아챌 수 있는 신호들을 의식하는 것이 얼마나 중요하고 필요한지를 인식하게 된다. 이와 비슷한 형태의 신호들은 다른 문제들에 대한 부당함이나 또는 다른 방해작용을 알아챌 수 있는 것으로도 얼마나 자주 언급되는가?

우리는 극단적인 표현이 드러나지 않더라도 성폭력의 피해자인 지적장애인을 위한 특별한 보호가 필요하다는 것을 확신할 수 있다. 그러므로 성폭력 피해자가 되지 않도록 이들을 보호할 수 있는 관점에 대해 몇 가지 언급하고자 한다.

첫 번째 반응: 냉정하기(침착하기)

누군가가 폭력을 당했다고 우리에게 이야기하게 된다면(또는 사실이 드러나게 되면), 우리는 먼저 한 번쯤은 침착하게 중립을 지켜야 한다. 모든 피해자들이 성폭력에 대해 똑같은 방식으로 반응하는 것은 아니다. 어떤 사람은 다른 사람들보다 더 깊숙이 그리고 더 강하게 그 사실을 감추려고 한다. 어떤 사람은 다른 사람들처럼 더 피해자로 느끼기도 한다. 예를 들어, 생활교사가 다른 사람에게 자신의 감정을 투사할 경우에는, 생활교사는 폭력에 대해 당연한 반응방식으로 자기만의 반응을 하게 된다. 그리고 피해자에게 자기만의 특정한 감정을 이입하여 이야기하게 된다. 그렇지만 우리가 분노하고 있다고 하여 피해자도 분노하고 있다는 것을 의미하는 것은 아니다. 그것은 피해자의 감정과 경험에 따라 다르고 그리고 우리는 그쪽에서 이러한 감정들을 그대로 받아들여 공감대를 가져야 한다.

그러나 우리는 피해자를 진지하게 받아들여야 하며, 이것은 그들이 이야기할 때 어떤 의심도 하지 않는 진지함을 의미하고, 이것은 자칫하면 우리가 이미 경험한 끔찍한 일로 확대시킬 수도 있기 때문이다.

폭력의 많은 피해자들은 죄책감을 가지고 있다(매우 깊게 내재되어 있는 부정적인 자아감). 그들은 성폭력에 대해 스스로 책임이 있다고 느끼며, 자신의 행동으로 그러한 일들을 발생시켰다고 믿는다. 우리는 어떠한 경우에도 피해자들 자신이 죄책감을 느낄 필요가 없으며, 또한 그들이 중요한 다른 사람에 대해 어떤 부정적인 것(원하지 않는 것)도 설명할 필요가 없다는 것을 분명하게 해 주어야 한다(복종에 대한 갈등). 우리가 원하지 않을 때에는 어느 누구도 우리를 만질 수 없다.

신뢰감 형성하기

지적장애인을 돌보는 과정에서 안전함, 편안함 그리고 지속적인 보호는 성폭력을 당한 피해자들을 위해 가장 외적으로 중요한 요소이다. 첫 번째 조건 중의 하나는 피해자가 안전하게 느낄 수 있는 장소를 찾는 것이다. 이때 가해자와의 접근이 가능한 한 가장 멀리 떨어져야 한다. 피해자가 자신이 보호아래 있다는 것을 느낄 수 있어야 한다.

우리가 정말로 안전하게 느낄 수 있는 장소가 이 세상에 단 하나도 없다고 생각해 보자. 우리의 어머니 또는 생활교사는 우리를 아프게 하고, 혼란스럽게 하며 그리고 우리가 이해할 수 없는 일들을 우리에게 행하였다고 하자. 우리가 신뢰하고 가장 안정감을 느꼈던 사람들은 대부분이 우리가 가졌던 신뢰에 폭력을 한 것이다. 그들은 우리가 원하지 않는 것에 반(反)하는 행동을 할 것이다. 그들은 자신들의 망상에 빠진 권력감으로 우리가 외부세계에 대해 가졌던 신뢰감을 잃어버리게 하고 그리고 그것으로 우리 자신을 완전히 잃어버리게도 한다.

이에 대한 결과는 엄청난 무력감이다. 무력감은 정신적 그리고 신체적인 일치감을 방해하게 된다. 다른 사람들이 우리에게 좋은 의도라고 하더라도, 우리는 그들을 어떻게 신뢰할 수 있는가? 이 질문은 처음으로 우리의 어머니나 생활교사에 대해서도 생각하게 한다.

피해자를 진지하게 받아들이기

교사나 생활교사가 성폭력으로 인해 다른 사람이나 자신에 대한 신뢰감이 상실되면, 그것은 다른 생활교사와 다시 신뢰감을 형성할 때까지는 상당한 긴 시간이 걸릴 수 있다. 그럼에도 불구하도 신뢰감을 형성하는 것은 가장 중요한 목표 중의 하나이다(또는 믿음을 증명하기).

생활교사들은 성폭력이 반복되지 않는다는 것을 보장할 수 없지만, 그들은 그러한 일이 반복되지 않도록 노력해야 하는 것을 강조할 수 있다. 지적장애인을 돌보고 있는 보호자는 — 언어적 그리고 비언어적으로 — 당면하는 지적장애인이 언제든지 자신의 감정과 생각을 그들에게 드러낼 수 있다는 것을("나는 너를 위해 항상 가까이에 있다.") 분명하게 알려 주어야 한다. 그리고 그들의 '감정들은 항상 진지하게 받아들여져야 한다.'(우리가 그 모든 것에 대해 항상 믿는다는 것을 의미하지 않더라도) 지적장애인의 감정들을 얼마나 자주 외면하였는가? 얼마나 자주 그들의 결정을 사소하게 다루었고 짓밟았는가?

생활교사는 자신이 원하지 않는데도 누군가가 자신을 만지는 것은 잘못된 것이며, 지적장애인도 다시 무엇인가 끔찍한 일이 일어나서 그들이 두려워하더라도 다른 사람들에게 알리는 것은 잘 하는 것이라는 것을 명확하게 제시해 준다. 이것은 다시 '자기방어하기'라는 주제와 관련된다. 생활교사는 지적장애인이 성영역뿐만(제6.5.6절 참조) 아니라 일반적인 상황에서도 스스로를 안전하게 지키는 것을 도와주어야 한다. 우리는 "싫어!"라는 말을 해도 된다!

지적장애인은 생활교사가 그것을 매우 중요하게 생각한다는 것을 인식해야 한다.

성폭력이 침실에서 일어났다면, 피해자에게는 다른 침실을 사용하도록 하는 이성이 필요하며, 장소는 폭력과정과 직접적으로 연결되지 않은 곳으로 피해자를 옮겨야 한다.

신뢰와 관련하여

우리는 신뢰하는 사람들에게만 자신을 의지하고 제한시킨다. 그것은 첫 번째로 그들에게 충분히 더 잘 이해받을 수 있으며, 그리고 이 외에도 우리가 정상적인 삶을 장기간에 거쳐 함께 살아갈 수 있는 기회를 증가시키기 때문이다. 대부분의 사람들(지적장애인도)은 한 생활교사에서 다른 사람으로 지속적으로 바꾸는 것을 허락할 수 없을 것이다. 그렇게 되면 그들은 사방에서 자신의 이야기들을 할 수도 있고 위로받을 수도 있을 것이다. 이것은 관심을 주목시키는데 이상적인 방식이다! 이것을 경시하려는 것은 아니지만, 정상적인 일상의 삶도 지속되어야 한다. 단순하게 살아가는 것과 아름다운 일을 하면서 살아가는 것은 우리에게 휴식을 주는 근본요소일 수 있다. 지적장애인이 자신의 부정적인 경험들을 감추기 위해 시간만 바쁘게 지낸다면, 그들에게는 더 이상 정상적인 삶은 존재하지 않는다.

피해자 돌보기와 정상적인 일상생활의 건강한 조화

한 편으로 우리는 성폭력 피해자가 일어난 일을 잘 극복할 수 있도록 도와주기 위해 그 방법을 찾고 그들을 진지하게 받아들이려고 노력한다. 다른 한편으로는 피해자가 정상적인 생활에서 다시 마음을 열고 그리고 삶에 대해 새로운 기쁨을 얻기를 진심으로 바라게 된다.

우리가 일어난 사건에 대해 너무 지나치게 집중하게 되면, 우리는 그 사건을 극단적으로 만들게 된다. 피해자는 그것으로 인해 낙인이 찍힐 수 있고 그리고 사람들의 집중을 받게 된다. (누가 갑자기 그렇게 익숙하지 않은 많은 집중을 받기를 바라겠는가?)

이제 우리는 그 사건에서 완전히 벗어나서, 피해자의 감정을 생각해 보자. 그것은 긴장감에서 평형감을 찾는 하나의 기술이 필요하다. 우리는 지적장애인의 감정이 정상적으로 변화되고 정상적인 일상을 찾기를 바란다. 이러한 이유에서 지적장애인이 신뢰하고 있는 사람들은 특별히 그들의 감정과 생각에 다가가는 것이 필요하다. 그렇게 해서 사건에 대해 그들에게 모여지는 집중을 감소시킬 수 있게 된다.

집중된 관심으로부터 벗어나기

우리는 이제 일어난 일에 대해 이야기하는 것과 마음을 여는 것에 유의해야 한다.

사례

요한나는 생활교사에 의해 성폭력을 당했다. 이 일이 드러난 이후로 그녀는 기관의 모든 생활교사에 대해 엄청난 비난을 일으켰다. 그녀는 지속해서 그들의 목을 끌어안고 잡아뜯으며 울부짖었다. 또한 요한나는 도발적인 성적 행동들을 하였다.

요한나는 이전에도 이미 다른 사람의 관심을 받으려고 끊임없이 시도했었다. 우리가 그녀에게 다른 사람들 간의 경계선을 분명하게 할 것을 우리 자신이 명확하게 정하지 않으면(그녀는 달리 반응할 수 없고, 그녀는 그렇게 학습하였고, 그것은 그녀를 무력하게 만든 것이다), 우리는 그녀에 대해서 단순히 화를 낼 것이다. 그녀가 행하는 행동들은 누구나가 권리를 가지고 있는 관심을 받기 위한 행동으로, 그것은 그렇게 적절하지 않지만 요한나만의 유일한 것이다. 그녀가 성폭력을 당한 현재에 그녀의 이러한 행동은 더욱 증가되었다. 교사팀에서는 두 명의 여성 생활교사가 요한나를 위로했고, 그녀의 보호를 위해 지원해 주기로 결정했다. 이 두 명의 여성생활교사는 이 일을 위해 시간을 냈다(저녁식사 후 약 30분 정도). 낮에는 요한나에게 약속한 시간을 알려주었다. 요한나가 다른 생활교사에게 도움을 청하게 될 경우에는 그 일에 대해 책임이 있는 두 명의 생활교사에게 알리도록 하였다.

아름다운 일 실천하기

아름다운 일을 실천하는 방법은 걱정, 고통 그리고 두려움이 존재하지만, 정상적인 생활을 지속시켜 준다. 정상적인 생활에서 우리는 다행스럽게도 주거생활, 직장생활을 할 때 또는 우리의 가치가 되살아나는 것을 예측할 수 있을 때에도 많은 아름다운 일들이 일어난다. 이것은 일상

생활 속에서의 중요한 순간들이다. 성폭력 피해자는 일어난 일을 떠올린다 하더라도(이것은 고통 그 이상이다), 그들은 살아오면서 단순히 어떤 끔찍한 것을 경험한 사람만은 아니다. 성폭력 피해자가 남성이든 여성이든 간에, 그들은 새로운 자아가치감을 성취하기 위해 필요한 긍정적이고 멋진 경험을 할 수 있는 가능성을 가지고 있다. 또한 신체적인 활동들은 그 멋진 경험의 일부에 속하고, 부가적으로 긴장을 완화시키는 것은 피해자를 위한 긍정적인 체험이 될 수 있다.

앞 장에서는 성교육에서 긍정적인 신체상을 가지는 것이 얼마나 중요한지에 대해 언급되었다. 그러나 긍정적인 신체상은 일반적으로 성폭력이 일어난 후에는 부정적으로 된다. 대부분의 성폭력 피해자는 자기 몸을 더 이상 자기 것으로 여기지 않으며, 자신의 몸을 증오하고, 상처를 주고 그리고 상해를 입힌다. 만약에 사람들이 짧은 순간이라도 지속해서 즐거운 신체적 경험을 하게 된다면 정말로 멋진 신체 경험으로 기억될 수 있다. 그러한 멋진 경험들은 그가 힘든 상황에 있을 때에도 무엇인가를 즐길 수 있는 긍정적인 힘으로 작용한다. 예를 들면, 사람들이 아름답고 멋지다고 생각하는 것은 목욕하기, 운동하기, 생활교사와 함께 장보기, 모래상자 놀이하기, 달리기, 수영하기, 화장하기(주위환경은 신체와 자기 자신을 인간으로서 가치 있게 발견한다.) 그리고 열망할 가치를 지닌 멋진 사람이라는 말을 듣는 것이다.

스킨십에 따른 주의사항

우리는 생활교사로서 성폭력 피해자를 위로하려고 한다. 애정, 사랑 그리고 따뜻함을 주는 것은 피해자에게 긍정적으로 작용하고 당연한 것이며 그리고 심지어는 피해자 자신이 누군가로부터 수용되는 것을 느끼도록 하는 전제조건이기도 하다. 우리가 누군가를 쓰다듬고 포옹하는 것은 우리가 그 사람 편에서 공감하고, 안전감을 주고 싶어 한다는 것을 나타내는 것이다.

성폭력의 모든 피해자가 그것을 느끼는 것은 아니다. 각자가 스킨십에 반응하는 방식은 그 사람 자신이 도움을 청하는가에 달려 있다.

스킨십은 위협으로 경험될 수 있고, 그 사람과는 전혀 아무것도 시작할 수 없다는 것으로 경험될 수도 있다. 성폭력 피해자는 스킨십에 대해 긴장하고 몸을 피하거나 또는 스킨십을 의식하거나 또는 지난 과거에 아픔과 혼란으로만 이끌었던 것을 무의식적으로 인지할 수 있다. 생활교사는 성폭력 피해자의 경험세계들을 연결시켜서 그들의 감정을 존중해야 한다. 피해자인 지적장애인이 스킨십을 받아들일지는 피해 당사자에게 달려 있는 것이다.

그렇지만 일부 성폭력 피해자는 우리가 그들을 도와주는 것을 포기하지 않도록 마음을 움직이게 하고, 우리를 지속적으로 촉진시킨다. 우리는 그것을 끊임없이 파헤치는 것이 아니라, 이러한 행동에 조심스럽게 때로는 외면하거나 중립적인 태도를 취하면서 접근해야 한다. 핵심은 절대적인 수용이다. 우리는 자신을 다른 사람들의 입장에서 능동적으로 생각해 볼 수 있어야 하고 그에게 다가가려는 노력을 해야 한다.

그것은 물론 우리가 모든 지원 요청과 스킨십에 대해 반응해야 한다는 것을 의미하는 것은 아니다. 신체적인 언어는 우리에게 이야기들을 설명해 준다. 외형적인 행동은 일반적으로 실제적 도움요청이 아니며, 그것은 명백하게 보이는 것을 무엇인가 함축된 것으로 은폐하기도 한다. 대부분의 지원 요청을 하거나 완전한 수용을 하는 대부분의 사례들에서는 지속적인 스킨십을 통해 우리나 성폭력 피해자 자신들이 할 수 있는 방식으로 말하려고 하는 것이다.

사례 1

"나와 다른 사람 간의 경계를 다시 분명하게 하고, 평형감이 생기도록 제발 나를 도와주세요. 내가 다시 안전하게 느낄 수 있도록 나를 도와주세요. 내가 다시 이 감정을 가지게 된다면, 나는 스스로 경계선을 어떻게 지킬 수 있는지에 대해 다시 배우고 싶어요. 내가 정한 나의 경계선 뒤에는 나 자신이 존재하고, 내가 나 자신을 위해 책임을 지면 질수록, 나는 이 경계선을 더 잘 지키고 통제할 수 있으며, '자아감'은 더욱 강해질 수 있어요. 나의 경계선을 지킬 수 있도록 나를 도와주세요. 내가 결정하고, 결정한 것에 대해 자랑스럽게 여기도록 나에게 가르쳐 주세요. 그리고 나면 나는 다시 나의 몸에 대한 신뢰감을 얻게 되고, 나만의 몸이라는 것과(끔찍한 성폭력 경험 후에 상당히 두려워질 수 있는 것!), 심지어는 어쩌면 나의 부정적인 경험들을 극복할 수 있을 거예요. 나는 이제 다시 독립적으로 살고 싶고, 가능한 한 스스로 일어설 수 있기를 바라요."

앞에서 언급된 성폭력 피해에 대한 도움요청은 어떤 형태의 스킨십도 견디지 못하는 성폭력 피해자에 해당될 수 있는 이야기이다. 그들은 경직되어 있고, 활기가 없고 그리고 뻣뻣하다. 그들은 다른 사람들과 큰 거리를 두고, 그들이 스스로 무엇인가를 표현하게 될 경우에도 스스로 아무것도 주어서도 안 된다고 여기고, 그들은 스스로 상실감의 고통을 회복해야 한다는 것에 대한 두려움을 갖고 있다. 앞에서 기술된 성폭력에 대한 도움요청은 완전히 복종하고 그리고 자신을 완전히 잊게 되는 다른 사람들과의 신체적 의사소통에서 어떠한 경계선도 인식하지 못하는 성폭력 피해자인 지적장애인과 관련될 수 있다.

그러므로 지적장애인이 다른 사람과의 경계선을 분명하게 하는 것을 심리치료의 목표로 정하여 실행해야 한다.

생활보호를 위한 계획과 점검

지적장애인을 돌보는 것을 계획으로 정하는 것이 꼭 필요하지 않더라고 그것을 프로그램에 포함시켜 계획하는 것이 바람직하다. 그리고 이것을 실천하기 위해 생활교사팀이 실천해 나가야 하는 목표와 방향을 정해야 하고, 이를 정기적으로 점검해 나가야 한다.

7.5 성폭력 피해자에 대한 조치

종종 성폭력 피해자에 대한 조치로서 그들을 돌보는 것 하나만으로는 조치가 충분하지 않을 수 있다. 특히 매우 어려운 상황에 있는 끔찍한 경험이나 성폭력 피해자인 지적장애인을 다루게 될 경우에는 치료나 조치방법이 숙고되어져야 한다. 이에 적용할 수 있는 조치방법들은 놀이치료, 행동치료(고전적·조작적 조건), 두려움 극복하기, 극기훈련을 통해 자기만의 경계선을 세울 수 있는 능력 습득하기, 안전훈련 등이 있다.

성폭력 피해자에 대한 조치로는 심리치료적인 측면에서 접근해 볼 수 있다. 심리치료는 성폭력을 당한 지적장애인에게 도움이 되고, 끔찍한 경험을 극복하는데 매우 도움이 되는 방법 중의 하나이다. 심리치료의 핵심은 신체적으로 체험하고 신체적인 의사소통을 중재하는 것이다. 그러므로 언어적인 능력은 그리 중요한 요소가 아니다.

심리치료를 통해서 고통, 분노 그리고 불쾌감과 같은 정서들이 일어나지 않도록 할 수 있다. 그리고 치료사와 내담자의 상호관계에서 긍정적인 신체적 경험들이 이루어질 수 있다. 자기 몸을 인식하고, 자기 몸을 신뢰하는 것을 다시 배우고, 자신의 몸이 아름답고 자기 몸으로 활동하는 것을 경험하게 된다. 이것은 심리치료의 목적으로 잘 알려진 내용들이다.

성폭력 피해를 입은 지적장애인을 위한 조치에 대한 심리운동치료(Psychomotorische Therapie; PMT)라는 주제로 석사학위논문에서 다루어 잘 알려진 Olde Loohuis(1994)는 지적장애인에 대한 조치를 시간적인 단계로 나누어 제시하고 있다.

1단계: 안정단계/기다리는 단계

성폭력에 대한 조치를 실제적인 행동으로 시작할 때는 우선 기다려야 한다. 치료사는 어떤 치료적인 과정들이 진행될 것인지 그리고 지적장애인이 원하지 않는 것은 일어나지 않을 것이라는 것에 대해 그들에게 설명해야 한다. 치료사는 이러한 치료과정들을 진행하기 위해서는 가능한 한 지적장애인의 동의를 얻어야 하고 그리고 이를 매우 분명히 해야 한다. 치료사는 내담자인 지적장애인의 경계선을 어떠한 경우에도 간과해서 진행하지 않아야 한다.

이 단계에서 다루어지는 심리운동치료(PMT)의 주제

- ❑ 안정감 주기
- ❑ 경계선 지키기
- ❑ 권한 주기

2단계: 극복단계/갈등단계

이 단계에서 치료사는 다양한 감정들과 치료영역의 내용들을 자주 점검해야 한다. 죄책감, 불안, 우울감, 부정적인 신체상과 자아상, 억압된 분노 그리고 적대감, 무력감, 신뢰감 상실, 경계선 넘어서기와 역할혼동, 외형적인 성인, 무능력감, 발달과업 충족시키기, 자기결정과 자기통제 등과 같은 다양한 주제들이 다루어질 수 있다.

이 단계에서 다루어지는 심리운동치료(PMT)의 주제

- ❑ 경계에 대한 방어
- ❑ 자신에게 다가가기

❑ 다른 사람에게 다가가기

3단계: 역행(신뢰감회복)단계/자신과의 내면적인 상호작용단계

무엇보다도 중증지적장애인 또는 중도 지적장애인을 위해서는 성적인 형태가 아닌 예를 들면, 이리저리 움직이기, 무릎에 앉기, 돌아다니기 등과 같은 기본적인 욕구들을 이해하는 것이 중요하다. 작은 움직임의 활동들을 이 단계에서 실행한다. 치료사는 지적장애인의 비언어적인 암시적 신호에 대해 가장 주의 깊은 관심을 가져야 한다. 지적장애인이 무엇인가를 원하지 않거나 또는 불편하게 느낀다는 것이 조금이라도 의심이 든다면, 치료사는 이에 대한 적절한 행동으로 대처해야 한다. 이 단계에서 치료사는 지적장애인이 자신의 몸에 대해 다시 신뢰감을 얻고 움직이도록 자극을 줄 수 있어야 한다. 이 단계에서는 경도 또는 아주 경증의 지적장애인이 자신의 몸에 대한 신뢰감(내적 상호작용단계)을 얻을 수 있도록 실행하는 것이 목표가 된다.

이 단계에서 다루어지는 심리운동치료(PMT)의 주제

❑ 자기 몸 인식하기

❑ 몸 관리하기

❑ 지원 요청과 도움 받기

❑ 경험 극복하기

4단계: 자율단계

신체적인 활동에 대한 즐거움과 신체적인 접촉에서의 경계에 대한 탐색들은 이 단계에서 치료사로부터 벗어나는 가장 중요한 핵심이다. 종종 치료사가 치료 시작시에 도와줄 수 있는 다른 새로운 활동들을 치료사들과 함께 실행해 볼 수 있다. 많은 지적장애인들은 그룹상황 속으로 자기 경험들을 적응시키거나 그리고 안내에 따라 긍정적인 관계를 형성하는데 도움이 될 수 있다.

이 단계에서 다루어지는 심리운동치료(PMT)의 주제

- ❑ 자립심 키우기
- ❑ 작별하기

지적장애인은 매우 다양한 인지적 수준을 가지고 있다. 그러므로 우리는 어떤 사람들에게는 힘든 경험을 극복하는데 접근할 수 있지만, 일부 다른 사람들에게는 그렇게 하지 못할 수도 있다. 지적장애인(IQ 약 35까지)을 대상으로 하는 심리치료운동(PMT)의 가장 중요한 목적은 '안정감, 신뢰감, 긍정적인 신체경험, 긴장감의 감소, 불안한 상황 감소시키기'라고 할 수 있다(Olde Loohuis, 1994).

또한 다른 지적장애 정도(IQ 35~50)가 있는 사람들을 위한 PMT의 목적은 '안정감, 신뢰감, 경계선 긋기, 권리찾기, 자기신체에 대한 인식과 경험 극복하기'이다. 경도 지적장애인의 경우 PMT의 목적은 '안정감, 경계선 인식, 권리찾기, 성취감 경험, 신체와 수용에 대한 인식, 경험의 극복'이라고 할 수 있다.

전체적으로 심리치료가 장애 정도에 관계없이 성폭력의 끔찍한 경험을 한 지적장애인을 위해서 유용하게 작용할 수 있다는 것은 정말 멋진 일이라고 본다.

심리치료 과정 동안 치료사나 생활교사들은 지적장애인과 정기적으로 대화할 수 있는 시간을 마련하여, 그들의 생각과 지식을 서로 일치시키는 노력을 하는 것이 필요하다.

7.6 교사팀의 과제

장애인 기관에서 누군가 성폭력을 당했다는 것이 드러나게 되면, 이에 대해 매우 다양한 반응들이 일어나는데, 생활교사들은 매우 심한 충격적인 감정을 드러내는데, 특히 성폭력 피해자와 정서적으로 매우 가까웠던 사람들은 더욱 그렇다. 기관의 생활교사들에게는 부가적인 부담이 될 수 있지만 성폭력 피해자들에게는 더욱 많은 관심과 특별한 보호가 필요하다. 우리는 성폭력으로 인해 나타나는 감정들을 가능한 한 빨리 교사팀에서 충분히 검토하여 해결책을 찾아야 하고, 무엇보다도 성폭력이 드러난 후에 재빨리 성폭력을 이야기할 수 있도록 해야 한다. 감정을 부인하는 것은 혼란을 가져온다. 가해자가 동료라면 감정의 혼란감은 종종 더욱 복잡해진다.

"우리는 왜 그것을 몰랐을까?" "내가 어떻게 단순히 그를 믿을 수 있었을까?" "나는 매우 화가 난다." "나는 충격받았다." "나는 그를 안다고 생각했었다." "나는 동료들을 정말로 신뢰할 수 있을까?" 무엇보다도 마지막 질문은 가능한 한 빨리 머릿속에서 다시 지워버려야 하며, 그것은 당연히 그래야 한다. 우리는 서로 믿음을 바탕으로 일을 진행해야 하고, 믿음은 성폭력이 일어나지 않는다고 단정하는 것에 관계없이 피해자들을 위한 조치를 실행하는 데 업무의 출발점이 되어야 한다.

근본적으로 교사팀을 위한 것은 성폭력 피해자를 위한 것과 똑같은 지침으로 적용된다. 우리는 감정 표현과 일상생활 간에 건강한 균형감을 찾아야 한다. 자기감정에 대해 이야기하는 것은(외적인 표현이라도) 성폭력 피해를 극복하는 데 건전한 방법이다. 우리는 진지해야 하고, 이때 정상적인 일상프로그램을 지속해서 진행해야 하고(성폭력에 대해 지속적으로 언급하지 않으면서) 그리고 성폭력 피해자를 위해 우리가 제시할 수 있는 것이 무엇인지를 분명히 해야 한다. 이것은 안전하고 가능한 한 믿을 수 있는 주위환경과 같이 고통을 덜 수 있는 여유와 일상생활을 해나갈 수 있도록 배려해 주는 것이다.

과잉반응

우리가 성폭력에 대해 과도하게 반응하는 것은 지극히 정상적인 일이다. 모든 이러한 감정들이 실제 성폭력 피해자가 가지는 감정이 아니더라도 그들에게 이 감정들이 투영될 수 있다. 그러므로 우리는 피해자들의 고통들을 가능한 한 우리 자신에게 최소한으로 이입하여야 한다. 우리는 이 감정들에 적당한 거리를 두어야 한다. 더욱이 과잉반응은 성폭력을 당했다는 것이 확실하게 드러나지 않았을 때에도(동료들이 암시적 신호에 대해 지나치게 과민하게 반응할 수 있다.) 많은 사람들이 나타내는 감정 표현이다. 그리고 동료 자신들도 성폭력을 암시하는 신호들을 제기할 수도 있을 것이다. 교사팀에서는 우리의 감정들에 대해 명확하게 이야기하고 모든 감정 발산에 앞서 이성을 지켜야 한다.

우리가 성폭력이라는 주제를 접하게 되면, 동시에 우리가 가지고 있는 규범과 가치기준으로 감정들과 우리 자신의 부정적인 경험들에 연관시키게 될 것이다. 어떤 생활교사는 이러한 갈등을 잘 극복할 수 있고, 어떤 다른 생활교사는 당사자인 지적장애인의 감정들에 대해 동정할 수 없을 정도로 커다란 어려움을 안게 된다. 이것에 대해 교사팀에서는 함께 이야기를 나누어야 하는 것이다.

항상 깊이 있게 성폭력에 대해 이야기하는 것이 필수적인 것은 아니다. 오히려 그것은 피해자에게 너무 고통스러울 수 있다.

무엇보다도 성과 성폭력(제7.8절 참조)에 대한 자기만의 경계선을 분명하게 정하는 것이 최고로 방법이라고 여겨진다. 당신이 성폭력을 당했다고 한 번 상상해 보라! 당신은 그 일에 대해서 당신이 믿고 있었던 사람에게 어떻게 반응하겠는가?

"제발 나를 쳐다보지 말아요!"

저자는 지적장애인을 돌보고 있는 한 생활교사를 만나게 되었다. 그의 이름을 여기서는 페터라고 소개한다. 그는 지금 32살이고, 그가 18살 이후에는 네덜란드의 가장 끝에 있는 지역으로 이사를 했다. 다음은 페터의 이야기이다.

사례

"나는 8살 때부터 18살 때까지 나의 계부로부터 성폭행을 당했고, 이에 대한 문제를 안고 살아왔다. 이 시기에 일어났던 성폭력은 나의 인생을 결정해 버렸다. 나는 불안했고, 불신했으며 그리고 어쩌면 매우 순진했을 수도 있다.

나는 매일 불안감을 가지고 살았고 항상 긴장했다. 내가 학교에서 자전거를 타고 집으로 갈 때마다 스스로에게 물었다. 그가 지금 집에 있을까? 집에서 나는 몸을 움추렸고, 나는 내가 눈에 띄지 않기를 바랐다. 나는 항상 이러한 느낌속에 빠져서 두려움에 떨었다. '제발 그가 나를 보지 않았으면.' 나는 내 자신이 끔찍할 정도로 부끄러웠고 죄책감을 느꼈다. 내가 성폭력을 당했음에도 불구하고 내 자신이 죄책감을 가지다니 이상한 일이었다! 나는 스스로를 불결하게 느꼈고, 어떠한 경우에도 다른 사람들 눈에 띄지 않기를 바랐다. 나는 나의 관심사들을 모두 억압했다. 그렇지 않았으면 어쩌면 사람들은 나에게 관심을 가졌을 수도 있었지만, 이 기간 동안에는 내가 정말로 원했던 대로 어느 누구도 나에게 실제로 관심을 두지 않았다.

나의 계부는 나를 위협했다. 내가 엄마에게 그 일에 대해 이야기하면 엄마와 나의 관계는 깨어질 것이라는 것이다. 그 외에도 나는 용돈을 더 받을 수 없다는 것이었다. 그는 나의 죄책감이 더욱 커지도록 나를 완전히 몰아붙였다.

나는 더 이상 나의 어린 시절에 대한 어떤 아름다운 것도 기억할 수 없다. 이 모든 것은 나에게 있어서 이미 지나가 버린 일이다.

18살 이후에도 나는 수년 동안 두려움으로 살았다. 나는 계부가 전화를 받을까 봐 집에 전화할 용기를 내지 못했다. 나는 내 자신의 반응, 나의 분노 그리고 그것이 가져올 일들에 대한 두려움으로 가득했다. '내가 만약 그와 싸우게 된다면 나는 스스로를 통제할 수 있을까?' 그러나 다른 측면에서는 내가 다시 그러한 상황으로 떨어질까 봐 두려웠다.

'내가 지금처럼 그 당시에도 인식할 수 있었더라면!'

교장선생님의 도움으로 나는 3년 전에 많은 것을 얻을 수 있었다. 그는 내가 부모님 집을 떠난 후 내가 마음의 벽을 쌓았을 때 그것을 깨뜨려 준 첫 번째 사람이었다. 그는 모든 시간이 흐른 후에 나의 이야기들을 모두 할 수 있었던 사람이고, 나의 행동/나의 성격 그리고 사건들 간에 분명한 관련성을 지켜보았던 유일한 사람이었다. 사실은 내가 이미 항상 알고 있었던 것을 말로 요약하였던 것이다. 나는 그렇게 많은 시간이 지난 후에 그 일을 극복하는데 완전히 기진맥진되었다. 불안, 수치심 그리고 죄책감으로 휩싸였던 몇 년의 시간들이 한 번에 갑자기 뚫려버린 것이다. 내가 그것에 대해 이야기할 수 있었고, 조건 없이 나를 믿었던 사람들은 내가 그 사건들을 극복할 수 있게 하였다. 그들은 나에게 엄청난 안도감을 주었다!

'너는 그것에 대해 이야기해야 한다'고 교장선생님은 말씀하셨다. 그는 내가 나의 아내와 그것에 대해 이야기하도록 용기를 주었다. 나는 엄청난 죄책감으로 인해 그때까지 용기를 가지지 못했었다. 나는 나의 아내에게 이야기하는 것에 대한 엄청난 두려움이 생겼고 불면의 밤들을 보냈다. 그러나 그녀는 그것에 대해 멋지게 반응해 주었다. 서서히 나는 내가 어렸을 때 누군가가 나를 아프게 했다는 것과, 그것에 대해 어떤 죄책감을 가질 필요가 없다는 것이 분명해졌다. 내가 그 당시에 지금처럼 인식할 수 있었더라면...

스스로에게 솔직해지는 것은 나의 삶을 다시 이해하는데 도움이 되었다. 나는 이제 더 이상 나의 과거에 얽매이지 않을 것이다. 나는 이제 살아가는 것을 배웠다. 이제 나는 내가 얻은 삶으로 나아갈 수 있다는 자신감이 생겼다.

사람들과의 관계에서도 나는 그들에게 어떤 것에도 압박받지 않고 잘 지낸다. 나는 이러한 감정을 말로 표현할 수 없지만, 그것이 나에게 어떤 느낌을 주는지 잘 알고 있다.

'지적장애인의 신체표현에 대한 이해!'

7년 전에 나는 지적장애인을 위한 생활교사로 일을 시작했다. 나는 이 사람들이 신체중심적인 행동을 하는 것에 익숙해져야 했다. 대부분이 쉽게 나의 무릎에 앉아서 뽀뽀를 하거나 또는 팔을 감고 안겼다. 그들은 나에게 너무 가까이 접근했다! 그것은 나를 두렵게 했다. 기숙사생 중 한 여성장애인은 간질이 있었다. 간질이 있는 사람들은 휘감기는 식물과도 같다. 그녀는 종종 나에게 자기의 몸을 기대곤 했다. 처음에 나는 이러한 상황에서 어떤 태도를 취해야 하는지 알 수 없었다. 나는 '이제 내가 10까지 세고 그리고 나면 나는 항상 그녀를 떼어 놓아야지'하고 생각했다.

그러나 나는 지적장애인에 대한 모든 것을 배울 수는 없었다! 이 사람들 덕분에 나는 변했다. 그들의 애정표현은 대부분이 성적인 것과는 아무 관련이 없는 것이고, 그저 따뜻함이었다. 그들은 '나는 즐거워' 또는 '너가 있다는 것이 좋아'라는 말을 하고 싶었던 것이다. 그것은 그들의 자연스러운 의사소통방법이었다. 그들은 기쁨 또는 불평을 훨씬 더 자연스럽게 체험했다. 우리는 생활교사로서 지적장애인의 행동이 성적 의미가 있다고 생각하는 경향이 있다. 이것이 무슨 어리석은 말인가! 그것은 우리만의 해석이다.

나는 지적장애인이 신체적으로 가까이 다가올 때마다, 나를 생활교사로서 다른 의도 없이 쓰다듬어 줄 때마다 아주 기분이 좋아진다. 이것은 순수하고, 진실하고 그리고 어떤 권력적인 폭력이 없는 행위이다. 그들과의 이러한 경험은 나를 훨씬 더 자유롭게 했다.

'우리는 사람들과의 관계를 통해서 진실을 보여 준다.'

내가 일하고 있는 기관에서 한 여성 지적장애인은 성교육을 들을 때마다 이를 거부하고, 이것은 생활교사인 나에게 더 큰 어려움으로 남게 된다. 얼마 전에 한 남성 지적장애인은 동료장애인 여성이 매우 광란한 행동을 했다고 말했다. 내가 그녀에게 갔을 때, 그녀는 울면서 소리를 질렀다. 그녀는 나에게 그의 삼촌에게 성폭행을 당했다는 것을 그녀 나름대로의 방식대로 분명히 표현하였다. 그것은 나를 엄청나게 혼란스럽게 했다. 한편으로 나는 그녀를 정말로 돕고 싶었지만, 다른 한편으로는 모든 나의 기억들을 다시 되살아나게 했다. 나는 나의 지난 과거의 기억들을 그녀의 일과 관련시키고 있다는 것을 느낄 수 있었다. 나는 그녀가 그 일에 대해 어떤 책임이 없다는 것을 분명히 말해 주었다. 그리고 그녀가 우리에게 이야기한 것은 정말 잘한 일이라고 조용히 말해 줄 수 있었다. 나는 그녀의 편에 서서 그녀를 위해 있었다. 결국 내가 결정한 것은 긍정적으로 대처할 수 있는 감정을 얻게 되었다는 것이다."

우리는 성폭력이 우리에게 어떤 감정들을 일으키게 하는지 교사팀에서 서로 의견을 나누어 본다. 대화에서 우리는 모든 것을 언어로 표현하는 것에만(우리는 치료가 필요한 것이 아니다.) 목적을 둘 것이 아니라, 오히려 우리가 감정 표현을 통해 스스로 책임감을 가질 수 있어야 한다.

7.7 피해자 부모에 대한 보호

"지적장애 딸을 둔 한 부부는 부모모임에 나가고 있다. 그들은 장애인 시설에서 생활하고 있는 딸이 성폭력을 당했고, 이 일에 상당히 힘들어하고 있다. 그렇지만 생활교사의 관심은 단지 직접적인 당사자에게 집중되어 있다. 성폭력 피해자와 생활교사, 부모까지 어느 누구도 성폭력 피해자로 느낄 수 있다는 것을 생각하지 못하고, 특별한 보호가 필요하다고 생각하는 것 같지 않다. 부모들은 일어난 일에 대해 거의 동참하여 나누지 못하고, 그 일에 대해 함께 이야기를 나누지 못했으며 또한 그들은 어떤 유형의 정보도 얻지 못했다. 부모는 실제로 일어난 일이 무엇이었으며 그리고 어떤 대책이 세워졌는지에 대해서도 우연히 스스로 알게 된 것이었다. 그리고 이번 일이 일어난 기관의 다른 지적장애인의 부모들에게도 정신없는 이 상황은 잊혀졌다."(Ter Haar, 1994)

지적장애인의 부모들은 일어난 일들을 빨리 기억 속에서 지우고 싶어 하겠지만, 그들은 사후 일을 책임지려고 한다. 그들이 한 기관에 대해 가졌던 신뢰감이 무너져서는 안 된다. 대부분의 부모들은 일어난 사건으로 인해 상당히 충격을 받을 수 있고 그리고 많은 의문들을 가질 수 있다.

"어떻게 그런 일이 일어날 수 있었는가?" "이제 우리 아이는 어떻게 해야 하는가?" 인상적인 것은 부모들도 기관에서 일하는 생활교사들과 똑같은 질문들을 가진다는 것이다. 이러한 질문들과 감정들에 대해 유의하여 관심을 두어야 한다.

피해자 부모에게 정확한 정보를 중재하고, 사건에 대해 동참시키는 것은 성폭력 후에 가장 중요한 것이다. 가장 먼저 해야 할 일은 직접적으로 이 일과 부딪치게 된 피해자 가족과 부모를 찾는 것인데, 이것은 그들에게 불신감, 공격성, 분노, 불쾌감과 고통 등의 많은 감정들을 일으키게 하기 때문이다. 그러므로 우리는 피해자 부모들에게 정기적으로 관심을 가지고 이들을 위한 조치를 취해야 한다.

또한 기관에서 생활하고 있는 다른 지적장애인들의 친척들이나 부모들에게도 실제 일어난 일에 대해 부모교육시간에 중재해야 한다. 일반적으로 부모들과 친척들에게는 그러한 일들이 일어난 후에 많은 동요가 일어나게 된다. 부모들의 저녁모임에서는 그들이 감정을 표현할 기회를 가지고, 질문에 대한 답변을 얻고 그리고 그것에 대한 지식을 얻고, 피해자와 가족들을 위해 앞으로 어떤 대책들이 있는지에 대해 중재하여 준다(이들에 대한 보호와 조치뿐만이 아니라, 이러한 경우 전체적인 과정에 대한 규정에 대해서도 언급. 제7.10절 참조). 어쩌면 이러한 부모모임시간은 서로를 이해하는데 조금 더 도움을 줄 수 있을 것이다. 마지막에는 부모모임시간이나 개별적인 모든 과정들 속에서 진행사항이 평가되고 점검되어져야 한다. 또한 이때 우리도 어떤 것도 감추지 말고 투명하게 개방적이어야 한다. 제8장에서 성폭력 피해자 부모들과의 관계 형성에 대해 자세하게 언급될 것이다.

7.8 자신과 다른 사람들의 경계선 지키기

제6.7절에서는 '자위행위에 대한 지원'에 대해 언급되었다. 제7.6절에서 독자들은 성폭력의 부정적인 경험으로 인해서 불안감과 하위문제들을 지니고 있었던 페터에 대해 읽었을 것이다. 위 두 사례의 경우를 통해서 사람들은 경계선을 어디까지 두어야 하고, 경계선을 어떻게 다루어야 하는지에 대한 궁금증을 가지게 된다.

다른 사람들과의 관계에서는 자신이 지켜야 할 경계선을 잘 인식하는 것이 중요하다. 그리고 우리의 경계선에 대해 상대방에게 말할 수 있어야 한다. "그만, 이제 너는 경계선을 넘었다. 너는 지금 나에게 폭력을 행하고 있는 것이다." 대부분의 경우에 우리는 자신의 경계선을 변경하는 것이 필요할 수도 있다. 우리가 언제 다른 사람들의 경계선을 벗어나는지를 알게 되면, 비판의 자기반성이 일어난다. 우리는 교사팀에서 공동의 경계선을 어디에 두어야 할지에 대해 의견을 모아보고, 우리도 개인적인 경계선에 대한 의견을 서로 나누어 본다.

'성폭력'의 주제는 경계선을 벗어났다는 것을 의미한다. 성폭력의 발생은 경계선을 벗어난 것을 분명하게 나타내는 것이다. 교사팀에서 경계선을 두는 것과 개방과 관련하여 명확하게 제시하는 것은 성폭력을 예방하는 데 도움이 될 수 있다(실제로 성폭력을 예방할 수 있다). 우리는 생활교사로서 얼마나 자주 지적장애인들과 내적인 친밀한 관계를 가지는가? 우리는 한 번쯤은 그들이 목욕이나 샤워를 할 때, 그들의 몸에 비누칠을 해 줄 때, 그들이 옷을 입을 때 도와주는 등의 행동에 대해 생각해 보자.

이 모든 행동들은 실제로 매우 아름다운 순간들이고, 우리가 지적장애인들과 좋은 관계를 가지고 있을 경우라면, 그러한 순간에 서로의 관계는 심도 깊게 증진될 수 있다. 그것은 다른 사람들과의 관계 발전에 도움이 되는 공동의 연결고리를 다지는데 매우 신뢰성 있는 순간일 수 있다. 다른 사람들과 서로 신뢰하고 있다는 느낌은 세상을 인식하는 것을 배우는 기초가 된다.

경계선에 대한 인식

단지 성폭력이 일어날 수 있다는 이유로 우리가 더 이상 누구와도 신뢰감을 가지고 지낼 수 없다면 정말 끔찍한 일일 것이다. 우리가 생활교사들에게서 종종 접하게 되는 이러한 과잉반응들은 어떠한 경우에도 수긍할 수 없다. 오히려 우리는 지적장애인들과의 스킨십을 거부하지 않아야 한다. 그러나 우리는 매우 분명한 의식을 가지고 그들과의 관계에 대한 책임감을 가지고 모든 관련자에게 넓은 마음을 여는 것이 필요하다.

모든 관련자들의 개방적인 태도는 '지적장애인의 성과 이성관계'라는 주제에 대한 전제조건이 된다. 이 주제에 대한 지식들과 개방성은 지적장애인에 대한 분명한 인식과 밀접한 관련성이 있다(Bosch, 2000). 그러므로 저자는 성과 이성관계 영역에 대해 완전히 마음을 여는 것에 적극 찬성한다. 상호간에 마음 열기, 부모에 대해 마음 열기 그리고 기관장의 마음 열기. 우리는 지침상으로 이 주제에 대해 정하여야 하고, 우리는 그 어떤 것에 대해서도 부끄러워할 필요가 없다. 다른 사람들에 대해서 마음을 여는 개방성은 결국 전문가적인 책임감에 대한 질적인 질문이 되는 부분이다.

사례 1

장애인 시설에 살고 있는 한 남성 거주자는 여성 생활교사가 그에게 가까이 오게 될 때마다 항상 몹시 흥분하게 되고 사정을 한다. 여성생활교사는 그 일에 대해 기절할 정도로 어찌할 바를 모르겠다고 교사팀에서 이야기를 하였다. 교사팀의 관점으로는 이것은 그가 지켜야 할 (무의식적인) 경계선을 넘어섰다는 의견이었다. 그의 인지적 수준은 그의 행동에 대해 이야기를 할 수 있을 정도였다. 그는 여성 생활교사로부터 성영역에 대해 설명을 들었고, 그리고 그녀가 참을 수 있는 경계선을 넘어선 그의 행동으로 인해 어려움을 가지게 되었다고 그에게 설명했다. 그래서 그가 흥분하게 될 때마다 그는 자기 방으로 가도록 하였다.

이러한 중재는 가능한 한 중립적으로 중재되었고, 그는 이것이 벌을 받는다는 느낌을 갖지 않도록 해야 했다. "우리가 그를 어떻게 도와줄 수 있을까?" 하고 한 교사팀원이 질문했다. "우리는 성교육을 통해 무엇을 성취할 수 있을까?"

사례 2

중도의 지적장애가 있는 마르기트는 무엇보다도 최근에 저녁 잠자리에 드는 것이 매우 두렵다고 이야기했다. 그래서 그녀는 야근을 하는 여성 생활교사에게 자기와 함께 잘 수 있는지에 대해 물었다. 이때 생활교사는 어떻게 반응해야 하는가?

이러한 경우에는 그녀의 태도가 의미하는 것을 이해하는 것이 중요하다. 두려움에 대한 실제적인 이유인가? 그렇다면, 우리는 먼저 두려움의 원인을 찾아보아야 하고 그것에 대한 변화를 시도해야 한다. 그러나 그것이 도움이 되지 않는다면 어떻게 해야 하는가? 생활교사는 그녀와 함께 잠을 자야 하는가? 여기에는 두 가지의 방법이 있다. 첫째, 생활교사는 그녀의 잠자리에 함께 하지 않는 것인데, 이것은 네덜란드 시설규정사항에서 제외되어 있기 때문이다. 두 번째로, 생활교사는 그녀와 함께 잠을 자는 것인데, 이것은 생활교사의 의무로 규정에 없더라도 그러한 상황은 예외상황이라고 생각하기 때문이다. 이럴 경우에는 장애여성 당사자가 생활교사와 함께 있기를 정말로 원한다는 것이 당연히 전제가 되어야 하고, 그것을 서면으로 증명해야 한다. 생활교사는 선택해야 한다!

사례 3

특수학교에서 남학생은 끊임없이 여교사의 가슴에 몸을 기댄다. 이러한 행동에 대해서는 분명하게 경계선을 제시해야 하고, 원인을 찾아보아야 한다. 이러한 학생은 성교육이 필요한가?

사례 4

소규모의 장애인 시설에 살고 있는 한 남성장애인은 여성생활교사에게 자기가 목욕할 때 등을 밀어달라고 요청한다. 그러나 생활교사들은 이 남성장애인이 혼자서도 잘 할 수 있다는 것을 알고 있다. “아니, 얀, 난 그것을 도와주지 않을 거야. 그 이유에 대해서는 내가 너에게 나중에 설명해 줄게. 목욕을 다하고 나면 나에게 잠시 올 수 있겠니?”

그리고 생활교사는 얀에게 설명했다. 그녀는 그의 목욕을 도와주는 대신에 그와 개인적인 시간들을 나누기 위해 노력한다(함께 장보러 가기, 텔레비전 시청하기, 무엇인가 재미있게 시간 보내기). 그리고 그녀는 얀에게 목욕할 때 도와주는 것은 함께 나누는 일에 포함되지 않는다는 것을 분명하게 설명했다. “그러한 일은 너가 아주 가까운 관계를 맺고 있는 사람하고만 하는 것이야.” 하고 그녀가 말했다. 그러나 얀은 “아주 가까운 관계가 무엇인가요?” 하고 질문했다.

사례 5

장애인 시설에서 일하고 있는 생활교사인 에콰도르는 마리안네의 등을 씻어준다. 마리안네는 그렇게 하여 정말로 에콰도르의 환심을 사려고 하고, 그에게 바싹 달라붙는다. 그러면 그녀는 흥분하게 된다. 그러한 행동은 생활교사인 에콰도르를 냉정하게 하는 것이 아니라, 오히려 그를 자극시키기도 한다. 그는 마리안네가 아름답다고 생각한다. 그의 동료는 그것을 이미 감지했다. 에콰도르는 자기 감정들을 어떻게 통제하고 그리고 그를 당황하게 하는 자신의 모습이 동료들에게 어떻게 비추어질까?

직업적인 역할과 감정 사이에 경계선 지키기

앞에 제시된 사례들은 우리의 직업적 역할과 감정 사이에 경계선을 지키는 것에 대해 언급된 것이다. 경계선을 정하는 것은 명확해야 하고, 이를 위해서는 정기적인 대화, 팀회의 그리고 마음을 여는 것이 필요하다. 지적장애인과 생활교사들 간의 아주 내적인 활동들을 통해서(성교육) 지적장애인의 성에 대한 감성들을 일깨워 주고, 그리고 그것은 아주 정상적인 일이다. 그들에게는 인간적인 것이 전혀 낯선 것이 아니다. 그렇지만 가끔은 생활교사들도 성에 대한 감정들을 일으키기도 한다. 생활교사들은 자기가 일하고 있는 장애인 기관에서 자신의 이야기들이 어떻게 드러났는지 상상할 수 없고 생각하려고도 하지 않는 것이 사실이다. 또한 그들에게도 인간적인 것이 낯선 것이 아니다. 우리는 이 주제에 대해 팀회의에서 많은 관심을 가지고 이야기를 나누어 보아야 한다.

우리는 생활교사로서 우리의 직업적 역할을 실행하고, 그리고 이러한 직업적 역할 내에서는 인식하고 있는 사적인 상황들이 개인감정을 일으키더라도 지적장애인들과의 특정한 개인적인 행동들은 금지되어 있다. 그러나 이러한 사적인 감정이 생긴다는 것은 지극히 정상적인 것이며, 그것은 우리가 돌로 만들어진 존재가 아니라 단순히 인간이기 때문에 일어날 수 있는 것이다. 그렇지만 우리는 자신의 감정을 알고 그것을 통제할 수 있을 때 진정한 전문가라는 것이 드러나게 된다. 그러므로 강함 속에서의 부드러움 그리고 권력 속에서의 무력감은 계속해서 변하는 것이다!

네덜란드에서는 지적장애인과 잠을 자거나 성적 행위를 하는 것은 금지되어 있다. 반대의 경우로 지적장애인이 그러한 행위를 요청하는 것도 마찬가지로 금지된 사항이다.

사례

노르마는 근래에 들어서 남성 생활교사가 그녀에게 이불을 덮어 주러 올 때마다 그녀는 침대 위에서 다리를 경직하여 뻗는다. 노르마는 성폭력을 당한 경험이 있다.

지적장애인의 자위행위를 도와주거나 아니면 콘돔을 사용하는 것을 도와주는 것(성교육시 제대로 안내되지 못하였기 때문)에 대해 토론하는 것은 매우 어려운 일이다. 또한 직업적인 역할과 감정 사이의 경계선을 두는 것은 어려운 일이다. 서로가 모든 것에 대해 개방하여 이야기를 나누고 진행과정들을 정하는 것도 어려운 일이다. 그러므로 이것을 가능하게 하는 전제조건은 개방적인 기관과 개방적인 환경을 조성하는 것이다.

교사팀은 닫혀 있는가 아니면 개방적인가?

어떤 교사팀에서는 모든 것에 대해 이야기하는 것이 세상의 가장 정상적인 일이라고 여기고, 다른 교사팀에서는 그것이 쉽지 않은 경우도 있다. 이러한 경우에 관계없이 지적장애인을 돌보는 문화를 변화시키기 위해 지원을 제공할 수도 있을 것이다. 이를 위해 대화는 정기적으로 실행되어야 하는데, 이것은 무엇보다도 지적장애인을 돌보는 교사팀의 공감대가 자주 바뀌기 때문이다.

여러 장애인 기관에서는 결정된 사항들과 실행 간에는 큰 의견 차이가 일어난다. 가끔은 기관의 공식적인 결정과정들이 기관의 직원들에게 알려지지 않기도 한다! 그러므로 이것에 대해 정기적으로 논의되어야 한다. 다음에 이어지는 장에서는 이 주제에 대해 언급될 것이다.

7.9 좋은 성교육의 의미

제6장에서 '성교육'에 대한 주제를 다루었다. 그리고 성교육은 매우 넓은 영역이고 단순한 성기관의 기술적인 행위 이상의 의미를 지닌다고 기술하였다. 성교육의 의미에는 긍정적인 신체상을 발전시키고, 능력, 경계선 지키기 그리고 "싫어!"라고 말하기, 성의 개념, 이것이 허용하는 것과 허용하지 않는 것에 대해 인식하는 것이 포함된다. 지적장애인들도 장애정도에 따라 이러한 의식을 가지도록 지도할 수 있다. 지적장애인은 그들의 의존성 때문에 이에 대한 모든 지식과 능력을 준비하는 것이 비장애인보다도 더 중요하다. 이것은 우리가 '성폭력'이라는 주제를 생각하게 될 때마다('전형적인 피해자') 빨리 드러나는 사실이다.

지적장애인은 인식을 중재시키는 것과 관련하여서 우리에게 의존해 있는 대상이다. 그들을 변화시키거나 또는 우리가 지닌 근본적인 인식으로 그들을 좌절시키기도 한다. 그렇다면 우리는 개방하는 것에 유의해야 하는가? 우리는 자신을 잘 드러내는가? 우리가 단념하는 것은 쉬운 일이지만, 그것은 전문가적인 태도가 아니고 책임감이 없는 태도이다. 우리는 지적장애인들에게 적절하게 설명하는가? 우리가 그들에게 성영역에 대한 적절한 발전을 성취하려고 한다면, 그들에게 성교육을 중재할 의무가 있다. 좋은 성교육은 바로 성폭력에 대한 예방이 된다.

성폭력을 감소시킬 수 있는 몇 가지 사항들을 다음과 같이 제시할 수 있다.

1. 지적장애인의 성과 이성관계에 대해 개방하기
2. 지적장애인에 대한 개방: 적절한 성교육
3. 지적장애인의 자기방어능력 신장시키기: 성, 내면적인 친밀한 관계 그리고 신체상과 관련된 모든 영역 포함
4. 소속된 조직에서의 동료에 대해 마음 열기
5. 개인적인 이야기에 대해 개방하기
6. 성폭력을 암시하는 신호에 대한 인식 향상시키기
7. 성폭력에 대한 조기인식과 알리기(제7.10절 참조)
8. 성 관련 주제들을 대화나 토론에서 언급하기
9. 생활교사와 지적장애인 사이에 일어날 수 있는 신체적/사적인 상황들에 관심가지기(경계선 지키기에 대한 인식)
10. 지적장애인에 대한 진지한 자세 가지기
11. 성과 이성관계 그리고 성폭력 발생 과정에 대해 설명하기(제7.10절 참조)

장애인 시설의 시설장은 성폭력 발생에 대해 낙관적으로든 또는 심지어는 감추어지게 될 경우에 대해서도 큰 책임을 가지게 된다.

Van Berlo(1995)는 장애인 관련 시설의 역할에 대해 다음과 같이 서술하였다. “기관은 모든 사람들에게 인정받고 성폭력의 암시적 신호와 관련하여 전문적인 판단이 필요한 성과 성폭력과 관련된 성교육의 실행과 명확하게 제시된 과정들에 대해 기관으로서 책임을 가져야 한다. 교사팀에서도 성과 성폭력이 대화의 주제로 다루어져야 하고, 이 ‘삼각지대’주제는 토론되어야 하며 그리고 경계선을 벗어난 행동에 대해서 언급되어져야 한다.” ‘삼각지대’ 주제는 우리가 한 사람과 사적인 관계에 빠

질 경우(제7.8 참조)를 말한다. 또한 이것은 신체적으로 접촉하는 순간 그리고 원했던 접촉(그리고 이러한 순간은 우리가 항상 반복해서 강조하는 것을 잊지 않아야 한다.)을 인식하는 순간 또는 무의식적으로 성적 접촉으로 변화할 수 있는 순간을 말한다. 그러한 순간들은 우리가 공개적으로 주의하여 방지해야 한다.

우리는 서로가 마음을 열고 개방하는 것을 통해 정상적으로 행동하게 된다. "우리는 정말로 긴장을 풀고 서로에 대해 신뢰감을 형성할 수 있는가? 물론 우리는 무엇이 용납되고 무엇이 그렇지 않은지, 미묘한 상황들에 대해 서로 이야기하고 그리고 어떤 것에도 침묵하지 않도록 분명히 해야 하고 개방적이어야 한다. 우리에게 특정한 감정들이 낯선 것이 아니라는 것을 인정하게 되면, 우리는 자기통제력을 갖게 된다. 아무것도 하지 못하는 무력감은 때로는 권력의 힘이 되기도 한다! 그러나 우리는 개방적으로 대화하고 공동체의 길을 찾아야 한다. 마음을 여는 것은 바로 질적인 측면을 의미한다. 우리가 서로 소통하지 않으면 성폭력은 더욱 많이 발생하게 될 것이다. 그러므로 우리는 이에 대해 전문가적인 역할과 자세로 임해야 한다!"(Bosch 1996)

전문성은 우리 전문지식의 요구에 달려 있고, 이에 대해 더욱 많은 작업들이 이루어져야 한다. Van Berlo(1995)는 연구조사에서 다음과 같은 결론을 얻게 되었다. "다른 유형의 시설들에 비해서 장애인 수용 병원시설에서는 대부분의 설문참여자들이 성폭력의 의혹이 있을 때 성폭력의 암시적 신호를 인식하는 것이 절실하게 필요하다고 느끼지만, 성폭력의혹에 대해 적절하게 다룰 수 있는 전문가적 방식이 훨씬 더 부족하게 실행되고 있다. 생활교사연수나 교육에서 지적장애인의 성과 성교육에 대한 주제와 성폭력에 대한 주제들은 그렇게 많이 다루어지지 않고 있다." 이 결과는 교육기관이나 교사양성과 같은 기관에서 책임감을 가지고 교육이 실행되어야 하는 것을 의미한다.

7.10 성교육 지침에 대한 의미

성폭력과 관련하여 장애인 시설에서 정한 공적인 성교육 지침은 질적인 도구이자 전제조건이며, 그것은 한 기관의 모든 직원들에게 알려서 실시해야 한다는 것을 의미한다.

성과 관련된 명확한 지침들에 대한 근본 인식은 서로 밀접하게 관련되어 있다. 여기에서 근본 인식은 바로 말할 수 있다는 것을 의미한다. "지적장애인이 성의 실체에 대해 형상화할 수 있을 때, 그리고 그것에 대해 (언어적 또는 비언어적으로) 의사소통할 수 있을 때, 그들은 성폭력을 인식할 수 있고 그리고 어쩌면 심지어는 성폭력을 예방할 수도 있을 것이다."(Van Kooten Niekerk 1991) 성교육 지침에서는 성폭력의 의혹이 있을 경우 어떻게 그 해결 과정들이 진행되어야 하는지에 대해 단계별로 나누어 실행되어야 한다. 누가 어떤 단계를 맡아서 진행해야 하며, 왜 그리고 어떻게 책임감을 규정하는지에 대해 제시되어야 한다. 성교육 지침에 대한 전체과정들을 인식하기 위해 Van Kooten Niekerk의 책 『알려지지 않은 이야기(Unerhoert)』를 참고한다. 장애인 관련 시설들은 이러한 성교육 지침들에서 많은 도움과 효과를 얻을 수 있다.

그렇지만 저자는 이 주제에 대해 더 이상 큰 범위로 확대시키고 싶지 않다.

성교육 지침으로 지적장애인과 생활교사들이 원하는 것은 지켜지게 된다. 생활교사는 그들이 어떤 특정한 의심을 가지게 될 경우 자신들이 무엇을 해야 하는지를 인식하고, 확실한 방식을 통해 지원받고 있다고 느끼게 된다. 동료(여성이든 남성이든)에 대한 성폭력의 의심은 주춤거리게 할 수도 있고 그리고 엄청난 죄책감의 고통을 불러올 수 있다. 그러나 성교육 지침을 통해서 특정한 의심들이 언급되지 않았을 경우에는 비전문가로서 상교육 지도에 대한 권한을 행사할 수 있다.

성교육 지침에서는 다양한 내용들도 포함시킬 수 있다. 예를 들어 성교육 대상그룹의 성에 대한 인식, 성폭력 의심에 따른 조치 과정, 성폭력 피해자와의 관계 형성, 가해자, 가족, 경찰, 가족구성원, 시기별 성교육 실행계획 등이다.

성교육 지침은 성폭력에 대한 예방역할을 한다. 성폭력 가해자들을 성교육 지침을 통해 범행발생을 저지시킬 수 있게 된다. 그러므로 성교육에 대해 개방하여 실행하는 것은 우리를 일깨우고 그리고 성교육 지침에 대한 정기적인 대화(새로운 동료와도)는 모든 사람들을 방심으로부터 보호해 준다.

7.11 토론주제

1. 당신의 동료는 성폭력이 성과 관계가 있다고 생각한다. 다른 동료는 성은 성폭력에 어떤 영향도 미치지 않으며, 그것은 권력과 무기력한 사람들에 대해 악습하는 것이라고 한다. 당신은 그룹에 참여한 사람들과 이 토론을 진행하고 마지막에 토론내용을 평가해 본다.
2. 당신과 다른 참여자들은 한 장애인 기관(학교, 보육시설, 장애인 관련 기관, 그룹 홈)의 동료들이라고 가정한다. 당신은 지적장애가 있는 청소년 그룹을 책임맡고 있다. 이 청소년 그룹은 지금까지 아직 성교육에 대해 접하지 않았다. 당신은 이제 앞으

로 이 주제를 어떻게 다룰 것인지에 대해 약 25분 정도 생각해 본다.

3. 저녁시간에 부모교육이 개최된다. 당신은 부모들과 직원들에게 성교육과 성폭력 간의 관련성에 대해 설명한다.
4. 당신은 성폭력에 대한 암시적 신호들을 알고 있는가?
5. 당신은 팀을 구성한다. 당신은 다른 사람과의 관계 형성에서 신뢰하는 사람들에게 자기 경계선을 어디에 두게 되는지를 분명하게 제시한다.
6. 주제: 나의 직업적인 역할과 감정들 간에 경계선은 명확하게 세우고 있다. 이에 대한 당신의 태도를 인식해 본다.

제 8 장

교사와 부모와의 관계 형성

8.1 개요

생활교사와 지적장애인의 부모는 서로에게 의존하고 있는 관계이다. 그들이 서로 어떻게 관계를 형성하고 있는가는 바로 지적장애인의 행복에 영향을 미치며, 또한 성(性)과 이성관계의 영역에도 작용한다. 실제로 부모와 생활교사들은 서로가 어떤 만남을 형성하고 있는가? 그들은 자신들의 현실적인 상황을 바로 인식하고 있는가 아니면 미묘한 주제들을 피하려고 하는가?(자기가 알지 못하는 것은 관심도 없다는 생각으로!)

제8.2절에서는 생활교사에 대해, 또한 반대의 입장에서 부모들이 가지고 있는 상호간의 관점들에 대해 언급된다. 제8.3절에서는 책임감, 부모의 감정 그리고 다양한 규범과 가치에 대한 부모와 생활교사간의 이해관계 형성하기에 대해 기술될 것이다. 제8.4절에서는 적절한 의사소통의 의미 그리고 제8.5절에서는 토론주제에 대한 숙고의 시간이 제시된다.

8.2 자화상 만들어가기

8.2.1 생활교사들이 기대하는 부모상

이 주제에 대한 기술은 어떤 체계적인 연구조사에 바탕을 둔 것이 아니라, 제 삼자의 보고서와 같은 저자의 몇 가지 경험에 의한 것들이다.

생활교사들은 가끔씩 탄식을 하기도 한다. "도대체 부모들은 성교육에 대해 어떻게 말할까?" 지적장애인을 위한 성교육과 이성관계(성영역)의 지원과 같은 주제들에 대한 부모의 의견들은 종종 일치하지 않는가? 지적장애인의 부모들은 그들 자녀를 위한 성과 이성관계의 주제에 대해 의견을 교류할 때는 표현하는 것을 어느 정도 자제하게 된다. 부모들은 자신의 감정을 완전히 억제하면서, 자녀들이 성에 대해 가지는 감정을 부끄러워하며 이야기하게 된다. 부모들은 잠자는 개를 깨우는 것에 대한 두려움을 갖고 있다. 그러므로 생활교사들은 부모들과 지적장애인의 성과 이성관계의 주제에 대해 이야기한다는 것이 어려운 일이며, 부모들은 보수적인 사고방식을 가지고 있다.

사례

헨리의 부모는 아들의 생활보호계획에 대한 상담시간에 초대되었다. 헨리는 18살이고, 한 지방의 농가에 있는 그룹 홈에 살고 있다. 생활교사 오토는 거리낌이 없는 대화를 하기를 바란다. 그의 상담팀은 성교육 목표처럼 헨리를 돌보기 위해서는 그가 다른 사람 앞에서 자위행동을 하는 것에 대해 이야기 되어져야 한다는 의견이었다. 교사 상담팀은 그의 부모가 이에 대해 어떤 의견인지를 정말로 알고 싶었다. 오토는 헨리의 부모가 매우 독실한 가톨릭 신자라서 엄격하고 그것에 대해 어떤 것도 알려고 하지 않기 때문에 성교육을 반대할 것이라고 주장했다. 오토는 분명히 문제가 생길 것이라고 확신하고 있다.

오토와 치료교사는 마주앉아 있다. 그들 사이에 한쪽 편에는 헨리의 부모들이 그리고 다른 한쪽 편에는 그룹 홈의 기관장이 앉아 있다. 기관장은 치료교사에게 말을 건넸다. "헨리가 최근에 상당히 빨리 많은 발전을 하였지요." 하고는 "그는 성영역에서도 아주 긍정적인 발전을 보인다."라고 말을 하기 시작했다. 그는 상담을 하면서 긴장하여 자리하고 있는 오토를 조심스럽게 쳐다보았다. "우리는 헨리가 지난 번에 샤워할 때, 침대에서, 그리고 다른 기숙사 동료들이 있는 거실에서도 자위행위를 한다는 것을 알게 되었습니다." 오토는 부끄러워서 시선을 다른 데로 돌렸다. "무슨 우연의 일치인지..." 하고 헨리의 엄마는 대화를 중단했다. "지난 주에 나는 헨리가 자위행위를 하는 것은 그가 건강한 청년이기 때문이라는 것을 남편에게 말했습니다."라고 그녀는 당당한 목소리로 말했다. 치료교사와 생활교사는 서로 말없이 시선만을 주고받았고, 생활교사 오토는 정말로 땅속으로 사라지고 싶은 눈치였다.

부모들은 모두 같은 의견을 가지고 있지 않다. 그들의 의견과 가치기준은 매우 다르게 엇갈릴 수 있다. 생활교사가 성에 대한 주제를 공개적으로 이끌어 낼 경우에 어떤 부모들은 이야기할 수 있는 기회를 매우 좋아하지만, 어떤 부모들은 자기 자녀의 성적 감정에 대해 전혀 알고 싶어 하지 않았다. 저자의 경험으로 보아 많은 부모들은 기관에서 그들의 지적장애자녀의 성과 이성관계에 대해 명료한 지침들을 제시하는 것이 좋다고 생각하고 있다. 그렇지만 대부분은 기관의 직원들 태도나 인식도 중요한 역할을 하기 때문에 그 주제를 이끌어내는 것은 그리 쉬운 일이 아니다. 부모들은 그들 자녀의 성적 체험에 대해서는 현저하게 다양한 의견들을 가지고 있다.

사례 1

35살의 발터는 소규모의 장애인 그룹 홈에 살고 있으며, 그는 경도 지적장애인이고 동성애자이다. 그가 크게 불행하게 느끼는 것은 남자 친구를 찾는 것이 생활교사의 도움으로도 어렵다는 것이다. 누군가와 잠자리를 갖게 되면 얼마나 좋을지에 대한 그의 호기심은 점점 커지고 있다. 어느 날 그의 아버지는 생활교사에게 파트너중개협회(제6.10절 참조)에서도 남성을 중개해 주는지에 대해 물어 왔다. 그는 아들이 이러한 경험을 할 수만 있다면 그의 아들이 환상에만 빠져 있지 않을 것이므로 좋게 생각한다고 했다. 생활교사는 그의 질문에 놀라고 당황했다. 협회에서는 실제로 남성들도 일하는 것 같았다. 이야기를 나눈 후에 생활교사와 발터는 협회에 알아보기로 약속했다.

사례 2

또한 마이케와 얀은 작은 장애인 그룹 홈에 살고 있다. 그들은 약 30살 정도이고, 한 사람은 경도 지적장애를 그리고 다른 한 사람은 중도지적장애를 가지고 있다. 생활교사는 이 두 사람이 단순한 우정 이상의 감정을 서로 느끼고 있다는 것을 눈치 채고 있었다. 그들은 거실이나 침실에서 만나서 서로 포옹도 한다. 생활교사는 우정, 이성관계, 함께 잠자리하기 등(제6장 참조)에 대해 어느 정도 선에서 성교육을 해야 할지에 대해 고민하고 있다. 또한 이 두 사람의 관계를 부모들에게도 알려 주었고, 얀의 부모는 성교육을 하는 것에 동의했다. 그러나 마이케의 부모는 전혀 동의하지 않았다. 그들은 얀이 마이케의 성적 감정을 깨운다는 것은 상상할 수 없고, 그리고 가장 결정적인 것은 그녀의 부모가 피임약 사용을 거부하는 것이었다. 이것은 그들을 꼼짝 못할 상황으로 이끌었다. 교사팀에서도 임신이 안 된다는 것에 대해 보장할 수 없었고, 그녀의 어머니는 얀과 마이케가 서로 떨어지게 하도록 요구했다. 교사팀은 누가 당사자인지 그리고 부모에게도 정말로 모든 것을 알려주어야만 하는지에 대해 고민하였다. 한 생활교사는 "나는 이성관계를 가지는데 나의 부모의 동의가 필요하지 않아. 나의 부모님이 나에 대한 모든 것을 알고 있는 것은 아니야." 하고 말했다. "우리는 어느 범위까지 사생활영역이라고 할 수 있는가?" "물론 선생님은 지적장애인이 아니잖아요." 하고 한 동료교사가 대답했다. "지적장애인 부모들은 그들 자녀로 인해서 자신의 모든 삶을 특정한 방식으로 책임감을 지고 살아가잖아요. 우리는 이제 마이케와 얀이 이성적인 감정을 가지고 있다는 것을 알게 되었지만, 우리가 그들의 사적인 생활을 얼마나 잘 보호하고 돌보고 있는지를 그들의 부모가 알게 된다면 어떻게 생각할까요?" 생활교사들은 어떤 해답을 찾지 못하고 그리고 그들이 제시했던 사항들을 생각했다. 그리고 마이케 부모의 행동에 대한 배경원인들이 무엇인지를 알아내려고 함께 노력했다. 이것은 모든 당사자들에게 정당한 권리를 주고, 그리고 무엇보다도 마이케와 얀에게도 정당한 권리를 부여하기 위한 것이었다.

인간의 모든 발달에 대해서, 그리고 성과 이성관계 영역에 대해서도 배우고 싶어 하는 부모들이 있다. 반면에 그러한 주제에 대해서는 아무것도 알고 싶어 하지 않는 부모들도 있다 – "그것에 대해서는 나의 다른 비장애자녀들도 아무것도 모르고 있고, 이 책임을 나는 선생님께 전적으로 맡깁니다. 선생님께서 더 이상 계속해서 할 수 없으시다면, 저에게 진실어린 조언을 주실 수 있을 겁니다." 모든 사람들이 똑같지는 않다 – 모든 부모들도 똑같지 않다.

8.2.2 부모가 기대하는 이상적인 생활교사상

지적장애인 부모들은 종종 생활교사들이 아직 너무 젊어서 인생경험이 그리 많지 않으며(부모 자신들의 경험에 비추어서), 성과 이성관계에 대해서도 매우 관대하고 그리고 자신들의 지적장애자녀의 행복을 위해서도 책임감을 가지고 있다는 생각을 피력한다. 그리고 부모들은 그러한 생활교사들에게 자신의 자녀를 위임해야 한다고 한다.

근본적으로 부모들은 생활교사가 그들의 자녀에 대해 어떻게 인식하고 있는가에 매우 의존하고 있다. 부모들은 종종 자문하기도 한다. "내 아이들이 돌봄을 잘 받고 있는가? 내 아이가 이 생활교사에게서 편안하게 느끼고, 보호받고 있다고 느끼는가? 이 생활교사는 내 아이를 위해 안전한 안식처가 될 수 있는가? 내가 긍정적인 뜻에서 비판을 하게 되면, 내 아이의 생활에 영향을 미칠까?" 대부분의 부모들은 그들이 생활교사에게 억압받지 않더라도 성가실 정도로 이러한 의존성을 경험하게 된다.

종종 부모들이 자기 자녀의 생활교사들을 만나서 알게 되고 신뢰감을 얻게 되었을 때, 생활교사가 기관을 다시 떠나야 하는 일이 생기기도 한다. 그렇게 되면 부모들은 이제 자신의 지적장애자녀를 돌보아주게 될 선생님을 다시 기다려야 한다. 이러한 의미에서 생활교사들은 자신들이 지적장애인과 관계를 지속적으로 가지려고 함에도 불구하고, 부모들에게는 생활교사들이 그리 믿음직스럽지 않은 것이다. 생활교사들은 성에 대해 어떻게 생각하는가? 그들은 부모의 입장에서 이해할 수 있는가 또는 모든 것을 허용할 수 있는가? 그는 부모들이 너무 힘들어서 손을 놓은 지적장애자녀들의 성영역에 대해 어떻게 생각하고 그리고 어떻게 돌보아야 하는지를 부모들에게 분명하게 제시하는 진보적인 사람인가?

모든 생활교사들이 똑같을 수 없으며, 그들의 의견과 가치규범들도 같은 이치이다. 한 생활교사는 가능한 한 공개적으로 성영역에 대해 명료한 성교육과 방법을 시작하는 것이(개방적인 태도, 모범되기) 얼마나 중요한지를 강조한다. 다른 생활교사는 기관이 명료하게 성교육 지침과 방법들을 규정하고 실행하지 않는 한, 그 주제에 대해서는 침묵하게 된다.

8.3 부모와 생활교사의 이해관계 형성하기

지적장애인의 부모들은 자신의 전 삶을 – 적게 또는 더 많이 – 장애자녀의 행복을 위해 책임이 있다고 느낀다. 그들의 자녀는 잠재능력들이 외면되고, 독립성이 부족하며, 완전한 자립능력이 부족하므로, 부모도 여전히 책임감을 가지게 된다. 부모들은 자녀와 관련하여 일반적으로 가장 믿을 수 있는 사람이다. 앞장에서 짧게 부모들은 생활교사를 믿지 못하는 상황에 대해 언급되었지만, 저자는 이와는 반대의견이다. 부모들은 안타깝게도 종종 이러한 생활교사의 현실을 받아들여야만 한다. "부모들은 이미 여러 생활교사들의 전출과 전입을 수도 없이 보아왔고, 그들이 다시 새로운 선생님과 신뢰감을 쌓는 데는 항상 많은 시간이 걸린다." (Lastige ouders bestaan neit, 1994)

생활교사들은 지적장애인의 부모가 어떻게 느끼는지를 과연 알 수 있을까? 그들은 부모가 되어 아이를 키운다는 것이 어떤 것인지 알 수 있을까? 저자의 아내는 예전에 몇 년 동안 지적장애아들이 생활하는 시설에서 그들을 돌보는 일을 한 적이 있다. 당시 나의 아내는 "내가 훗날 우리의 아이를 가질 경우도 이 아이보다 더 사랑할 수 있을지 상상할 수가 없어요."라고 이야기했다. 우리는 시간이 흐르고 그 사이에 세 아이들의 부모가 되었고, 아이들은 우리의 아주 커다란 기쁨이다. 그녀는 이제는 "그것은 무엇인가 다른 것이에요."라고 이야기한다. "이 아이들은 나의 아이들이고 그리고 내가 돌보았던 아이들은 내가 아주 많이 사랑했다고 해도 완전히 다른 감정들이에요." 부모로서의 감정은 이처럼 어떤 아주 특별한 것이다.

생활교사들은 이러한 부모로서의 감정들을 알 수 있을까? 그들은 지적장애아를 낳는다는 것이 부모에게 무엇을 의미하는지 알 수 있을까? 지적장애자녀를 갖게 된 부모들은 그 동안 자신과 가족에 대해 꿈꾸고 그려왔던 그림들을 지워야 한다. 즉, 사회의 기대와 규범에 부응하지 못하는 자녀와 함께 살아가는 것을 배워야 한다는 의미이다. 『상실된 꿈(Eine gestorbene Erwartung)』(Van Hattum 1986). Van Hattum은 부모가 이러한 상실감과 살아가는 것, 탄식과 살아가는 것을 배우는 것에 대해 연구했다. 얼마 전 한 어머니는 자신의 아이가 지적장애가 있다는 사실이 자신에게 명확해졌던 순간에 대해 이야기 했다. "나는 건강한 아이를 내 마음속에 매장해 버렸어요." 많은 지적장애아의 부모들은 스스로 그러한 느낌들을 짊어지고 살아간다. 고통, 실망, 불평 그리고 부정하기와 같은 감정들은 지적장애 자녀가 연령이 많아지면서 중요한 일들이 일어나거나 성체험과 같은 미묘한 주제들에 대해서 규칙적으로 항상 다시 일어날 수 있다.

부모와 생활교사들은 지적장애아와 관련하여 다양한 관계를 가지고 있다. 부모들은 종종 많은 고통과 노력으로 실망했던 기대들을 극복해 내야 하고, 그들의 과거는 일부분 많은 고통으로 쌓여 있다. 이러한 과거를 떨쳐내는 것은 쉬운 일이 아니다. 대부분의 부모들은 좌절했던 기대들을 잘 극복해낼 수 있고 그리고 그들 자녀의 가능성과 불가능성에 대해 인식할 수 있다. 그들은 자신의 현실적 상황에서 평화로움을 만들고 그리고 지적장애 자녀에 대해 기뻐한다. 한 부부는 다음과 같이 표현했다. "나는 부모로서 장애자녀를 가졌다는 것을 정말로 인정하는 것은 불가능하다고 본다. 우리는 장애자녀와 함께 살아가는 것을 배웠고 그리고 그것은 항상 우리에게 점점 더 나아졌다. 그러나 장애아는 우리에게 걱정의 원천이며 그리고 현실적인 절망감을 주기도 한다." 몇몇 부모는 지적장애자녀와의 삶을 즐기지만, 대부분의 부모들은 좌절된 절망감을 거의 또는 전혀 극복해 내지 못한 경우도 있다.

생활교사들은 이렇게 살아 온 삶과 종종 되돌아가는 과거의 삶을 알지 못한다. 그들이 이러한 것을 느낄 수 있더라도 그들은 말로 표현하지 않는다. 그들은 종종 부모들과 함께 기대에 찬 미래를 상상한다. 우리는 이 아이들과 미래를 어떻게 만들어갈 수 있을까? 지적장애자녀(성인지적장애자녀)에 대한 부모와 생활교사의 관점은 상당히 다를 수 있다.

우리는 부모가 처해 있는 이러한 특별한 입장을 생활교사로서 알아야 한다. 부모는 그들 지적장애자녀의 요동치는 과거와 함께 살아간다. 지적장애자녀에 대한 인식이 각인된 과거, 이것은 성과 이성관계 영역에서도 마찬가지다. 부모와 장애자녀의 과거에 대해 아는 것으로 우리는 부모들이 가질 수 있는 인식과 관점들을 더욱 잘 이해할 수 있다.

사례

산드라의 아버지는 딸과 매우 많은 것을 함께 해 왔다. 산드라는 어머니가 이 세상을 떠나게 되어 이미 어릴 때부터 기관으로 옮겨 왔다. 후에 산드라는 다시 그녀의 아버지집으로 돌아갔고, 그리고 지금 그녀는 한 장애인 그룹 홈의 부속건물에서 생활하고 있다. 생활교사는 아버지가 산드라를 과잉보호하고 있으며, 그녀의 너무 많은 것을 다 해 주고 있다고 생각한다. "아빠는 나를 가만히 두지 않아요."라고 그녀는 언급했다. 생활교사는 그것을 이해한다고 말했다. 아버지는 산드라가 남자 친구가 있기 때문에 걱정을 하고 있다. 그는 "정말로 그녀가 그와의 관계가 깊어졌을까?" 라고 자문하기도 한다. "그리고 그녀가 임신하게 되면 어떻게 해야 하나?"라고 걱정을 한다. 생활교사는 산드라의 아버지와 연락을 해서 산드라를 위한 성교육을 시도하는 것에 대해 이야기 했다. 이 주제에 대해 이야기하는 것을 아버지는 매우 곤란해 했다. 아버지와 생활교사는 여러 번 대화의 시간을 가졌고, 그 과정에서 생활교사는 아버지가 자신의 지나친 과잉보호적 태도를 인식하도록 이야기를 나누었다. 산드라의 아버지는 자신이 구세대 사람이고, 과거의 인식이 되살아나서 그것을 억제하려고 애쓴다고 말했다. 생활교사와 산드라의 아버지는 대화 후에 서로에 대해 이해하게 되었고, 두 사람은 산드라가 행복하기를 바랐기 때문에 해결책을 찾는데 시간을 좀 더 갖기로 하였다.

다양한 규범과 가치

부모는 자기 자녀에 대한 책임감을 느끼고, 생활교사는 돌보고 있는 지적장애인에 대한 책임감을 느낀다. 이 두 가지 유형의 느낌은 매우 다른 감성일 수도 있다. 그렇지만 일반적으로 생활교사와 부모는 동시에 같은 목표를 가진다. "아이가 편안해야 하고, 행복해야 하고 그리고 자기잠재능력의 가능성을 발전시킬 수 있어야 한다." 그러나 우리는 성영역에 대해서도 그러기를 바라는가?

많은 부모들은 현대 사회의 성에 대한 자유로운 견해에 대해 잘 적응하지 못하고 있다. 그들은 성을 결혼이나 자녀출산과 직결된다고 여기는 한 시대에서 성장했고 살아왔다. 부모를 성적 존재로 보는 것이 자녀들에게 어려운 것처럼, 그들의 자녀가 부모로부터 벗어나서 누군가와 사랑하는 관계를 가지고 살아가는 것을 인정하는 것은 어려울 수 있다. 더욱이 지적장애자녀가 연령이 많아지고 성적으로 성장하였음에도 불구하고, 아직 어린아이처럼 부모에게 많은 것을 의존하고 있다면 상황은 더욱 어려워진다. 많은 부모들은 젊은 생활교사들의 성도덕에 대한 자유로운 관점으로 부딪히게 될 때마다 충격을 받게 된다.

그러나 지적장애자녀를 돌보는 생활교사보다 더 자유로운 의견을 가진 부모들도 있다. 규범과 가치는 매우 다양할 수 있으며, 이것은 복합적인 형태의 사회에서 좋은 점이라고 본다. 물론 우리가 결정할 때에는 다양성이 혼란으로, 의견차이로 그리고 심지어는 충돌로 이어질 수 있다. 그러나 이러한 충돌에서는 하나의 도전적 반항이 일어난다. 즉, 다른 규범이나 가치를 지키는 것을 방해하려고 하고 소통을 깨드리는 것을 방해하려는 욕구가 생기게 된다. 이것은 지적장애인에게 상처를 줄 수 있고, 그들은 부모와 생활교사의 규범과 가치관 사이에서 상처를 받을 수도 있다. 이러한 경우에는 대부분 모든 것을 지적장애자녀의 행복만을 생각하는 부모와 생활교사처럼 결국 이리저리에서 상처받은 지적장애자녀만이 패배자로 남게 된다.

우리는 자신의 도덕적 인식에 일치하는 행동을 하는가? 도덕은 '한 집단그룹에 의해서 그들의 행동의 원칙으로서 받아들이는 규범과 가치에 대한 상호 관련적인 복합체'라고 묘사할 수 있다(Van de Vate 1994). 우리 모두가 항상 같은 도덕적 인식을 가지고 살아가는 것은 아니다. "우리는 종교와 삶에 대해 모두가 다양한 인식을 지니고 있지만, 또한 우리의 문제들을 풀 수 있는 명료하고, 자율적이고 그리고 윤리적인 이론은 항상 존재하기 마련이다."(ebd.)

'요구사항!' 이것은 우리는 삶의 인식에 대해 서로 교류하고, 우리의 인간상과 가치에 대해 토론하는 것이 꼭 필요하지 않더라도 노력해야 할 가치가 있다고 생각하는 일들과 부딪치게 된다. 부모, 생활교사 그리고 장애인 관련 기관의 직원들은 그것에 대해 이야기를 나누는가? 우리는 다른 사람들이 가지고 있는 삶에 대한 인식을 알고 있는가?

우리 자신이 무엇을 원하는가를 인식하는 것은 가장 중요한 것이다. 그리고 우리가 원하는 것에 대한 원인이 무엇인지를 인식하는 것은 더욱 더 중요하다. 어떤 가치를 위해 노력하고, 어떤 삶의 인식이 살아가는 데 동기부여가 되며 그리고 삶의 어떤 의미를 위해 노력하고 있는가? 이것에 대한 대화는 사람들을 서로에게 가깝게 이끌 수 있다.

Reinders(1993)는 생활교사로서 지적장애인을 돌보는 것에 대해 다음과 같이 언급하였다. "지적장애인을 돌보고 보호하는 것은 직접적인 기능적이고 역할의 관점에서 이해할 것이 아니라, 두 측면에는 하나의 의미가 공통으로 있는 인간간의 활동으로서 이해될 수 있다. 문화는 분화된 삶의 역사이지, 진행방식의 결과가 아니다."

지적장애인은 부모와 생활교사처럼 이러한 분화된 자기 삶의 역사를 얼마나 이끌어 왔으며, 그들은 또한 얼마나 분화된 삶을 이어가야 하며 그리고 정말로 어느 정도 선에서 서로가 소통하고 있는가?

8.4 의사소통의 의미

긍정적인 의사소통, 진지하게 경청하기, 목적과 원인처럼 다른 사람의 의견에 대해 인식하기. 이것은 소통과 이해의 필수적인 특성들이며, 성과 이성관계에서도 중요한 요소들이다.

Ter Haar(1994)는 결합과 관련하여 다음과 같이 언급하였다. "결합은 부모가 자녀들이 부딪히게 되는 결정들에 부모가 동등하게 참여하는 것을 의미한다. 나의 경험으로는 모든 참여자가 함께 아이디어를 내게 되는 경우는 대부분이 불일치에서는 절대 나오지 않는다." Ter Haar는 의사소통의 당사자를 세 부류로 나누어 다루었다. 생활교사, 부모 그리고 지적장애인.

이 세 그룹은 모두 각자가 자기만의 성장과정, 사회화과정 그리고 규범과 가치는 그들의 삶 속에 묻혀 있는 자기만의 삶의 배경을 지니고 있다.

제4.5절에서는 지적장애인의 관점에서 규범에 대해 언급하였다. 이것은 지적장애가 있는 개체가 바로 주인공이고 삶의 중심에 있다는 것이다. 그들의 질문에 대해 대답해 주고 그리고 그들의 존재와 성체험은 어떤 형태이든지 항상 존중해야 하는 기술이 필요하다. 그것은 그들 스스로가 맞추기가 어렵거나 또는 다른 사람들에게 상처를 줄 수도 있기 때문이다. 이러한 인식은 한 기관이나 단체가 함께 해야 한다는 출발점이 될 수 있다(제3장 참조). 우리가 지닌 이러한 인식이 지적장애인이나 부모들의 인식에도 어느 정도 반영되는지를 주시해 보는 것은 흥미로운 일이다.

장애인 관련 기관이나 시설단체는 그들의 인식을 개방해야 하고, 각자의 인식을 의사소통하고 그리고 진행방식들을 명확하게 설정하게 되면, 분명히 대화의 소통도 이루어질 것이다. 또한 부모들은 개별적으로뿐만 아니라 공동으로도 성교육에 따른 지적장애자녀의 성과 이성관계의 발전과 논의를 위해 참여되어져야 한다(모든 사람은 자신이 책임을 질 수 있는지 그리고 어느 정도 책임지는가는 스스로 결정할 수 있다). 부모와 자녀는 무엇이 필요한지에 대해 서로 이야기하고, 원한다면 자녀들의 성체험도 더 가까이에서 지켜볼 수 있게 된다. 또한 부모모임시간에는 성과 이성관계에 대한 질문들도 언급될 수 있다. 이때 서로가 마음을 열고 대화를 시도하는 것은 큰 의미를 지닌다.

장애인 관련 기관과 시설단체의 직원들이 성과 이성관계 영역에서 개방적인 관점을 가진다면, 그것은 부모들의 짐을 덜어 주게 되고, 본인 스스로도 개방적으로 변화하게 된다. 이 외에도 서로가 마음을 열고 개방하는 것은 서로의 현재위치와 이에 대한 배경들을 받아들이게 하고 어쩌면 이해하려는 마음을 일으킬 수도 있다.

그러나 서로 다른 '부류들(생활교사, 부모, 지적장애인)'이 항상 의견이 일치하는 것은 아니지만, 일반적으로 그러는 경우도 많다. 의견의 다양성에는 어떤 해결기준점이나 특허처방은 존재하지 않는다.

그러나 모든 참여자들에게 항상 서로가 대화를 유지하려는 목적을 공감해야 한다. 규범과 가치는 다행스럽게도 다른 사람들에게 부담이 되는 것이어서는 안 된다. 지적장애인이 바로 규범이 된다. 생활교사들은 지적장애인들이 그들만의 규범과 가치를 표현하는데 양보하는 것을 배우고, 그리고 어느 정도의 의미에서는 이것이 부모들에게도 마찬가지로 작용되기를 기대한다. 지적장애자녀는 무엇보다도 자기주장이 있을 때, 부모가 원하는 결정으로 강제적으로 일치하지 않아도 되는 자기결정을 할 수 있어야 한다. 이것은 비장애인에게도 다르지 않다. 교육은 어떻게 보면 큰 의미에서 우리 모두를 자유롭게 해 줄 수 있어야 한다. 그것은 지적장애인이 특별한 방식으로 이 세상에서 살아가더라도 그들에게도 마찬가지의 의미를 지닌다. 그러나 그 자유로움을 모든 사람들이 경험하는 것이 아닌가, 우리 모두는 고유한 존재들이 아닌가?

8.5 토론주제

1. 당신은 지적장애인의 성과 이성관계에 대해 부모와 생활교사들이 어떤 관점을 가지고 있는지에 대해 대화를 나누어 본다.
2. 주제: '부모는 생활교사보다 더 믿을 수 있는 대상이다.' '사랑없이 지적장애인을 돌보는 일이 가능할까?' 당신은 이 주제에

대해 어떻게 생각하는지 논의해 본다.

3. 당신은 지적장애자녀를 가진다는 것은 어떤 의미가 될 수 있는지에 대해 교사그룹에서 이야기해 본다. 당신이 이러한 상황이라면 당신 자녀의 성과 이성관계 영역에서 생활교사들에게 무엇을 기대하겠는가?
4. 성에 대한 인식은 개인의 삶의 인식과 밀접하게 관련되어 있다. 당신이 가지고 있는 삶의 인식을 어떻게 보고 있으며 그것은 성과 이성관계(지적장애인)에 대한 당신의 인식에 어떤 영향을 미치는가?
5. 당신은 한 그룹 홈에 살고 있는 중도의 지적장애인을 돌보는 일에 책임을 맡고 있다고 상상해 보자. 당신은 그들의 성과 이성관계에 대한 성교육의 진행방식을 구성해 보기 바란다. 그리고 당신은 다음의 질문들에 대해 대답해 본다.
   a) 당신은 성교육의 진행과정을 어떻게 전개시키는가?
   b) 성교육의 진행과정과 방식은 어떻게 이루어져야 하는가?

저자 후기

모든 사람은 성적 욕구를 가지고 있다. 그리고 이것은 지적장애인의 경우에도 똑같은 가치로 적용된다. 그렇지만 지적장애인이 성과 이성관계를 어떻게 체험하는가에 대해 생활교사와 부모들이 이해하기란 쉬운 일이 아니다.

저자는 이 책을 통해서 모든 독자들과 지적장애인과 관련된 사람들에게 이러한 체험에 대한 의미를 찾아주려고 시도했다. 우리는 그 체험을 통해서 그들이 온전한 인간으로 정당한 권리를 찾고, 많은 지적장애인들도 성과 이성관계 영역에 따른 삶을 누리면서 살아갈 수 있으며 그리고 그들에게 부당하게 다루어진 성영역을 경험할 수 있는 발전의 기회를 부여해 줄 수 있다. 이것은 어떠한 형태로든 그들이 누려야 하는 당연한 권리이다.

지적장애인들이 그들의 부모와 생활교사의 태도 그리고 기관이나 시설의 대리자에게 매우 의존된 생활을 하고 있지만 이러한 삶의 목표를 실현할 수 있어야 한다. 이것은 지적장애인 관련 단체나 관련 사람들이 지적장애인과 어떤 모습으로 만나는가에 달려 있으며, 지적장애인의 성과 이성관계라는 주제에 대해 그들에게 정당성을 부여해 주려는 책임감이 있을 때 가능한 일이다. 그러므로 우리는 이것을 어떤 경우에도 잊어서는 안 된다!

한 권의 책은 독자와 저자와의 만남이라고 할 수 있다. 여러분은 이 책을 통해서 이견, 질문 또는 독자로서 저자에게 하고 싶은 이야기가 있으면 독려의 글을 보내주기를 기대한다.

Erik Bosch

참고 문헌

Amerongen, H. van (1994). *Wat kan de Rutgers Stichting voor U betekenen?* Lezing op studiedag "Relaties en seksualiteit in de gehandi". Ede.

Berge, H. ten (1994). Sneeuwval, een film over acceptatie. *Raakpunt* (Dezember), Utrecht.

Berlo, W. van (1995). *Seksueel misbruik bij mensen met een verstandelijke handicap: Een onderzoek naar omvang, kenmerken en preventimogelijkhede.* Eburon, Delft.

Bosch, E. (1 994a). Ouders nemen heft in handen in Enschede. *Fiad Forum* (Februar), Utrecht.

Bosch, E. (1994b). *Visie en Attitude, bewust omgaan met mensen met een verstandehjke handicap.* Nelissen, Baarn. (Dt. siehe Bosch, 2000)

Bosch, E. (1994c). Visie en Attitude. *Fiad Forum* (Mai), Utrecht.

Bosch, E. (1994d). Seksualiteit en relatievorming van mensen met een verstandelijke handicap. *Praotpaol* (Nr. 3).

Bosch, E. (1996). Aanraking nieuw tahoe? *Klik* (Mai), Utrecht.

Bosch, E. (2000). *"Wir wollen nur Euer Bestes!".* Tubingen: dgvt-Verlag.

Brongers, P. (1995). *Jij en Ik.* 7 videofilms rondom het thema "relaties en seksualiteit", ten behoeve van mensen met een verstandelijke handicap. Sintmaheerdt, Tolbert.

Federatie van Ouderverenigingen (1989). *Mensen met mogeltjkheden.* Utrecht.

Gennep, A. van (1993). Handicap en zinvol leven. *Fiad Forum* (Dezember), Utrecht.

Haar, J.A.A. ter (1990). Waarom hebben we het niet eerder gezien? *Klik* (Januar), Utrecht.

Haar, J.A.A. ter (1994a). *Gevoelens, standpunten en normen van ouders*. Lezing op studiedag "Relaties en seksualiteit in de gehandicaptenzorg". Ede.

Haar, J.A.A. ter (1 994b). Preventie van seksueel misbruik en mensen met een verstandelijke handicap. *Kaders* (November), Utrecht.

Haaren, J. van (1986). *Angsten*. Nelissen, Baarn.

Hattum, M. van (1986). *Een zwakzinnig kind, een andere kant van het ouderschap*. Intro, Nijkerk.

Howe, S.G. (1976). On the causes of idiocy. In Rosen et al. (Eds.), *The history of mental retardation* (Vol. 1) (pp. 3 1-61). Baltimore.

Jansen, H. & Stael-Merkx, W. (Red.) (1979). *Nu is ze ook nog verliefd*. Callenbach, Nijkerk.

Kiers, W. (1994). Seks is natuurlijk, maar nooit vanzelfsprekend. *'n Praotpaol* (Nr. 3).

KLOS-TV (1991). Veilig Vrijen (videofilm, inclusief voorlichtingspakket). Huis ter Heide.

Kooten Niekerk, J. van (Red.) (1991). *Ongehoord*. Naar een protocol: Seksualiteit en seksueel misbruik van verstandelijk gehandicapten. PCI, Utrecht.

Kraijer, D.W. & Kema, G.N. (1982). *Sociale redzaamheidsschaal voor verstandelijk gehandicapten*. Swets & Zeitlinger, Lisse.

Kroef, M. (1989). Loyaliteit aan gezin is immens. *Klik* (Juni/Juli), Utrecht.

Kroef, M. (1990). Hoe gaan we om met AIDS? *Klik* (August), Utrecht. Kroef, M. (1992). Iedereen heeft recht op seksualiteit. Klik (Dezember), Utrecht.

Lastige ouders bestaan niet (1994). Klik (Juni/Juli), Utrecht.

Meihuizen, G., Reniers, M., Visser, E. & Waal, M. de (Red.) (1993). *Grenzen (ver)leggen, omgaan met seksualiteit en seksueel misbruik in instellingen voor mensen met een lichamelijke handicap*. Medusa Publikaties, Utrecht.

MOG/Groesbeekse tehuizen (1994). *Lief en Liyf Een educatie van volwassen verstandelijk gehandicapten op het gebied van seksualiteit en relaties* (boeken, films en handleiding). Klos/Hogeschool, Nimwegen.

Nederlandse Vereniging voor Gehandicaptenzorg (1993). *Bejegening, een han-*

dreiking voor discussie. Utrecht.

Olde Loohuis, K. (1994). *Gebarsten. Een onderzoek naar de bruikbaarheid van methoden uit de psychomotorische therapie hi] de behandeling van verstandeli]k gehandicapten met traumata ten gevolge van seksuele geweldervaringen*. Scriptie Hogeschool van Amsterdam, afdeling PMT, Hengelo.

Plötz, E. (1988). *Het verstandeli]k gehandicapte incestslachtoffer in de hulpverlening*. Scriptie VSID-MWGG, SPD Groningen.

Reinders, J.S. (1993). *Respectvolle be]egening*. Enkele cultuurfilosofische kanttekeningen. Lezing op congres "Bejegening, Ethiek of Etiquette?" Ede.

Rutgers Stichting/PSVG (1992). *Geen kind meer. Seksuele voorlichting aan]ongeren met een verstandeli]ke handicap vanaf 12]aar*. Den Haag.

Scharloo, A. (1991). Geen instelling kan er meer omheen, seksueel misbruik vraagt om beleid. *Fiad Forum*.

Schreuder-Kniese, M. (1994). *Een handicap! En wat dan met de seks?* Lezing op studiedag "Relaties en seksualiteit in de gehandicaptenzorg". Ede.

Smit, B. (1990). Vertrouwensartsen maken zich grote zorgen. *Klik* (Mai).

Soeter, G.J., Bogaard, J. v.d. & Gesthuizen, S. (1993). *Verstandeli]k gehandicapten, seksualiteit en relaties*. Klos/Hogeschool, Nimwegen.

Soeter, G.J. (1994). *Over een opleidings- en trainingsprogramma*. Lezing op studiedag "Relaties en seksualiteit in de gehandicaptenzorg". Ede.

Sondorp, J. (1979). *Oriëtatie op het be grip verstandeli]k gehandicapt, zwakzinnigen zi]n geen leuke mensen*. In H. Jansen & W. Stael-Merkx(Red.), Nu is ze ook nog verliefd. Callenbach, Nijkerk.

Sporken, P. (1988). *Zwakzinnigenzorg en ethiek*. In G.H. van Gemert & W.K. Noorda (Red.), Leerboek Zwakzinnigenzorg. Van Gorcum, Assen-Maastricht.

Steen, G. van der & Sondorp, J. (1974). *Seksualiteit en koëukatie bij zwakzinnigen*. Swets & Zeitlinger, Lisse.

Timmers-Huigens, D. (1993). *Werken met geestelijk gehandicapten, een weg naar vreugde beleven*. Lemma, Utrecht.

Vate, C. Y.d. (1994, Juni). *Ethische uitgangspunten in relatie tot mensen met een verstandelijke handicap*. Lezing VOGG.

Vink, R. (1983). Het schept een band als je samen je broek uit hebt gehad. *Klik* (März), Utrecht.

Vink, R. (1991). Praten over seksualiteit, het komt er meestal niet van. *Klik* (Januar).

Woelinga, H. (1988). *Seksueel misbruik van kinderen in het gezin*. Boom, Amsterdam/ Meppel.

Zalm, P. van der (1994). Rutgers Stichting helpt tahoe te slechten. *Utrecht Nieuwsblad*, 23. September.

Zijderveld, B. van & Sweere, M. (1980). *Geestehjk gehandicapt, lichamelijk volwassen*. Intro, Nijkerk.

저자 소개

에릭 보쉬(Erik Bosch).

❀ 1958년생. 치료교육가

❀ 지적장애인을 위한 생활교사, 활동훈련교사, 상담가로 활동

❀ 동료들과 함께 정기적인 세미나 개최 및 강연 강행

❀ 네덜란드, 독일 그리고 벨기에에서 강연과 행사개최를 통해 지적장애인을 위한 성교육 실행

❀ 지적장애인의 자기결정 촉진과정 실행

에릭 보쉬의 독일에서 세미나 개최 주제

❀ 지적장애인과의 정중한 만남

❀ 지적장애인의 성(性)과 이성관계

❀ 지적장애인의 삶에 있어서 죽음이란!

❀ 생활교사를 위한 성교육 실행방법

연락처

Bosch, Traning und Beratung

Lampertheimstraat 21

7641 DR Wierden

Niederlande

Tel.: 0031-(0)546-576137

Fax.: 0031-(0)546-572667

E-Mail: e-bosch@cistron.nl

Website: www.bosch-training-en-advies.nl/de/(Deusche Website)

◘ 역자 소개

김영숙

독일 Carl von Ozzetzky zu Oldenburg University, 특수교육학(Diplom)

독일 Julius-Maximilians Wuerzburg University, 특수교육학(Ph. D.)

현, 대구광역시 장애인부모회 자문위원

현, 대구사이버대학교 부설 원격교육연수원 원장

현, 대구사이버대학교 특수교육학과 교수

♣ 주요 역서 및 저서

- ❀ 어린이를 위한 고요명상(푸른평화, 2004)
- ❀ 어린이를 위한 자연명상(푸른평화, 2005)
- ❀ 몸과 마음의 치유(푸른평화, 2006)
- ❀ 보육학개론(신정, 2008)
- ❀ 특수아동상담(박학사, 2008)

지적장애인의 성에 대한 이해와 성교육 지도

부모, 교사, 장애인 관련 기관 종사자를 위한 성교육 및 성폭력 예방사례 지침서

발 행 일 2010년 2월 10일 초판 1쇄 발행

저 자 Erik Bosch

역 자 김영숙

발 행 인 구본하

발 행 처 도서출판 박학사

주 소 서울시 마포구 서교동 460-26 동아빌딩

전 화 (02)3142-3764~5

팩 스 (02)3142-3766

웹 사 이 트 www.pakhaksa.co.kr

등 록 번 호 제10-2230호

정가 12,000원 ISBN 978-89-91633-74-2